龚云 / 主编
杨静 / 副主编

马克思的朋友圈

人民出版社

前　言

　　随着微信、QQ 等即时通讯软件的发展和普及，朋友圈成为人们生活中密不可分的一部分。它不仅是记录人们生活的小天地，也是展现人们世界观的大舞台；不仅是友谊小船的避风港，也是思想碰撞的辩论场。朋友圈记录了人们的生活和友谊，展现了他们的世界观、人生观和价值观。

　　马克思喜欢结交朋友，他生活中从不缺少朋友，他的朋友圈中既有志同道合的革命战友，也不乏日常交往的普通民众。他早年的思想发展转变得益于朋友的启发和引导，在他的革命生涯中，他也引导许多朋友走上革命道路。在纪念马克思诞辰 200 周年大会上的讲话中，习近平总书记这样描述马克思："马克思是顶天立地的伟人，也是有血有肉的常人。他热爱生活，真诚朴实，重情重义。马克思、恩格斯的革命友谊长达 40 年。……马克思无私资助革命事业，即使在自己生活极度困难的情况下仍然尽最大努力帮助革命战友。"在党的二十大报告中，习近平总书记又指出："中国共产党人深刻认识到，只有把马克思主义基本原理同中国具体实际相结合、同中华优秀传统文化相结合，坚持运用辩证唯物主义和历史唯物主义，才能正确回答时代和实践提出的重大问题，才能始终保持马克思主义的蓬勃生机和旺盛活力。"马克思究竟是一位什么样的人？以其名字命名的主义如何正确回答了时代和实践提出的重大问题？

2023年，适逢马克思诞辰205周年和逝世140周年、习近平总书记发表《在纪念马克思诞辰200周年大会上的讲话》5周年、毛泽东诞辰130周年等重要时间节点汇聚之际，为帮助广大党员干部和人民群众了解马克思岁月峥嵘的革命交往活动，进而深刻理解马克思主义的精神实质，我们组织中国社会科学院马克思主义研究院的相关学者和研究生编写了这本《马克思的朋友圈》，在纪念全世界无产阶级和劳动人民伟大导师马克思的同时，我们可以借此书一窥马克思的交往朋友圈，从不同视角重温他波澜壮阔的一生，传承他解放全人类的革命精神。

马克思一生富有传奇色彩，给我们留下了马克思主义这一宝贵遗产。马克思的伟大不仅体现在其浩如烟海的经典著作中，也体现在他的交往"朋友圈"中。马克思一生在物质上虽几近穷困潦倒，但在交往上却胜友如云。马克思一生善与人交，但他从来没有出于个人私利与他人刻意交好，而是以相同的理论信仰、一致的革命立场以及共同的革命事业目标为交友原则。因此，马克思既有为理论事业而合力奋斗的思想伙伴，也有为革命实践而并肩战斗的革命战友，还有为理想信念不同而分道扬镳的理论对手。马克思与朋友们的交往过程也是马克思的思想发展历程，并在此过程中产生、升华和弘扬了无私的革命精神和共产主义理想信念。

在马克思群英荟萃的朋友圈阵容中，恩格斯是其"置顶好友"，马克思在写给匈牙利革命家贝尔塔兰·瑟美列的信中曾写道："恩格斯，您应当把他看作是我的第二个'我'"。这是马克思对二人亲密关系最确切的评价，也是二人友谊的真情流露。列宁也曾指出："他们的关系超过了古人关于人类友谊的一切最动人的传说。"除恩格斯这位终身挚友，马克思还有威廉·沃尔弗、海涅、威斯特华伦、费尔巴哈、赫斯等重要思想伙伴。他们与马克思或成为"忘年交"，或启蒙其思考，或成为其思想引路人，或坚定地支持其观点。马克思从一个热血少年成长为千年伟人，他的思想伙伴们在其思想转变过程中起到了不可或缺的作用。

除思想伙伴外，马克思作为为人类解放不懈斗争的"战士"，还有像李卜克内西、倍倍尔、白拉克、库格曼、魏德迈、狄慈根、琼斯、肖莱马、斐迪南·沃尔弗、哈尼、左尔格、梅林、穆尔、拉法格等这样同声相应、同心相知的革命战友和忠实学生，他们与马克思相互砥砺、守望相助。在他们心中，马克思既是无产阶级的卓越领袖，也是平易近人的良师益友，在互相交往中，马克思的家成为他们的暖心驿站，不管是登门求教的工人活动家，还是遭到迫害的流亡者，抑或是追求进步的知识分子和寻找真理的革命青年，都能在这里与马克思促膝长谈，共同向着共产主义事业前进。在无产阶级革命实践道路上，马克思的革命战友与忠实学生们是一笔宝贵"财富"。

另外，作为批判者的马克思，也会因为立场分歧或观点对立，从而与朋友分道扬镳，甚至从朋友变"对手"，例如蒲鲁东、鲍威尔、拉萨尔、巴枯宁、卢格等人。马克思素来厌恶曲意逢迎，始终坚持自己的立场观点，在面对错误立场观点时，会毫不留情地拿起批判的武器，与之展开坚决斗争，即便对方是自己的朋友。马克思的一生，是为推翻旧世界、建立新世界而不息战斗的一生，批判与斗争是他的精神底色，也是他的理论品格。以拉萨尔为例，马克思与拉萨尔因革命而结成战友，拉萨尔自称是马克思的学生，但后期拉萨尔逐渐表现出其机会主义观点主张并不愿纠正时，马克思毫不留情地与其割席并对其错误主张加以批判，坚持正确的革命道路，二人从此分道扬镳。尽管如此，当拉萨尔去世时，马克思仍十分悲痛。在写给恩格斯的信中，马克思写道："拉萨尔的不幸遭遇使我在这些日子里一直感到痛苦。他毕竟还是老一辈近卫军中的一个，并且是我们敌人的敌人。"恩格斯在《在马克思墓前的讲话》中这样评价马克思："他可能有过许多敌人，但未必有一个私敌。"毛泽东也曾说过："吾人惟有主义之争，而无私人之争"。这些话语不仅体现了马克思与朋友们的情谊，也代表着真正的马克思主义者坚持真理、坚守理想的择友观。

马克思的择友与交往观念对于广大党员干部和人民群众有着莫大教育意义。对于党员干部来说，既要用"情"，又要留"清"。党的十八大以来，中央纪委国家监委网站曝光了多起党员干部为"自己人"谋取私利最终导致违法违纪的典型案例，这些案例映射出错误、扭曲的择友观。党员干部若不能站稳立场，为"自己人"以权谋私，必将付出沉重代价。党员干部要时刻保持清醒头脑，树立正确的择友观，切实做到"念亲，但不为亲徇私；念旧，但不为旧谋利；济亲，但不以公济私"。

改革开放以来，我国经济发展取得长足进步的同时，意识形态领域的斗争也在暗流涌动，具体到普通人生活中，一些人在交友时以资产阶级功利主义为导向，以能否获取物质利益为结交标准，坚持真理、坚守理想的精神受到考验。马克思坚持真理、坚守理想的择友观，不以功利论友谊，值得我们每一个人学习借鉴。

马克思的友谊，总是与人类历史上最伟大的事业——以解放全人类、实现共产主义理想为目标的无产阶级革命事业紧密地联系在一起的，他的择友交友以同具共产主义之"志"，同行共产主义之"道"为基础，交真正的朋友，建高尚的友谊。中国古语讲，欲察其人，先观其友。本书通过讲述马克思与他朋友的故事，以简洁平实的语言向读者展示一个真实的马克思，使读者能够真正读懂马克思、走进马克思、追随马克思，学习这位无产阶级革命导师、共产主义的"学者和战士"的交友之道，感悟马克思主义的精神底蕴和思想价值，坚定社会主义和共产主义伟大理想和信念。

朋友们，让我们一同走进马克思的"朋友圈"，与这位大胡子老人、千年思想家进行一次时空对话，领略以他名字命名的主义的真谛所在；与真正"志"同"道"合之友一道，做好共产主义远大理想和中国特色社会主义共同理想的坚定信仰者和忠实实践者！

龚　云

目 录
马克思的朋友圈

第二个"我"

马克思

恩格斯

马克思与恩格斯的友谊，是马克思朋友圈的核心。他们不仅是志同道合的革命战友，也是生活中亲密无间的伙伴，"他们所有的一切，无论是金钱或是学问，都是不分彼此的"。

恩格斯：马克思的"第二个'我'"

上海复兴公园的马克思和恩格斯雕像

　　弗里德里希·恩格斯是马克思一生中最亲密无间的朋友，他们不仅共同创立了马克思主义，而且一起推动了国际无产阶级运动的蓬勃发展；二人不仅在事业上是志同道合的战友，而且在生活中也是亲密无间的伙伴。他们相伴终生的伟大友谊在国际共产主义运动中书写出一篇动人的华章。

　　1860 年 11 月 22 日，马克思在写给匈牙利革命家贝尔塔兰·瑟美列的信中说:"恩格斯,您应当把他看作是我的第二个'我'"①。这是马克思对二人亲密关系最准确的评价,也是二人友谊的最伟大见证。

法国工人运动领袖、马克思的女婿保尔·拉法格写道:"当我们回忆恩格斯的时候,就不能不同时想起马克思,同样,当我们回忆马克思的时候,也就不免会想起恩格斯。他们两人的生活联系得如此紧密,简直是统一而不可分的。"②

谈到马克思与恩格斯的伟大友谊,列宁动情地指出:"古老传说中有各种非常动人的友谊故事。欧洲无产阶级可以说,它的科学是由这两位学者和战士创造的,他们的关系超过了古人关于人类友谊的一切最动人的传说。"③

现在,我们就来讲讲恩格斯与马克思持续一生的革命友谊。

一、一位追求自由和正义的有志青年

1820 年 11 月 28 日,恩格斯出生于普鲁士莱茵省的巴门市,是家中 8 个孩子中的老大。

恩格斯的父亲也叫弗里德里希·恩格斯,是一个精明的纺织厂主,在政治和宗教上比较保守。与中国家长重视长子长孙

---

① 《马克思恩格斯全集》第 30 卷,人民出版社 1975 年版,第 569 页。
② 中共中央马克思恩格斯列宁斯大林著作编译局编:《回忆恩格斯》,人民出版社 2005 年版,第 23 页。
③ 《列宁全集》第 2 卷,人民出版社 2013 年版,第 10 页。

一样，老恩格斯寄长子以厚望，十分注意培养少年恩格斯，一心想让他子承父业，把自己的工商业发扬光大。但少年恩格斯对经商毫无兴趣，而对文学艺术产生了浓厚兴趣，这恐怕在很大程度上来自母亲和外祖父的影响。

恩格斯
我在巴门的故居

恩格斯的母亲伊丽莎白·恩格斯出生于知识分子家庭，喜爱文艺。母亲对作为长子的恩格斯十分疼爱，恩格斯也深深地爱着自己的母亲。恩格斯的外祖父伯恩哈德·范·哈尔是个语言学家，担任过中学校长。他给少年恩格斯讲过许多古希腊神话和德国民间故事中的英雄人物，培养了恩格斯追求真理和正义的精神。

恩格斯14岁前在巴门市立学校读书。在这里，他获得了丰富的物理和化学基础知识，并在语言方面表现出很高的天赋。1834年10月，恩格斯进入埃尔伯费尔德一所隶属于宗教改革协会的中学，后来转到一所寄宿中学学习。中学时代的恩格斯对历史、古代语言和德国古典文学有着浓厚的兴趣，数学和物理成绩也很优异。他兴趣广泛，热衷于诗歌和故事写作，还喜爱作曲和绘画。在现存的恩格斯 16 岁时写作的 篇未全部完成的作品《海盗的故事》中，他对希腊人民争取独立斗争的英勇行为给予了热情歌颂，反映了青年恩格斯追求自由和正义的精神品格。

1837 年，恩格斯中学还未毕业就在父亲的命令下辍学，到父亲的营业所实习。1838 年，恩格斯到不莱梅一家营业所工作。在不莱梅期间，恩格斯阅读了大量文艺作品、哲学、历史著作和各种进步书刊，广泛接触社会现实，并与激进的文学团体"青年德意志"建立了联系。"青年德意志"利用文艺作品在德国宣扬资产阶级自由、平等、民主等新观念。这些具有资产阶级革命民主主义的思想对恩格斯产生了重要影响。

从 1839 年起，恩格斯开始为"青年德意志"的刊物《德意志电讯》撰稿。《伍珀河谷来信》是其匿名发表于该杂志的一篇政论文章。在文章中，恩格斯揭露了伍珀河谷地区工人阶级惊人的贫困状况："下层等级，特别是伍珀河谷的工厂工人，普遍处于可怕的贫困境地；梅毒和肺部疾病蔓延到难以置信的地步；光是埃尔伯费尔德一个地方，2500 个学龄儿童中就有 1200 人失学，他们在工厂里长大，——这只是便于厂主雇用童工而不再拿双倍的钱来雇用被童工代替的成年工人。"①

与工人阶级的极度贫困和颓废形成鲜明对比的，是厂主们的富裕、冷漠和虚伪。恩格斯从自己耳闻目睹的现实中已经模

① 《马克思恩格斯全集》第 2 卷，人民出版社 2005 年版，第 44 页。

糊地意识到资本主义工厂制度给社会造成严重的贫富分化，给工人阶级带来了灾难性的贫困和绝望，并对工人的悲惨遭遇给予深切同情。虽然他还无法科学地解释这一现象，但他已经从道德层面对资本主义制度展开批判，这为他将来深入揭示资本主义制度的矛盾和局限性，从而转向共产主义奠定了情感基础。

　　这一时期恩格斯受到青年黑格尔派的重要分子大卫·施特劳斯的影响，逐步转向青年黑格尔派。恩格斯称赞施特劳斯的《耶稣传》是"一部无可辩驳的著作"①。在写给中学同学和朋友威廉·格雷培的信中，恩格斯宣布："我目前是一个热心的施特劳斯派了。"②

恩格斯
穿军装的自画像

1842 年

　　　　　　　　　　　1841年9月，恩格斯来到柏林服兵役。为了学习黑格尔哲学，他以旁听生的资格到柏林大学听哲学课。由于在宗教和政治等问题上与青年黑格尔派观点一致，他与青年黑格尔派建立了联系，经常参加鲍威尔兄弟为首的柏林"自由人"小组的活动，

① 《马克思恩格斯全集》第47卷，人民出版社2004年版，第186页。
② 《马克思恩格斯全集》第47卷，人民出版社2004年版，第205页。

积极参与当时的思想斗争。

在柏林期间，恩格斯已经通过报刊对当时流行的空想共产主义思想较为熟悉。他赞同共产主义对现存制度的批判，以及建立以公有制为基础的社会的主张，在立场上逐步向共产主义转变。

1842 年 11 月，恩格斯前往英国曼彻斯特他父亲与人合办的"欧门—恩格斯"纱厂经商。到达英国后，恩格斯针对当时英国的经济政治问题和社会矛盾，为《莱茵报》写了 5 篇文章，并为《瑞士共和主义者》杂志写了一组《伦敦来信》。在这些文章中，恩格斯已经看到，伴随着工人阶级力量的壮大和政治意识的觉醒，工人阶级政党必然会登上政治舞台。恩格斯指出，宪章派作为无产阶级政党的崛起，是工人阶级队伍壮大的必然结果。而工人阶级队伍的壮大，则是工业发展的必然结果。同时，恩格斯也认识到，宪章派试图通过合法革命的途径达到自己的目的是行不通的。"只有通过暴力变革现有的反常关系，根本推翻门阀贵族和工业贵族，才能改善无产者的物质状况。"①恩格斯反对封建贵族和资产阶级对无产阶级的轻蔑态度，指出无产阶级是最进步的阶级。他写道："英国表明了一个引人注目的事实：一个阶级在社会中所处的地位越是比较低，越是就一般意义而言'没有教养'，它就越是与进步相联系，越是有前途。"② 这些观点表明恩格斯已经从唯心主义转向唯物主义，从

---

① 《马克思恩格斯全集》第 3 卷，人民出版社 2002 年版，第 411 页。
② 《马克思恩格斯全集》第 3 卷，人民出版社 2002 年版，第 424 页。

革命民主主义转向共产主义，这为他与马克思的一生交往奠定了牢固的思想基础。

1843年下半年，马克思和卢格筹划在巴黎创办《德法年鉴》。他们通过参与创办杂志的诗人格·海尔维格向恩格斯约稿。1843年9月到1844年初，恩格斯为《德法年鉴》写了4篇文章。其中，《国民经济学批判大纲》是恩格斯的第一篇经济学著作。

来到英国之后，恩格斯亲身感受到资本主义工商业发展带来的巨大变化以及由此产生的各种社会问题。他得出和马克思相同的结论：要科学认识资本主义制度及其发展趋势，就必须研究政治经济学。《国民经济学批判大纲》是恩格斯研究政治经济学的初步成果。从文章中可以看出，恩格斯对当时资产阶级经济学的各种思想和流派都有较为深刻的理解，并形成了自己的观点和看法。他通过揭露资本主义私有制的内在矛盾，阐明了资本主义制度的不合理性，从而批判了资产阶级政治经济学的辩护性和虚伪性。

恩格斯的这些观点对马克思研究政治经济学起了很大的促进作用，马克思不仅认真阅读了这篇文章，而且还做了摘要。马克思称赞它是"批判经济学范畴的天才大纲"[1]。在《资本论》第一卷中，马克思在脚注中4次引用了这篇文章的文字和观点。事实上，这篇文章也彻底改变了马克思对恩格斯的态度，从而打开了二人亲密交往的大门。

① 《马克思恩格斯文集》第2卷，人民出版社2009年版，第592页。

二、古老的巴黎诞生了一对超级组合

马克思
我和恩格斯

19 世纪 40 年代

　　恩格斯和马克思早在见面之前就相互知道对方了。

　　在柏林服兵役期间，恩格斯通过青年黑格尔派的朋友，知道了马克思。他对马克思的学识十分佩服。他与埃德加尔·鲍威尔合写了一首长诗，在诗中他对还未谋面的马克思进行了生动的描绘，称马克思为"面色黝黑的特里尔之子"①，用夸张的手法称赞了马克思的革命气概和战斗精神。

　　从 1842 年春开始，恩格斯为《莱茵报》撰写了大量稿件，这一时期马克思也为《莱茵报》撰稿，并且从 1842 年 10 月起担任《莱茵报》的编辑。马克思通过恩格斯的文章，对恩格斯

---

① 《马克思恩格斯全集》第 2 卷，人民出版社 2005 年版，第 505 页。

有了初步的了解。但此时的马克思已经与柏林的青年黑格尔派小团体"自由人"在思想和主张上产生了分歧，并且矛盾越来越深。由于恩格斯在柏林时经常参加"自由人"的活动，所以马克思自然而然把恩格斯看成是鲍威尔兄弟的盟友。

1842 年 11 月，恩格斯去英国经商前，路过科隆时专门到《莱茵报》编辑部拜访了马克思，这是二人的第一次会面，这时马克思 24 岁，恩格斯 22 岁。然而由于"自由人"的缘故，马克思对恩格斯十分冷淡。恩格斯回忆这次会面时写道："11 月底我赴英国途中又一次顺路到编辑部去时，遇见了马克思，这就是我们十分冷淡的初次会面。马克思当时正在反对鲍威尔兄弟，即反对把《莱茵报》搞成主要是神学宣传和无神论等等的工具，而不作为一个进行政治性争论和活动的工具；他还反对埃德加尔·鲍威尔的清谈共产主义，这种共产主义仅仅以'极端行动'的愿望作为基础，并且随后不久就被埃德加尔的其他听起来颇为激烈的言辞所代替。因为当时我同鲍威尔兄弟有书信来往，所以被视为他们的盟友，并且由于他们的缘故，当时对马克思抱怀疑态度。"[①]

这次误会并没有使二人就此分道扬镳，共同的理想和信念必然使他们走到一起。到英国后，恩格斯继续给《莱茵报》投稿，介绍英国的政治经济形势和工人阶级状况。在 1842 年 12 月一个月时间，恩格斯就有 5 篇文章发表在《莱茵报》上。

1844 年初，恩格斯写作的《国民经济学批判大纲》一文

---

① 《马克思恩格斯全集》第 39 卷，人民出版社 1974 年版，第 452—453 页。

发表于《德法年鉴》第 1、2 期合刊。马克思对此文大加赞赏，二人就此开始了通信。①

1844 年 8 月底，恩格斯从曼彻斯特回德国，专门绕道巴黎，与马克思见面。这是二人的第二次见面。与第一次会面完全不同，二人都对对方十分欣赏，所以这次会面二人都十分兴奋。恩格斯在马克思家里住了十天，其间二人不仅就许多问题进行了深入交流，而且一起参加社会主义者和共产主义者的各种聚会。共同的信仰和主张使二人紧紧联系在一起，从此开始并肩为人类解放这一伟大事业而奋斗。二人一生亲密合作，结下了深厚的伟大友谊。

马克思
巴黎雷让斯咖啡馆，我和恩格斯曾在这里会晤

1844 年

---

① 此种说法参见陈林：《恩格斯传》，人民日报出版社 2010 年版，第 83、85 页。

一个月后，恩格斯从家乡给马克思写信，仍然充满了抑制不住的兴奋之情："好吧！祝你健康，亲爱的卡尔，望马上回信。自从分手以后，我再没有像在你家里度过的 10 天那样感到心情愉快，感到有人情味。"①

恩格斯后来回忆道："当我 1844 年夏天在巴黎拜访马克思时，我们在一切理论领域中都显出意见完全一致，从此就开始了我们共同的工作。"②

这次历史性会面的一个重要成果，是他们决定共同写作一部著作，清算青年黑格尔派的主观唯心主义哲学，阐明他们共同的理论主张，这就是《神圣家族》。

《神圣家族》分析了资本主义私有财产的内在矛盾，并从资产阶级和无产阶级的对立和斗争中阐述了资本主义私有制灭亡的客观必然性，明确提出无产阶级是消灭资本主义私有制的现实力量。马克思和恩格斯大声宣告："私有财产在自己的国民经济运动中自己使自己走向瓦解"，"无产阶级执行着雇佣劳动由于为别人生产财富、为自己生产贫困而给自己做出的判决，同样，它也执行着私有财产由于产生无产阶级而给自己做出的判决"。③

马克思和恩格斯批判布鲁诺·鲍威尔轻视物质生产，把观念看作是历史发展的决定力量的唯心主义观点，明确提出"粗糙的物质生产"才是"历史的诞生地"，这清楚地表明他们已

① 《马克思恩格斯文集》第 10 卷，人民出版社 2009 年版，第 21 页。
② 《马克思恩格斯文集》第 4 卷，人民出版社 2009 年版，第 232 页。
③ 《马克思恩格斯文集》第 1 卷，人民出版社 2009 年版，第 261 页。

经认识到物质生产活动是人类社会的起点和基础，从而为历史唯物主义新世界观打下了坚实的基础。此外，《神圣家族》还初步阐述了唯物史观的一些重要思想和理论，如人民群众是历史的创造者，等等。因此，它在马克思主义发展史上具有重要地位。列宁对此书给予高度评价，认为"它奠定了革命唯物主义的社会主义的基础"①。

马克思和恩格斯在巴黎具有历史意义的会面，迈出了二人共同创立马克思主义的第一步。从此，人类历史翻开了新的一页。

三、朋友一生一起走

巴黎会面成为马克思和恩格斯一生合作的起点。在此后的岁月中，二人有时分开工作，有时一起战斗，但无论如何，他们的心始终在一起。他们相互关心、相互支持，为了共同的理想和事业而携手奋斗。

更为难得的是，二人在思想理论风格上各有所长，相互补充。马克思思想犀利深刻，长于理论思辨，他视野宏阔，高瞻远瞩，在重大事件关口往往能够作出正确决定；恩格斯对资本主义生产方式的实际运作十分熟悉，他思路清晰，条理分明，扎实细致，简明易懂。如果说马克思是技艺高超的第一小提琴

---

① 《列宁全集》第2卷，人民出版社2013年版，第7页。

手，那么恩格斯就是最优秀、最称职的第二小提琴手。因此，他们二人一生配合默契，成为一对十分完美的搭档。1884 年 10 月 15 日，恩格斯在写给贝克尔的信中满怀深情地说：

> 我一生所做的是我注定要做的事，就是拉第二小提琴，而且我想我做得还不错。我很高兴我有像马克思这样出色的第一小提琴手。……我们之中没有一个人像马克思那样高瞻远瞩，在应当迅速行动的时刻，他总是作出正确的决定，并立即切中要害。诚然，在风平浪静的时期，有时事件证实正确的是我，而不是马克思，但是在革命的时期，他的判断几乎是没有错误的……①

1. 新世界观诞生了！

1845 年 1 月，法国反动政府以非法从事宣传鼓动活动为由，把马克思驱逐出境，马克思被迫于 2 月从巴黎迁到了比利时的布鲁塞尔。恩格斯听到马克思被驱逐的消息后十分担心，他到处打听马克思一家的去向，并立即展开募捐活动，为马克思一家筹措费用。他主动提出把自己即将出版的《英国工人阶级状况》一书的稿费给马克思支配。两个月后，恩格斯赶到布鲁塞尔与马克思会合。

从 1845 年秋开始，一直到 1847 年 4—5 月，马克思和恩格斯集中精力撰写《德意志意识形态》一书。该书手稿完成后，

---

① 《马克思恩格斯文集》第 10 卷，人民出版社 2009 年版，第 525 页。

几经波折未能在马克思和恩格斯生前出版，直到 1932 年才在苏联公开出版。对马克思和恩格斯而言，写作该书达到了"自己弄清问题"的主要目的，他们也就"情愿让原稿留给老鼠的牙齿去批判了"。①

马克思
《德意志意识形态》手稿

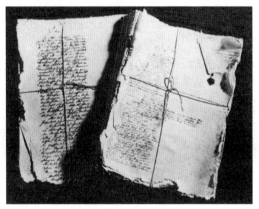

1847 年

　　《德意志意识形态》在批判德国思想界各种错误思潮的同时，对自己基本成型的历史唯物主义新世界观进行了系统阐述，我们耳熟能详的一些马克思主义的基本原理在该书中首次得到详尽阐述，如物质资料的生产是人类社会存在和发展的基础、生产力决定生产关系、经济基础决定上层建筑，等等。当然，由于这些原理刚刚提出来，像生产关系、经济基础、上层建筑这

---

① 《马克思恩格斯文集》第 2 卷，人民出版社 2009 年版，第 593 页。

些后来逐步规范的术语还没有出现，如书中讲到生产关系时，使用的是"所有制""交往关系"和"交往形式"等术语。在书中，马克思和恩格斯对自己创立的新世界观有一个简明的表述：

> 这种历史观就在于：从直接生活的物质生产出发阐述现实的生产过程，把同这种生产方式相联系的、它所产生的交往形式即各个不同阶段上的市民社会理解为整个历史的基础，从市民社会作为国家的活动描述市民社会，同时从市民社会出发阐明意识的所有各种不同的理论产物和形式，如宗教、哲学、道德等等，而且追溯它们产生的过程。①

《德意志意识形态》为科学社会主义奠定了坚实的理论基础，是马克思主义发展史上一部里程碑式的巨著。

2. 全世界无产者，联合起来！

在从事理论研究的同时，马克思和恩格斯还积极参加无产阶级革命活动。1846 年初，马克思和恩格斯在布鲁塞尔建立了共产主义通讯委员会。创立该委员会的目的是通过与各国工人团体、社会主义者的经常联系，团结先进工人，克服工人运动中的各种错误思潮和涣散状态，促使各国社会主义者在科学理论的基础上统一起来。

1847 年初，马克思和恩格斯受邀加入多国无产者的秘密革命组织——正义者同盟。1847 年 6 月初，正义者同盟在伦

---

① 《马克思恩格斯选集》第 1 卷，人民出版社 2012 年版，第 171 页。

敦秘密召开了第一次代表大会。马克思由于经费不足未能参会，恩格斯代表巴黎组织参加了会议。会议上，恩格斯多次发言阐述了他和马克思的科学社会主义理论和主张，并主持了许多重要文件的起草和审定工作。经过恩格斯的努力，科学社会主义理论和主张得到了同盟代表的支持。大会按照马克思和恩格斯的意见对同盟的名称、目标以及组织方式等内容进行了彻底的改组。同盟被命名为"共产主义者同盟"，用"全世界无产者，联合起来"这一具有鲜明的无产阶级性质的新口号取代了"四海之内，人人皆兄弟"的旧口号。大会通过了同盟章程草案，以及由恩格斯起草的同盟纲领草案《共产主义信条草案》这一具有行动纲领性质的文件。《共产主义信条草案》第一次以正式文件的形式，阐述了马克思关于社会发展的基本观点，将马克思主义的历史唯物主义基本原理渗透于共产主义者同盟的行动纲领之中。

为了准确阐明科学社会主义理论和主张，1847 年 10 月，恩格斯在《共产主义信条草案》的基础上为共产主义者同盟草拟了第二份纲领草案，名为《共产主义原理》，《原理》表述更加准确，内容更加丰富。由于写作时间仓促，恩格斯对《原理》并不十分满意。他在给马克思的信中提出自己的新想法：

> 我想，我们最好不要采用那种教义问答形式，而把这个文本题名为《共产主义宣言》。因为其中或多或少要叙述历史，所以现有的形式完全不合适。①

---

① 《马克思恩格斯选集》第 4 卷，人民出版社 2012 年版，第 420 页。

　　这个想法得到了马克思的赞同，《共产党宣言》就是马克思和恩格斯一起，在《共产主义原理》的基础上创作的。

　　1847 年 11 月，共产主义者同盟第二次代表大会在伦敦召开，马克思和恩格斯出席了大会。大会经过辩论，接受了他们的唯物史观和科学社会主义思想，并委托他们为同盟起草一个用于对外公布的纲领。马克思和恩格斯接受了这一任务后，从 1847 年 12 月至 1848 年 1 月底用不到两个月的时间完成了这一工作，这就是举世闻名的《共产党宣言》。

马克思
我和恩格斯共同起草《共产党宣言》[（油画）波利亚科夫]

1848 年

　　1848 年 2 月底，《共产党宣言》第一个德文单行本在伦敦出版。《宣言》一公开问世便被译成欧洲多种文字。伴随着《宣言》的问世，科学社会主义思想在西欧工人阶级中迅速传播开来。作为马克思主义的纲领性文献，《宣言》用精练、简明的语言对历史唯物主义的基本观点进行了系统阐述，对无产阶级政党的基本主张进行了精辟阐发。《宣言》的逻辑性和战斗性是如此强大，以至于在 170 多年后的今天，读起来依然能够感受到它无与伦比的说服力和战斗力，令人心潮澎湃。

马克思
《共产党宣言》德文第一版封面

1848 年

《宣言》一开头，就用一句震撼人心的比喻，宣告了共产主义时代的到来："一个幽灵，共产主义的幽灵，在欧洲游荡。"① 这充分显示共产党人对自己的事业充满自信！

《宣言》把人类社会发展的历史与历史唯物主义理论逻辑有机结合起来，以直白透彻的语言无可辩驳地证明，私有制社会是阶级对立和阶级剥削的社会，资本主义私有制是私有制发展的最高阶段，也是最后阶段。通过无产阶级革命，消

---

① 《马克思恩格斯选集》第 1 卷，人民出版社 2012 年版，第 399 页。

灭资本主义私有制，建立生产资料全社会共同占有的自由人联合体，使社会生产满足全体社会成员的生活需要，是人类从必然王国向自由王国飞跃的现实途径。

《宣言》的结尾第一次公开呼喊出了共产主义者同盟的响亮口号：全世界无产者，联合起来！

《共产党宣言》是近代以来最具影响力的著作。170多年来，《共产党宣言》被译成200多种文字，出版数千个版本，成为世界上发行量最大的书籍之一。

2018年5月4日，习近平总书记在纪念马克思诞辰200周年大会上的讲话中指出："《共产党宣言》发表170年来，马克思主义在世界上得到广泛传播。在人类思想史上，没有一种思想理论像马克思主义那样对人类产生了如此广泛而深刻的影响。"①

《共产党宣言》标志着科学社会主义的诞生。马克思和恩格斯这一对亲密战友，作为科学社会主义的共同创始人将永远载入史册！

3. 共同创办《新莱茵报》

1848年，欧洲多国爆发资产阶级革命。

2月22—24日，巴黎工人发动起义，推翻了路易—菲力普的君主专制，宣告成立共和国。

---

① 习近平：《在纪念马克思诞辰200周年大会上的讲话》，人民出版社2018年版，第10页。

3 月 13 日，奥地利首都维也纳爆发起义。

3 月 18 日，普鲁士首都柏林爆发起义。

风起云涌的革命形势使马克思和恩格斯十分兴奋，他们立即投入革命的洪流之中。

3 月下旬，马克思和恩格斯在巴黎共同起草了无产阶级在德国革命中的具体纲领——《共产党在德国的要求》，由共产主义者同盟中央委员会通过。

4 月初，马克思和恩格斯一同回到德国，直接参加德国革命。他们决定一起创办一份新的报纸，宣传和鼓动革命，报纸命名为《新莱茵报》。

马克思
《新莱茵报》创刊号

1848 年

为了给报纸筹集资金，恩格斯回到家乡巴门和埃尔伯费尔德。由于资产阶级对新的革命形势惊恐不安，他们大都不愿意入股。恩格斯费尽口舌，甚至"使用了各种各样的外交手腕"，终于为报纸筹集到一些股份。为了把报纸办起来，恩格斯还从自己的生活费中挤出几百塔勒，马克思则把父亲留给他的一笔遗产几乎全部贡献出来。在二人的共同努力下，报纸终于创刊了。

1848 年 6 月 1 日，《新莱茵报》第 1 期出版发行，马克思被任命为主编，恩格斯是编辑部的主要成员。办报初期，当马克思外出时，恩格斯代行编辑部的领导职责。在马克思的领导下，《新莱茵报》克服了经费异常紧张的困难，坚持出版将近一年，成为 1848—1849 年德国资产阶级革命中最著名的民主派左翼报纸，直到 1849 年 5 月停刊。

在不到一年时间里，恩格斯为《新莱茵报》写了一百多篇文章和通讯，内容涉及当时欧洲各国的政治、经济、外交和军事方面的多种问题。恩格斯知识渊博、才思敏捷、下笔成章，而又十分勤奋。马克思对这位知心朋友和亲密战友十分欣赏，他后来这样评价恩格斯：

> 恩格斯工作实在繁重，不过他是一部真正的百科全书，不管在白天还是黑夜，不管是头脑清醒还是喝醉酒，在任何时候他的工作能力都很强，写作和思索都极快……①

4. 在英国继续共同战斗

1848 年欧洲革命失败后，马克思一家于 1849 年 8 月辗转来到英国，在伦敦定居下来，一直到马克思逝世。恩格斯参加

---

① 《马克思恩格斯全集》第 28 卷，人民出版社 1973 年版，第 604 页。

了巴登—普法尔茨地区的革命起义，加入共产主义者同盟盟员奥古斯特·维利希领导的志愿部队，并担任维利希的副官。起义失败后，恩格斯先是流亡到瑞士。1849 年 11 月，恩格斯几经周折到达伦敦，与马克思会合。他们决定创办《新莱茵报。政治经济评论》杂志，以继承停刊的《新莱茵报》，总结 1848 年欧洲革命的经验教训，为未来的革命做好思想准备。恩格斯为杂志写作了大量时评、书评和论文，其中有代表性的有《德国维护帝国宪法的运动》和《德国农民战争》，这两部作品总结了 1848—1849 年德国革命的经验。

1850 年 11 月，为了支持马克思在伦敦的生活和工作，恩格斯接受了父亲的建议，重回曼彻斯特的工厂继续参与经商活动，直到 1870 年 9 月才迁居伦敦。虽然恩格斯离开了伦敦，但他并没有因此而中断理论研究和革命活动，更没有中断与马克思的联系。相反，二人几乎每天都通信报告各自的活动，交流思想和看法，他们之间的友谊进一步加深了。

在曼彻斯特期间，恩格斯除了研究欧洲各国政治经济问题，还研究军事问题。恩格斯终其一生都对军事怀有强烈的兴趣，他经常研读军事著作，又参加过军事行动，具有丰富的军事知识，所以马克思和其他战友亲切地称呼他为"将军"。恩格斯针对当时世界各地发生的战争，如 1853—1856 年的克里木战争、1859 年的意大利战争、美国南北战争、普法战争等，写了大量的军事分析和评论，表现出很高的军事才能。马克思在 1859 年 2 月 25 日写信请拉萨尔帮助出版恩格斯的军事著作《波河与莱茵河》，他告诉拉萨尔："恩格斯在参加巴登战役以后，对军事问题进行了专门研究。并且，正如你所知道的，他写的文章非常令人信服。"①1857—1860 年，恩格斯还给《美国新百科全书》撰写了大量军事条目（马克思也撰写了一小部分条目）。这些军事评论和词条为马克思主义军事科学奠定了基础。

 恩格斯

19 世纪 60 年代中期

1864 年 9 月，国际工人协会(第一国际)在伦敦宣告成立，马克思被选入中央委员会。马克思向恩格斯通报了国际工人协会成立的有关事宜，恩格斯非常赞同，他给马克思写信说："我们又同那些至少是代表自己阶级的人发生了联系，这毕竟

---

① 《马克思恩格斯全集》第 29 卷，人民出版社 1972 年版，第 562 页。

是好的；归根到底，这是一件主要的事情。"① 恩格斯成为协会最坚定的会员，在马克思反对国际内部工联主义、蒲鲁东主义的斗争中，他坚定地站在马克思一边，帮马克思出谋划策。他不但协助马克思开展活动，帮助马克思起草文件，而且还积极为协会募集资金。

1870 年恩格斯移居伦敦后，被增补为国际工人协会总委员会委员，并担任西班牙和意大利的通讯书记。作为协会的领导成员，他和马克思一道，积极领导协会开展声援巴黎公社和反对巴枯宁分裂主义等重大活动。

普法战争爆发后，德国社会民主工党不伦瑞克委员会和党的中央机关报《人民国家报》编辑部之间在估计普法战争的性质和确定工人阶级的策略上产生了分歧，不伦瑞克委员会委员们写信给马克思征询意见。马克思写信给恩格斯，请他发表书面意见。恩格斯回信提出了德国工人阶级应当采取的 6 点策略，主张德国工人阶级参加民族运动，只要这一运动是保卫德国的；强调德国民族利益与普鲁士王朝利益之间的区别；反对普鲁士的侵略战争；不断强调德国工人利益和法国工人利益的一致性；等等。马克思收到恩格斯的回信后，写信给恩格斯说："你的来信和我已考虑好的答复方案是完全一致的。但是，在这样重要的事情上，没有事先和你商量，我是不愿采取行动的"②。1870 年 8 月下旬，马克思到曼彻斯特，二人一起拟定了

① 《马克思恩格斯全集》第 31 卷，人民出版社 1972 年版，第 19 页。
② 《马克思恩格斯全集》第 33 卷，人民出版社 1973 年版，第 45 页。

给德国社会民主工党委员会的信。

巴黎公社成立后，马克思和恩格斯坚定地站在公社一边。恩格斯在国际工人协会总委员会会议上多次发言，阐明了巴黎公社的无产阶级性质，指出巴黎公社革命使巴黎这座城市掌握在人民的手里。在 1871 年 4 月 11 日的发言中，恩格斯以十分惋惜的心情指出巴黎公社领导人的重大失误："在国民自卫军中央委员会领导的时候，事情进行得很好，而在选举以后却是只讲不做了。向凡尔赛进军，应当是在凡尔赛还软弱的时候，可是这个有利的时机被错过了，看来现在凡尔赛占了优势并在逼迫巴黎人。"① 恩格斯认为，巴黎公社应该首先集中军事力量全力以赴消灭逃到凡尔赛宫的反革命势力。这些思想后来在《法兰西内战》中得到进一步发挥。

1871 年 4 月初，公社领导人之一瓦扬向国际工人协会波尔多支部负责人、马克思的女婿拉法格谈到公社缺少有军事才能的领导人，拉法格立即给马克思写信，询问能否请恩格斯来巴黎担任军事领导工作。虽然由于种种原因，恩格斯未能到巴黎，但他通过各种渠道，向公社领导人提供了不少关于公社的斗争策略、军事以及社会经济等方面的建议。

在 1871 年 4 月 18 日的国际工人协会总委员会会议上，马克思建议就法国"斗争的总趋向"发表一篇告国际工人协会全体会员的宣言。总委员会把起草宣言的工作交给了马克思，马克思立即开始了这项工作，一直继续进行到 5 月底。5 月 30 日，

---

① 《马克思恩格斯全集》第 17 卷，人民出版社 1963 年版，第 671 页。

也就是巴黎公社被残酷镇压的第二天，马克思在国际工人协会总委员会会议上宣读了他起草的宣言，当场获得一致通过，这就是著名的《法兰西内战》。宣言深刻分析了巴黎公社革命的原因，并根据巴黎公社的经验，进一步发展了马克思主义关于阶级斗争、国家、革命和无产阶级专政的基本理论，成为马克思主义的一篇经典文献。

恩格斯对这份宣言给予高度评价，指出"自伦敦有史以来，还没有一件公诸于世的文献，像国际总委员会的宣言那样，产生如此强烈的影响"①。在 5 月 30 日的会议上，恩格斯建议把这篇宣言印几千份，并承担了出版发行宣言英文第一版和随后的第二、三版的事务。恩格斯亲自把宣言译成德文，在他的努力下，宣言被译成西班牙文、意大利文、法文、丹麦文、荷兰文等。

巴黎公社失败后，马克思和恩格斯积极参加援助流亡者的行动。恩格斯建议总委员会设立流亡者救济基金，并带头为救济基金捐款。他通过各种渠道为流亡者募集资金，并设法为流亡者安排工作。

巴黎公社失败后，各国资产阶级报刊散布谎言，把公社社员描绘成杀人放火的暴徒，把国际工人协会说成是巴黎公社革命的幕后操纵者，并编造关于马克思和恩格斯的各种谣言，对二人进行大肆攻击和诽谤。恩格斯年迈的母亲虽然不相信自己的儿子是坏人，但她认为儿子受到马克思的不良影

---

① 《马克思恩格斯全集》第 17 卷，人民出版社 1963 年版，第 408 页。

响，于是写信责问恩格斯。1871 年 10 月 21 日，恩格斯给母亲写了一封长信，向母亲介绍了巴黎公社的真相，揭露了资产阶级报刊的谎言。他写道："我丝毫没有改变将近三十年来所持的观点，这你是知道的。假如事变需要我这样做，我就不仅会保卫它，而且在其他方面也会履行自己的义务，对此你也不应该觉得突然。我要是不这样做，你倒应该为我感到羞愧。即使马克思不在这里或者甚至根本没有他，情况也不会有丝毫改变。所以，归罪于他是很不公平的。并且我还记得，从前马克思的亲属曾经断言，似乎是我把他带坏了。"① 从上述文字中，我们可以真切地感受到恩格斯作为一名伟大的革命者的自信和担当。

针对巴枯宁在第一国际内部的分裂活动，1872 年 1—3 月，马克思和恩格斯共同撰写了《所谓国际内部的分裂》，彻底揭露了巴枯宁领导的社会主义民主同盟在国际内部进行的破坏活动。在马克思和恩格斯的共同努力下，1872 年召开的国际工人协会海牙大会宣布把巴枯宁及其同伙开除出协会，从而取得了反对巴枯宁主义的胜利。此外，恩格斯认真履行自己通讯书记的职务，积极向西班牙和意大利工人宣传马克思主义，先后把《法兰西内战》《哲学的贫困》《共产党宣言》《资本论》等马克思主义重要著作寄往马德里，把马克思撰写的《国际工人协会成立宣言》和《法兰西内战》等重要文献发表在意大利的报纸上。

---

① 《马克思恩格斯全集》第 33 卷，人民出版社 1973 年版，第 308 页。

1875 年，德国柏林大学讲师欧根·杜林出版了《哲学教程——严格科学的世界观和生命形成》和《国民经济学和社会主义批判史》两本著作，号称以一种新哲学体系的形式提出了新的社会主义理论，并对马克思主义进行了猛烈的攻击。由于杜林以社会主义的行家和改革家身份出现在工人运动中，他的思想迷惑了很多人，给刚刚合并成立的德国社会主义工人党造成极大的思想混乱。

面对严峻形势，威廉·李卜克内西等德国工人党领导人多次给恩格斯写信，请求恩格斯出面批判杜林的谬论，澄清杜林主义与马克思主义的区别。此时恩格斯正集中精力从事自然辩证法的研究工作，他意识到杜林主义的危害，立即放下自己的研究，和马克思商讨开展批判杜林的工作。1876 年 5 月 24 日，恩格斯写信给马克思，表示打算批判杜林的著作，马克思于 5 月 25 日回信表示坚决支持。5 月 28 日，恩格斯在给马克思的信中阐述了他批判杜林的计划："开始时我将纯粹就事论事地、看起来很认真地对待这些胡说，随着对他的荒谬性和平庸性这两个方面的揭露越来越深入，批判就变得越来越尖锐，最后给他一顿密如冰雹的打击。"① 从 1876 年 9 月到 1878 年上半年，恩格斯分三编对杜林的理论和思想观点进行了深入批判，同时对马克思主义基本理论进行了全面、系统的阐述，这就是著名的《反杜林论》。

---

① 《马克思恩格斯文集》第 10 卷，人民出版社 2009 年版，第 415 页。

恩格斯
为写作《反杜林论》做的笔记

　　在《反杜林论》的写作过程中，马克思给予恩格斯大力支持。在 1885 年 9 月写作的该书新版序言中，恩格斯指出："本书所阐述的世界观，绝大部分是由马克思确立和阐发的，而只有极小的部分是属于我的，所以，我的这种阐述不可能在他不了解的情况下进行，这在我们相互之间是不言而喻的。在付印之前，我曾把全部原稿念给他听，而且经济学那一编的第十章（《〈批判史〉论述》）就是马克思写的，只是由于外部的原因，我才不得不很遗憾地把它稍加缩短。在各种专业上互相帮助，这早就成了我们的习惯。"① 马克思和恩格斯在思想观点上的高度一致、理论工作中的默契配合，在《反杜林论》中得到了充分的体现。

5.送战友最后一程

　　1881 年 12 月 2 日，马克思的终身伴侣和亲密爱人燕

---

① 《马克思恩格斯全集》第 26 卷，人民出版社 2014 年版，第 11 页。

妮·马克思不幸因病去世。这对马克思本已病痛多年的身体是极大打击，导致他卧床不起，连燕妮的葬礼也无法参加。恩格斯在和马克思长达30多年的并肩战斗过程中，与马克思一家人结下了深厚的友谊。燕妮不仅是与马克思同甘共苦的伴侣，而且也是一位具有卓越才干和智慧的革命家。恩格斯对燕妮十分尊敬，燕妮的去世令他十分悲痛。但他必须挺起身，替自己的亲密战友料理燕妮的身后事。他忙前忙后，帮助马克思家人安排燕妮的葬礼，处理各种事务。恩格斯不仅参加了燕妮的葬礼，并且亲自撰写和致悼词。恩格斯高度评价燕妮和丈夫共患难、同辛劳、同斗争的伟大一生。他说："如果说有一位女性把使别人幸福视为自己的最大幸福，那么这位女性就是她。"①

燕妮去世后，马克思的身体每况愈下，这让恩格斯十分担心。恩格斯征求医生的意见，为马克思安排治疗方案。在恩格斯和其他亲友的一再要求下，马克思1882年的大部分时间在英国和法国多地进行疗养。恩格斯希望通过长期疗养使马克思恢复健康，他在1882年10月28日致倍倍尔的信中满怀信心地说："马克思的健康正在完全恢复，如果胸膜炎不再犯，明年秋天他的身体将会比近几年以来都好。"②

---

① 《马克思恩格斯全集》第25卷，人民出版社2001年版，第540页。
② 《马克思恩格斯选集》第4卷，人民出版社2012年版，第554页。

马克思

1882 年

然而，马克思的身体始终未能完全康复。雪上加霜的是，马克思的大女儿——只有 39 岁的燕妮·龙格于 1883 年 1 月 11 日病故，留下 5 个未成年的子女。这又给了马克思沉重的一击。听到女儿去世的消息，马克思从休养地匆匆赶回伦敦。悲伤的心情使得他的病情再度加重，支气管炎复发引起许多并发症，导致马克思的体力迅速衰竭。恩格斯对马克思的病情十分焦虑，尽全力予以帮助治疗。他和马克思的其他亲友请伦敦最好的青年医生作为马克思的主治医生。然而，马克思终究年老体衰，病情难以完全好转。看着自己的亲密战友身体一天天垮下来，恩格斯心情十分沉重，他知道马克思来日无多，每天都去探望马克思。在马克思身体状况允许的条件下，尽可能多一点时间陪伴马克思。他在给左尔格的信中说："六个星期以来，每天早晨当我走到拐角地方的时候，我总是怀着极度恐惧的心情看看窗帘是不是放下来了。"①

---

① 《马克思恩格斯文集》第 10 卷，人民出版社 2009 年版，第 504 页。

　　尽管恩格斯和其他亲友竭尽全力照顾马克思，想尽一切办法让马克思的身体好转起来。然而，他们终究未能如愿。1883年3月14日，马克思逝世。

　　恩格斯抑制住内心的悲痛，当天就拍电报通知马克思的大女婿龙格和亲密战友左尔格，还给李卜克内西、贝克尔等人写信告知马克思逝世的消息。在给李卜克内西的信中，恩格斯沉痛地写道：

> 　　虽然今天晚上我看到他仰卧在床上，面孔也永远不动了，但是我仍然不能想象，这个天才的头脑不再用他那强有力的思想来哺育两个半球的无产阶级运动了。我们之所以有今天，都应归功于他；现代运动当前所取得的一切成就，都应归功于他的理论的和实践的活动；没有他，我们至今还会在黑暗中徘徊。[①]

　　1883年3月17日，马克思的遗体安葬在伦敦海格特公墓。在安葬仪式上，恩格斯发表了简短的演讲。他概括了这位亲密无间的战友对人类社会的两大贡献：发现了人类历史的发展规律，以及现代资本主义生产方式和它所产生的资产阶级社会的特殊的运动规律。他说：

> 　　一生中能有这样两个发现，该是很够了。甚至只要能作出一个这样的发现，也已经是幸福的了。但是马克思在他所研究的每一个领域（甚至在数学领域）都有独到的发现，这样的领域是很多的，而且其中任

---

① 《马克思恩格斯全集》第35卷，人民出版社1971年版，第457页。

何一个领域他都不是肤浅地研究的。①

他高度评价了战友的伟大人格，他指出：

> 现在他逝世了，在整个欧洲和美洲，从西伯利亚矿井到加利福尼亚，千百万革命战友无不对他表示尊敬、爱戴和悼念，而我敢大胆地说：他可能有过许多敌人，但未必有一个私敌。②

恩格斯陪自己的亲密战友走完了最后一程！

恩格斯
马克思的逝世使我感到无比悲痛

1883 年

四、马克思的终身挚友和经济支柱

马克思一生有无数朋友，恩格斯无疑是其中最亲密的。二

---

① 《马克思恩格斯全集》第 19 卷，人民出版社 1963 年版，第 375 页。
② 《马克思恩格斯全集》第 19 卷，人民出版社 1963 年版，第 376 页。

人一生中都相互关心，真诚挂念着对方。拉法格写道："1848
年革命失败后，恩格斯不得不到曼彻斯特去，而马克思则被迫
留在伦敦。即使如此，他们的精神生活仍然是互相沟通的，他
们几乎每天都要通信，谈论当前的政治事件和科学问题，交换
他们在理论上探讨的结果。恩格斯一脱离他在曼彻斯特的工
作，就连忙跑到伦敦，住在离他亲爱的马克思家只要步行十
分钟就可以走到的地方。从 1870 年直到马克思逝世为止，他
们几乎没有一天不见面，不是在这一个家里，就是在那一个
家里。"①

　　我们从通信中可以真切地感受到二人之间相互关心的真挚
情感。

　　1857 年 6 月 12 日，恩格斯写信告诉马克思，自己生病了，
需要用热敷剂四天，原定到伦敦与马克思会面的计划不得不推
迟。收到恩格斯的信，马克思十分焦急，他立即给恩格斯回信：

　　亲爱的恩格斯：

　　　　你是在哭还是在笑，

　　　　是在睡觉还是醒着？

　　　　我们在这里为你非常焦急。你的健康情况如何，

　　请来信。我希望已不再给你用热敷剂——这是一种完

　　全过时的而且差不多是被否定的疗法。如果你仅用内

　　服药，——这是合理的、现代的疗法，——那末我看

---

① 　中共中央马克思恩格斯列宁斯大林著作编译局编：《回忆马克思》，人
　　民出版社 2005 年版，第 200—201 页。

不出，你为什么要那样严格地闭门不出。

    ……①

1863 年 5 月 20 日，恩格斯多日没有收到马克思的来信，他十分担心，给马克思写信：

> 老摩尔，老摩尔，
>
> 大胡子的老摩尔！
>
> 你出了什么事，怎么听不到你一点消息？你有什么不幸，你在做什么事情？你是病了？还是陷入了你的政治经济学的深渊？……②

作为马克思最亲密的战友，恩格斯在一生中不仅与马克思一起为共产主义事业并肩战斗，而且在生活上为马克思一家提供了大量的无私援助。这种全方位的友谊是亘古罕见的。

1. 马克思研究政治经济学的好伙伴

马克思和恩格斯的深厚友谊不仅体现在生活中，更体现在事业上。拉法格说："他们所有的一切，无论是金钱或是学问，都是不分彼此的。"③这一点集中体现在《资本论》的写作过程中。

从 19 世纪 50 年代起，马克思集中精力研究政治经济学，在这一过程中，恩格斯给予马克思巨大的支持。1867 年 8 月 16 日深夜，马克思校对完《资本论》第一卷的最后一个印张，

---

① 《马克思恩格斯全集》第 29 卷，人民出版社 1972 年版，第 139 页。
② 《马克思恩格斯全集》第 30 卷，人民出版社 1975 年版，第 342 页。
③ 中共中央马克思恩格斯列宁斯大林著作编译局编：《回忆恩格斯》，人民出版社 2005 年版，第 25 页。

抑制不住内心的激动，提笔给恩格斯写信，表达深深的谢意："这样，这一卷就完成了。其所以能够如此，我只有感谢你！没有你为我作的牺牲，我是决不可能完成这三卷书的巨大工作的。我满怀感激的心情拥抱你！"①恩格斯不仅在经济上全力支持马克思一家，而且为马克思研究政治经济学和写作《资本论》提供了很大的理论帮助。

恩格斯
马克思给我的信

1867 年 8 月

1848 年欧洲革命失败后，马克思移居伦敦，重新开始因参加革命活动而中断的政治经济学研究，一直持续到他晚年。在这一过程中，马克思不断就理论问题与恩格斯深入交换意见，向恩格斯请教企业经营的相关问题，并请恩格斯帮忙查找资料。恩格斯总是全力以赴给予帮助，并督促马克思尽快出版自己的著作。从 1851 年开始，二人经常在信中探讨政治经济

---

① 《马克思恩格斯全集》第 31 卷，人民出版社 1972 年版，第 328—329 页。

学理论，到 1867 年 9 月《资本论》第一卷出版，二人围绕政治经济学和《资本论》的通信，仅保存下来的，就有约 150 封。

马克思十分重视恩格斯的理论观点。1851 年 1 月 7 日，马克思写了一封长信给恩格斯，就李嘉图的地租理论谈了自己的观点，并急切地征求恩格斯的意见。然而恩格斯的房东在打扫房间时把信件压在其他书籍下面，恩格斯没有看到。没有及时得到恩格斯的反馈，马克思很焦虑。在马克思 1 月 25 日给恩格斯的信中，二人的朋友皮佩尔专门附笔提醒恩格斯赶紧回应马克思。恩格斯收到信后很快写信向马克思解释事情的原委，并详细地谈了自己对这个问题的看法。他完全赞同马克思的观点，并建议马克思把他论地租的文章在英国的杂志上发表。得到恩格斯的肯定意见，马克思很高兴。

1858 年 3 月 2 日，马克思致信恩格斯：

> 你能否告诉我，隔多少时间——例如在你们的工厂——更新一次机器设备？拜比吉断言，在曼彻斯特大多数机器设备平均每隔五年更新一次。这个说法在我看来有点奇怪，不十分可信。机器设备更新的平均时间，是说明大工业巩固以来工业发展所经过的多年周期的重要因素之一。①

两天后，恩格斯就回信做了详细解答：

> 关于机器设备问题很难说出确切的数字，但无论如何拜比吉是十分错误的。最可靠的标准是每个厂

① 《马克思恩格斯全集》第 29 卷，人民出版社 1972 年版，第 280 页。

主每年在自己机器设备的折旧和修理上扣除的百分率，这样，厂主在一定时期内就全部补偿了他的机器费用……①

马克思在写作《资本论》的过程中，就写作计划和一些理论问题持续不断地与恩格斯沟通，认真听取恩格斯的意见。恩格斯则竭尽全力给马克思提供帮助，并不断催促马克思加快进度。

在《资本论》第一卷即将出版之际，1867 年 6 月 3 日，马克思写信给恩格斯："你一定要把你的意见详细告诉我：关于价值形态的阐述，有哪几点在附录中应当特别通俗化而使庸人们能看懂。"②

恩格斯回信认真谈了自己的意见：

你造成了一个很大的缺陷，没有多分一些小节和多加一些小标题，使这种抽象阐述的思路明显地表现出来。这一部分你应当用黑格尔的《全书》那样的方式来处理，分成简短的章节，用特有的标题来突出每一个辩证的转变，并且尽可能把所有的附带的说明和例证用特殊的字体印出来。这样，看起来就可能有点象教科书，但是对广大读者来说要容易理解得多。读者，甚至有学识的读者，现在都已经不再习惯这种思维方法，因而必须尽量减少他们阅读的困难。③

6 月 22 日，马克思告诉恩格斯，他采纳了恩格斯的建

---

① 《马克思恩格斯全集》第 29 卷，人民出版社 1972 年版，第 281 页。
② 《马克思恩格斯全集》第 31 卷，人民出版社 1972 年版，第 306 页。
③ 《马克思恩格斯全集》第 31 卷，人民出版社 1972 年版，第 308 页。

议，"把每一个阐述上的段落都变成章节等等，加上特有的小标题"①。

《资本论》第一卷的校对工作是马克思和恩格斯共同完成的，恩格斯除做了个别修改外，还对全书的结构提出了自己的意见。

1867年9月14日，《资本论》德文版第一卷出版。为了扩大《资本论》的影响，打破资产阶级学者对《资本论》蓄意保持的沉默，恩格斯在很短的时间内为《资本论》写了9篇书评，并为《资本论》第一卷第一版总共6章中的前4章写了提要，以通俗的语言宣传《资本论》的思想。在恩格斯以及其他战友的努力下，《资本论》很快就在德国以及欧洲其他国家传播开来。1872年，《资本论》第一卷俄文版出版。1872—1875年，《资本论》第一卷法文版陆续分册出版。

马克思
《资本论》第一卷在汉堡出版

1867年9月

---

① 《马克思恩格斯全集》第31卷，人民出版社1972年版，第311页。

2. 马克思一家坚强的经济后盾

马克思一生大部分时间都没有固定工作和收入，并且把得到的遗产和馈赠大部分用于办报、救助等革命事业，因而经济上经常陷入困顿，是恩格斯的鼎力支持，使得马克思一家能够勉强维持生活，马克思也才能够集中精力从事理论研究。列宁指出："马克思及其一家饱受贫困的折磨。如果不是恩格斯牺牲自己而不断给予资助，马克思不但无法写成《资本论》，而且势必会死于贫困。"①

1848 年欧洲革命失败后，马克思和恩格斯先后来到伦敦。为了在经济上支持马克思一家，恩格斯重新回到曼彻斯特他父亲的工厂，开始了长达 20 年的商业生活。

马克思
我、恩格斯和我的女儿燕妮、爱琳娜和劳拉

---

① 《列宁全集》第 26 卷，人民出版社 2017 年版，第 50—51 页。

　　19 世纪 50 年代是马克思一家经济上最困难的时期。由于缺少固定收入，马克思一家经常连购买食物的钱都没有，被迫向面包房赊欠。马克思不得不一次又一次向恩格斯求援，恩格斯几乎有求必应，及时向马克思提供援助，帮助马克思暂时摆脱经济困境。

　　经商的前几年，恩格斯自己的收入也不太高，但他把一半的收入支援了马克思一家。如 1852 年，恩格斯的收入大约为 100 英镑，提供给马克思的援助约为 50 英镑。到 1860 年以后，恩格斯的收入有了很大提高，对马克思的资助也大幅提高。如 1860/61 年度有据可查的达到 210 英镑；1866/67 年度约为 395 英镑。从 1851 年到 1869 年，恩格斯累计向马克思提供的援助超过 3000 英镑。

马克思
我和恩格斯

1861 年

在马克思和恩格斯的通信中，马克思向恩格斯紧急求助以及恩格斯及时予以经济援助的例子很多。可以从 1868 年二人的通信中选几个例子。

1868 年 3 月 4 日，马克思给恩格斯的信中说："你从附上的纸条可以看出，如果我到后天付不出七英镑五先令，我的'动产'就要被查封。"① 恩格斯收到信后马上寄去 10 英镑。

1868 年 4 月 18 日，马克思告诉恩格斯："星期二我必须为杜西交五英镑学费和一英镑五先令体操学校学费。如果你能马上寄来这笔钱，我将为孩子感到很高兴。"②4 月 20 日，恩格斯给马克思寄去 10 英镑。

1868 年 9 月 12 日，马克思给恩格斯写信："我的处境十分困难。劳拉从你走后就病了，我妻子不得已向她借了十英镑来应付紧急开支，因为我们已身无分文了。……说实在的，我不知道我该怎么办才好。"③9 月 16 日，恩格斯又给马克思寄去 10 英镑。

马克思一方面对恩格斯深怀感激，另一方面也深感歉疚，因为恩格斯为自己做出了太多牺牲。1865 年 7 月 31 日，马克思给恩格斯的信中写道：

> 半辈子依靠别人，一想起这一点，简直使人感到绝望。这时唯一能使我挺起身来的，就是我意识到我们两人从事着一个合伙的事业，而我则把自己的时间

① 《马克思恩格斯全集》第 32 卷，人民出版社 1974 年版，第 38 页。
② 《马克思恩格斯全集》第 32 卷，人民出版社 1974 年版，第 62 页。
③ 《马克思恩格斯全集》第 32 卷，人民出版社 1974 年版，第 139 页。

用于这个事业的理论方面和党的方面。①

1867年5月7日，在《资本论》第一卷即将出版之际，马克思满怀深情地写信给恩格斯：

> 没有你，我永远不能完成这部著作。坦白地向你说，我的良心经常象被梦魔压着一样感到沉重，因为你的卓越才能主要是为了我才浪费在经商上面，才让它们荒废，而且还要分担我的一切琐碎的忧患。②

到1868年底，恩格斯即将结束经商生活前，他专门为马克思一家的生活费用做了考虑。他写信给马克思：

> 亲爱的摩尔：
>
> 请你尽量十分准确地答复下面两个问题，并且要立即答复，好让我能在星期二早上收到你的回信。
>
> （1）你需要多少钱才能还清你的全部债务，把你完全解脱出来？
>
> （2）你平时的正常开支，每年三百五十英镑是否够用（治病和意外的紧急开支除外），就是说，这样你是否就无需借债了。如果不够，请把你需要的数额告诉我。这是以还清全部旧债为前提的。这个问题自然是最主要的问题。
>
> 我和哥特弗利德·欧门谈判的情况是这样的，他想在我的契约期满（6月30日）时赎买我，也就是说，如

---

① 《马克思恩格斯全集》第31卷，人民出版社1972年版，第135页。
② 《马克思恩格斯全集》第31卷，人民出版社1972年版，第301页。

果我保证在五年内不参加同他竞争的企业，并且允许他继续领导公司，他将给我一笔钱。这正是我希望从这位先生那里得到的。但因最近几年收支情况不好，这笔款子能否使我们在数年之内不必为金钱操心，我认为还是个疑问，甚至还要考虑到一个可能的情况，即遇到什么事变时，我们不得不重返大陆，因而将需要一笔紧急的开支。哥特弗利德·欧门给我的这笔钱（在他向我提出以前，我早就决定把它作为专门用来援助你的补充款项）将保证我有可能在五六年内每年寄给你三百五十英镑，而在紧急情况下甚至还能多一些……①

马克思十分感动。立即回信告诉恩格斯他的全部债务是210英镑。尽管最近几年的生活费用每年都超过350英镑，但这个数目是完全够用的。

19世纪60年代末，恩格斯还专门立下遗嘱，如果自己先于马克思逝世，马克思将是全部财产的唯一继承人。

恩格斯对马克思的无私资助，是二人之间真诚而伟大的友谊的一个生动写照！

五、继承马克思未竟的事业

马克思逝世后，恩格斯不顾自己年高体弱，把战友开创的

---

① 《马克思恩格斯全集》第32卷，人民出版社1974年版，第201页。

事业继续向前推进。在接下来的岁月中，恩格斯不仅整理出版了《资本论》第二、三卷，为传播和捍卫马克思主义而努力工作，而且积极支持和引导多国无产阶级运动，成为国际共产主义运动的伟大导师。

1. 整理出版《资本论》第二、三卷

在马克思逝世前后，就流传着一个谣言，说《资本论》第二卷之所以迟迟没能出版，是因为马克思根本就没有写作第二卷。对这一谣言的最有力回击，就是尽快出版《资本论》第二、三卷。

马克思逝世前不久也表达了希望恩格斯整理出版《资本论》第二、三卷的愿望。马克思逝世后，恩格斯立即停下手头的研究工作，集中精力整理马克思留下的《资本论》第二、三卷手稿。

马克思虽然留下了十分庞大的手稿，这些手稿又多半带有片断性质，加之马克思的笔迹十分潦草，难以辨认，恩格斯为整理出版《资本论》第二、三卷耗费了极大精力，想了各种办法。在1884年6月22日给考茨基的信中，恩格斯描述了这一状况：

> 从复活节起，我加紧工作，往往要伏案八至十小时，这样长时间坐着，我的老毛病又有些复发，不过，这次已是慢性，不象以前那样是亚急性的。因此，除了个别情况外，又不准我坐在书桌旁了。于是，我决定采取果敢的措施：请了艾森加尔滕，向他

口授手稿。自本周初起，每天从十点到五点，和他一起又紧张地工作起来，而且由于躺在沙发上，看来（蠢话——这你无法看到，只能感觉到），我在好起来，当然并不快。出乎意料，事情进行得很好。艾森加尔滕是一个开朗、勤奋的人，而且肯干，尤其是因为他正好在钻研第三版的第一卷。但是手稿多半处于这样的情况，只是为了搞出一个初定稿，我就得每天晚上对口授稿进行加工。目前，这项工作占了我的全部空余时间。①

到1885年2月，恩格斯终于完成了《资本论》第二卷的整理工作，并于7月正式出版。

恩格斯
《资本论》第二卷德文第一版封面

1885 年

从1885年2月下旬开始，恩格斯马不停蹄地投入《资本论》第三卷的整理工作。恩格斯乐观地估计，这项工作不需要花费太多时间，几个月或一年就够了。然而出乎恩格斯的意料，整理《资本论》

————————

① 《马克思恩格斯全集》第36卷，人民出版社1975年版，第166—167页。

第三卷花费的时间远比第二卷多得多。这一方面是因为恩格斯体力下降、视力衰退，另一方面是由于第三卷的手稿很不完整，有些章节只有标题，恩格斯还需要补写正文，加之其他事情的干扰，这一工作有时不得不暂时停下来。就这样，恩格斯前前后后花费了将近 10 年的时间，到 1894 年 5 月终于把全部手稿整理完毕，并于 1894 年 12 月和 1895 年 3 月分两册出版。

恩格斯终于了却了战友的心愿！

2. 坚定捍卫马克思主义

马克思逝世后，资产阶级报刊上出现了多种污蔑马克思的声音，有的甚至打着马克思主义的旗号对马克思的思想观点进行歪曲。恩格斯坚定地与各种反对马克思的声音作斗争，坚定地维护战友的声誉，捍卫马克思主义的纯洁性。

1872 年，德国讲坛社会主义的代表人物布伦坦诺发表文章，宣称马克思起草的《国际工人协会成立宣言》中引用英国财政大臣格莱斯顿在国会演说中的话"财富和实力这种令人陶醉的增长完全限于有产阶级！"① 是马克思自己臆造的，格莱斯顿的演说根本没有这句话，他指责马克思在形式和实质上增添了这句话。对此马克思生前进行了有理有据的驳斥。马克思逝世不久，英国剑桥三一学院的赛德利·泰勒在《泰晤士报》上发表来信，重新提起这件事，指责马克思歪曲了格莱斯顿的意思，声称"马克思先生……曾企图为此进行辩护，但很快就被

---

① 《马克思恩格斯文集》第 3 卷，人民出版社 2009 年版，第 8 页。

布伦坦诺巧妙的攻击打垮了"①。马克思的三女儿爱琳娜·马克思很快对此做出回应，但《泰晤士报》拒绝刊登她的文章，文章于 1884 年 2 月在《今日》月刊发表。泰勒在 1884 年 3 月的《今日》月刊对爱琳娜进行反驳，爱琳娜在同一期《今日》月刊发表了第二篇答辩文章，完全驳倒了泰勒对马克思的污蔑。恩格斯在 1890 年为《资本论》第一卷第四版写作序言中详细叙述了此事的来龙去脉，他写道："这帮大学教授们所策划的在两大国持续 20 年之久的整个这场行动，其结果是任何人也不敢再怀疑马克思写作上的认真态度了。而且可以设想，正如布伦坦诺先生不会再相信《汉萨德》教皇般永无谬误那样，塞德利·泰勒先生今后也不会再相信布伦坦诺先生的文坛战报了。"②

布伦坦诺看到恩格斯的序言后，先是在 1890 年 11 月 6 日的《德国周报》发表题为《我和卡尔·马克思的论战》的文章，接着又出版同名小册子，继续重复先前对马克思的诬蔑，并对马克思大肆进行人身攻击。为了证明自己正确，布伦坦诺还把格莱斯顿本人搬出来。发表于 1890 年 12 月 4 日《德国周刊》的一篇短评摘引了格莱斯顿不久前写给布伦坦诺的两封信，证明在同马克思的争论中，布伦坦诺是正确的。

为了反击布伦坦诺对马克思的疯狂攻击，恩格斯放下手头的工作。1890 年 12 月，恩格斯写作了《关于布伦坦诺 contra 马克思问题》一文，他写信给《新时代》杂志编辑考茨基，请他在最

---

① 《马克思恩格斯文集》第 5 卷，人民出版社 2009 年版，第 42 页。
② 《马克思恩格斯文集》第 5 卷，人民出版社 2009 年版，第 44 页。

近一期《新时代》上刊登。从 1890 年 12 月到 1891 年 2 月，恩格斯编辑出版了《布伦坦诺 contra 马克思。关于所谓捏造引文问题。事情的经过和文件》一书。在书中，恩格斯不仅详细叙述了所谓马克思捏造引文问题的来龙去脉，而且还公布了布伦坦诺与马克思、赛德利·泰勒与爱琳娜·马克思以及恩格斯与布伦坦诺之间围绕这一问题的三次论战的全部相关材料，从而彻底揭穿了布伦坦诺和泰勒等人的谎言和险恶用心，维护了马克思的声誉。

1884 年，《新时代》发表了一篇书评，含混地说剩余价值理论起源于洛贝尔图斯，完成于马克思，暗示马克思剽窃了洛贝尔图斯。恩格斯为了澄清是非，还原真相，于 1884 年 10 月写作了《马克思和洛贝尔图斯》一文，发表在《新时代》杂志 1885 年第 1 期。文章指出：

> 洛贝尔图斯指责马克思"剽窃"他、"在自己的'资本论'中不指明出处大量利用了"他的"认识"一书，这样的指责是因热狂而进行诽谤。这种诽谤只能解释为这位无人赏识的天才十分烦恼，和他对普鲁士以外发生的事情特别是对社会主义和经济学文献的惊人的无知。①

恩格斯比较分析了二人的观点和逻辑，深入阐明马克思的剩余价值理论是他独自从李嘉图的理论中引出的科学创见，而洛贝尔图斯则陷入自己的乌托邦的圈套，断绝了在科学上进步的一切可能。

---

① 《马克思恩格斯全集》第 21 卷，人民出版社 1965 年版，第 206 页。

在《资本论》第二卷序言中，恩格斯再次驳斥了这一谣传。他指出：

> 马克思和我以前都根本没有听说过洛贝尔图斯，直到 1848 年，当我们要在《新莱茵报》上批判洛贝尔图斯这位柏林议员的演说和他充任大臣的活动时，我们才知道这个人。……可是，当时马克思在没有洛贝尔图斯的任何帮助下，不仅已经非常清楚地知道"资本家的剩余价值"是从哪里"产生"的，而且已经非常清楚地知道它是怎样"产生"的。这一点，从 1847 年的《哲学的贫困》和 1847 年在布鲁塞尔所作的、1849 年发表在《新莱茵报》第 264—269 号上的关于雇佣劳动与资本的讲演，可以得到证明。①

恩格斯用无可辩驳的事实和科学的逻辑有力地回击了关于马克思"剽窃"的谣传。自此以后，这一谣言渐渐消失了。

1890 年前后，德国社会民主党内的一些大学生和青年文人形成一个反对派，被称为"青年派"。他们以党的理论家和领导者自居，无视政治条件的变化，否认利用合法斗争形式的必要性，反对社会民主党参加议会选举和利用议会的讲坛。他们表面上打着马克思主义的旗号，实质上是小资产阶级半无政府主义。1890 年 8 月，青年派在自己的机关报《萨克森工人报》上发表文章，声称刚刚卸任的编辑部和恩格斯一起希望目前社

---

① 《马克思恩格斯文集》第 6 卷，人民出版社 2009 年版，第 11—12 页。

会民主党中贪求成功的议会派将很快被德国工人的健康思想所克服。对于这种肆意造谣的做法，恩格斯十分气愤。他立即写下《给〈萨克森工人报〉编辑部的答复》，声明自己对此事一无所知，也并不打算同它"一起"希望。他从理论和实践两方面揭露了青年派对马克思主义的歪曲：

> 在理论方面，我在这家报纸上看到了（一般来说在"反对派"的所有其他报刊上也是这样）被歪曲得面目全非的"马克思主义"，其特点是：第一，对他们宣称要加以维护的那个世界观完全理解错了；第二，对于在每一特定时刻起决定作用的历史事实一无所知；第三，明显地表现出德国著作家所特具的无限优越感。马克思在谈到70年代末曾经在一些法国人中间广泛传播的"马克思主义"时也预见到会有这样的学生，当时他说"tout ce que je sais, c'est que moi, jene suis pas marxiste"——"我只知道我不是'马克思主义者'"。

> 在实践方面，我在这家报纸上看到的，是完全不顾党进行斗争的一切现实条件，而幻想置生死于不顾地"拿下障碍物"；这也许会给作者们的不屈不挠的年轻人的勇气带来荣誉，但是，如果把这种幻想搬到现实中去，则可能把一个甚至最强大的、拥有数百万成员的党，在所有敌视它的人的完全合情合理的嘲笑中毁灭掉。可是，甚至一个小宗派贸然实行这种只有中学生水平的政策也不会不受到惩罚，关于这一

点，从那时以来这些先生们的确已经取得独特的经
验了。①

　　恩格斯对马克思的学问和人品都十分敬佩。在他眼中，马
克思不仅是他的益友，还是他的良师。马克思和恩格斯是科学
社会主义的共同创始人，但恩格斯始终宣称马克思是最主要的
贡献者。马克思逝世后，有人提出恩格斯参加了马克思主义的
创立，因此用马克思主义命名对恩格斯不公平。对此，恩格斯
专门予以回应：

　　　　近来人们不止一次地提到我参加了制定这一理论
　　的工作，因此，我在这里不得不说几句话，把这个问
　　题澄清。我不能否认，我和马克思共同工作 40 年，在
　　这以前和这个期间，我在一定程度上独立地参加了这
　　一理论的创立，特别是对这一理论的阐发。但是，绝
　　大部分基本指导思想（特别是在经济和历史领域内），
　　尤其是对这些指导思想的最后的明确的表述，都是属
　　于马克思的。我所提供的，马克思没有我也能够做到，
　　至多有几个专门的领域除外。至于马克思所做到的，
　　我却做不到。马克思比我们大家都站得高些，看得远
　　些，观察得多些和快些。马克思是天才，我们至多是
　　能手。没有马克思，我们的理论远不会是现在这个样
　　子。所以，这个理论用他的名字命名是理所当然的。②

---

① 《马克思恩格斯文集》第 4 卷，人民出版社 2009 年版，第 396 页。
② 《马克思恩格斯文集》第 4 卷，人民出版社 2009 年版，第 296—297 页，
　　"注释" 1。

这充分展示了恩格斯谦逊、真诚、不慕虚荣的伟大人格！

事实上，恩格斯对创立、丰富和发展马克思主义作出了不可替代的贡献。例如，他写作的《反杜林论》对马克思主义进行了系统的总结，第一次构建起马克思主义基本原理的理论框架，被誉为"马克思主义的百科全书"。我们今天熟知的马克思主义的三个组成部分，事实上是恩格斯在此书中第一次做出这样划分的。列宁深刻指出：

> 不研读恩格斯的全部著作，就不可能理解马克思主义，也不可能完整地阐述马克思主义。①

3. 生命不止、战斗不息

马克思逝世后，恩格斯当之无愧地成为国际共产主义运动的伟大导师。他和自己已故的战友一样，通过各种方式对各国无产阶级政党和工人运动在理论和策略上给予指导，努力使工人运动沿着马克思主义指引的正确道路前进。

1890 年前后，德国社会民主党内出现了主张改良主义的思潮，其代表人物是曾经担任党中央机关报《社会民主党人报》主编的福尔马尔。他们宣扬"和平长入资本主义"的论调，反对暴力革命和无产阶级专政。1891 年德国社会民主党爱尔福特代表大会上，福尔马尔和倍倍尔以党的中央执行委员会的名义向大会提交了《爱尔福特纲领草案》，这份草案鼓

---

① 《列宁全集》第 26 卷，人民出版社 2017 年版，第 95 页。

吹了"现代社会长入社会主义"的思想，表现出右倾机会主义的倾向。

恩格斯

1891 年

为了揭露和批判这一错误倾向，恩格斯把马克思写于 1875 年的《哥达纲领批判》公开发表，借此澄清无产阶级专政的必要性。他还专门写了《1891 年社会民主党纲领草案批判》（即《爱尔福特纲领草案批判》）一文，寄给了社会民主党中央执行委员会，表达自己的意见。在恩格斯的指导和帮助下，德国社会民主党在 1892 年 11 月柏林代表大会上通过了一项谴责"国家社会主义"的决议，党内的机会主义倾向受到批判和抑制。

19 世纪 80 年代后期，各国的工人运动再次高涨。为了加强无产阶级的国际联合，防止工联主义者、无政府主义者和主张改良主义的法国可能派掌握国际工人运动的领导权，恩格斯做了大量工作，积极推动成立工人阶级新的国际组织。1889 年 7 月 14 日，来自 22 个国家的近 400 名代表齐聚巴黎，召开国际社会主义者代表大会，这标志着第二国际的成立。恩格斯忙于《资本论》第三卷的整理，拒绝了参会的邀请，但他为第二国际的成立而欢呼，他宣布"这是一个辉煌的胜利"①。

恩格斯
我在苏黎世同奥古斯特·倍倍尔（右四）、爱德华·伯恩施坦（右一）
等人聚会

1893 年 8 月 12 日

1893 年 8 月 1 日，恩格斯从英国前往欧洲大陆工作旅行，他所到之处都受到工人群众的热烈欢迎，大家都想亲眼见见这位无产阶级的伟大导师。8 月 12 日，恩格斯应邀参加了第二国际苏黎世代表大会的闭幕式。当大会主席团请他担任名誉主席并致闭幕词时，全场响起雷鸣般的掌声和欢呼声。在这个令

---

① 《马克思恩格斯全集》第 37 卷，人民出版社 1971 年版，第 241 页。

人激动的时刻，恩格斯再次把功劳归于自己的亲密战友、全世界无产者的伟大导师马克思。他深情地说：

> 你们对我的这种意料之外的盛大接待使我深受感动，我认为这不是对我个人的接待，我只是作为那个肖像就挂在那上面的伟人（指马克思）的战友来接受它的。自从马克思和我加入运动，在"德法年鉴"上发表头几篇社会主义的文章以来，已经整整五十年过去了。从那时起，社会主义从一些小的宗派发展成了一个使整个官方世界发抖的强大政党。马克思已经去世了，但是如果他现在还活着，那末在欧美两洲就不会有第二个人能怀着这样理所当然的自豪心情来回顾自己毕生的事业。①

1895 年 8 月 5 日，恩格斯因病于伦敦逝世。

得知恩格斯逝世的消息，马克思和恩格斯的共同朋友和战友威廉·李卜克内西沉痛地说："恩格斯的逝世是马克思的第二次死亡。"

马克思和恩格斯在外表和气质上差异明显，他们共同的朋友和革命战友弗里德里希·列斯纳对二人青年时期的形象有生动的描述："他（马克思——引者注）中等身材，结实有力，肩宽额高，满头密密的黑发，目光炯炯，能洞察一切。""他（恩格斯——引者注）体格匀称，动作灵敏，有金黄色的头发和漂亮的胡子。他不大像一个学者，倒像一个年轻有为的近卫军上

---

① 《马克思恩格斯全集》第 22 卷，人民出版社 1965 年版，第 479 页。

尉。"① 尽管如此，二人之间结下长达 40 年的终生友谊。他们不仅是志同道合的革命战友，共同创立了马克思主义这一无产阶级的科学世界观，共同开创了科学共产主义伟大事业，而且是生活中亲密无间的伙伴，他们相互尊重、相互关心、相互支持。这种超迈古今的伟大友谊既是二人高尚人格的真实写照，也是共产主义伟大事业的光辉折射。我们不仅要继承和发展他们开创的伟大事业，也要赞赏他们之间的伟大友谊，学习他们二人的真诚交往！

---

① 中共中央马克思恩格斯列宁斯大林著作编译局编：《回忆马克思》，人民出版社 2005 年版，第 247 页。

无产阶级革命家、政论家
比马克思大 9 岁

威廉·沃尔弗

德国伟大诗人
比马克思大 21 岁

海涅

马克思

马克思的良师益友、未来的岳父
比马克思大 48 岁

威斯特华伦

德国唯物主义哲学家
比马克思大 14 岁

费尔巴哈

德国政论家和哲学家
比马克思大 6 岁

赫斯

威廉·沃尔弗：
难以忘怀的朋友

在《资本论》第一卷扉页上，马克思有这样一段献词：

献　给

我的难以忘怀的朋友

勇敢的忠实的高尚的无产阶级先锋战士

威廉·沃尔弗

 马克思

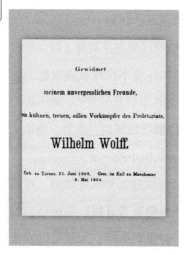

威廉·沃尔弗，一个矮小、健壮的"德国东部农民"，马克思和恩格斯曾亲切地称呼他为"老头子"，这位"老头子"为什么在马克思心中有如此重要的地位，他的不平凡之处究

竟何在，马克思与他的关系到底如何，以至于马克思将其倾力
铸就的宏伟巨著《资本论》献给他。走！进入他和马克思的朋
友圈主页看看，从他与马克思的互动中定能找到答案。

一、他一点也不平凡

沃尔弗，1809 年 6 月 21 日诞生于德国西里西亚弗兰肯
施泰因附近的塔尔瑙，他的父亲是一个世代相承的依附农民。
作为"依附农的儿子"，沃尔弗从小就对普鲁士农奴的悲苦命
运有着切身体会，对劳动人民有着天然的同情心，对封建专
制制度有着极大的仇恨，是一位典型的"草根"家庭出身的
革命家。

1829 年 10 月，沃尔弗克服封建地主的重重阻力，顺利读
完中学进入布勒斯劳大学学习。1831 年底，他加入了布勒斯
劳大学生协会，开启了他的政治生涯。1834—1838 年间，他
因在大学生协会中参与革命活动被当局调查并被捕入狱，后因
病情恶化被放出。在狱中，艰苦的环境不仅没有磨灭他的意
志，反而更加坚定了他与反动势力斗争到底的决心；他不再幻
想走改良道路，对普鲁士政府的仇恨更加深刻。此后，他走上
了革命的道路，成为了民主主义者队伍中的一员。

1838 年以后，出狱后的沃尔弗做过几年私人教师，并积
极地向《西里西亚纪事报》和《布勒斯劳日报》等撰稿，其
中有文章特别谈到了《莱茵报》的重要作用。因此可以看出

在马克思为《莱茵报》撰稿及担任该报主编期间，沃尔弗是忠实读者之一。1843 年 11 月，沃尔弗发表了关于布勒斯劳地堡情况的文章，振聋发聩，后来马克思赞誉这时的沃尔弗为"工人阶级的代表"①。1844 年初，沃尔弗阅读了马克思和恩格斯发表在《德法年鉴》和《前进报》上的文章，深受启发，并将文章中的一些基本观点运用于社会主义的宣传活动中。1845 年底至 1846 年初，沃尔弗因违反出版法遭到普鲁士政府的通缉流亡国外。不久，他便到达了布鲁塞尔，拜访了马克思和恩格斯。

恩格斯曾生动地描绘了他们和沃尔弗的第一次会面：

> 如果我没有记错，这大约是 1846 年 4 月底的事情。当时马克思和我住在布鲁塞尔郊区的一处地方，我们正好在合写一本书（《德意志意识形态》——编者注），有人告诉我们说，一位德国来的先生想同我们谈话。我们看到了一个身材矮小、但很健壮的人；他的面部表情显得和蔼可亲而又沉着坚定；一副德国东部农民的样子，穿着一身德国东部小城市市民的衣服。这就是威廉·沃尔弗……第一眼看到他，我们并没有料想到，这个外表并不出众的人，竟是一个十分难得的人物。没过几天，我们就同这位新的流亡伙伴建立了诚挚的友谊，而且我们相信，我们结交的不是一个平凡的人……经过多年的共同活动和友好交往，

---

① 《马克思恩格斯全集》第 6 卷，人民出版社 1961 年版，第 356 页。

我们才能充分认识到他那坚忍不拔的刚强性格，他那
无可怀疑的绝对忠诚，他那在对付敌人、对待朋友和
自己时所表现的同样严格、始终如一的责任感。①

沃尔弗

这次会面对沃尔弗而言
意义非凡。他在马克思和恩
格斯的直接指导与帮助下找
到了大量有关无产阶级斗争
问题的答案，初步掌握了共
产主义的理论和学说，找到
了自己真正的政治归宿——
无产阶级革命政党，成为了
一名坚定而彻底的共产主义
者。这个外表不出众的"德
国农民"，为马克思主义的
传播、无产阶级的解放事业
作出了难以磨灭的贡献。

自 1846 年马克思同意沃尔弗的好友申请后，二人就互动
频繁：当马克思为筹备共产主义者同盟的建立忙得焦头烂额
的时候，沃尔弗很快就参与到了党的宣传和组织工作中来，
既当"联络员"又当"办公秘书"，并成为了共产主义者同盟
的领导人之一；当马克思为党的内部发生分裂而烦恼的时候，
沃尔弗坚定地站在了马克思的一边，并积极为马克思发声；

① 《马克思恩格斯全集》第 25 卷，人民出版社 2001 年版，第 65 页。

当马克思创办报刊急缺人手时，沃尔弗便立刻放下手头的工作去给马克思当编辑……可以说，马克思哪里有需要，哪里就会出现沃尔弗的"身影"。作为较早接受马克思主义、传播马克思主义并直接参与创建马克思主义政党的无产阶级先锋战士之一，沃尔弗在马克思主义学说功劳簿上，书写了浓墨重彩的一笔。

二、既是"合伙人"，又是"经纪人"

我们都知道，马克思和恩格斯在日常书信交往中都称沃尔弗为"鲁普斯"（拉丁语——lupus），这是他们在私下对沃尔弗的爱称。不过，这也足以看出他们的亲密程度，就像我们有时也总喜欢给自己的朋友起有趣的外号一样。

其实，在这哥儿俩闹矛盾的时候马克思还会称沃尔弗为"老头子""坏蛋""老笨蛋"等，这是因为沃尔弗比他年长 10 岁左右，有时脾气还相当火暴。1853 年 9 月 6 日，沃尔弗与马克思发生了一次激烈的争吵，起因是马克思将他从沃尔弗那里借来的一本书搞丢了，就此马克思讲道：

> 这个家伙进来时就气呼呼的，我用尽可能和缓的语气对他说，我找不到那本臭书，我已到处找过了，我想已经还给他了，等等。这个家伙用粗鲁的、愚蠢的、无耻的口气回答说："你把它卖掉了"……我自然发火了，同他吵了起来……当着我家人的面侮辱

我。你知道，对于那些按党的传统值得尊敬的智力衰
退的老年人，我是倍加迁就的。但这要有个限度……
所有这一切……是杜松子酒喝得过多和头脑僵化的结
果……"老人爱吵闹"固然是可以享受的特权，但是
这种特权不应该随便滥用。①

　　沃尔弗则仿佛一个赌气的小孩子似的，于争吵后的第四天
便不辞而别到曼彻斯特去了。后来在恩格斯的调和下，两人和
好如初。

　　虽然作为一名普通人，沃尔弗并不完美，但这并不影响他
是一位绝对忠实的朋友、一名坚定的无产阶级战士。作为马克
思主义学说创始之初最虔诚的追随者和最杰出的传播者，几乎
在所有重要的问题上马克思都会同他探讨、听取他的意见，如
在工人检举揭发拉萨尔的卑鄙行为后党内应如何对待拉萨尔的
问题上，马克思特别强调"很想知道鲁普斯的意见"②，还有关
于福格特的问题等。这些都足以见得沃尔弗在马克思心中的位
置之高和在社会主义相关理论研究上的见地之深。

　　沃尔弗和马克思不仅是革命组织建设的"创业合伙人"，
更是一生一起走、有难同当的好伙伴。1846 年 5 月 11 日，沃
尔弗积极参加了马克思建立的布鲁塞尔共产主义通讯委员会。
后来他又以委员会代表的身份同西里西亚许多城市的社会主义
小组保持着密切的联系，向西里西亚的先进工人和知识分子传

<hr/>

① 《马克思恩格斯全集》第 49 卷，人民出版社 2016 年版，第 452—453 页。
② 《马克思恩格斯全集》第 29 卷，人民出版社 1972 年版，第 29 页。

播共产主义学说，为马克思领导、组织无产阶级政党斗争筑起了一道坚强的堡垒，为 1847 年建立共产主义者同盟奠定了良好的组织基础。

1847 年春，沃尔弗参与了共产主义者同盟第一次代表大会筹备工作。同年 6 月 2 日，马克思由于经济困难未能出席正义者同盟改组大会，沃尔弗代为参加。1848 年 3 月，马克思和德国其他流亡的共产主义者被驱逐出布鲁塞尔，着手建立新的中央委员会。在此期间，沃尔弗支持马克思反对小资产阶级民主主义者的冒险计划，和中央委员会其他委员一道签署了马克思和恩格斯起草的《共产党在德国的要求》。1848 年 8 月 5 日，沃尔弗和马克思在布鲁塞尔参加了共产主义者同盟的支部和区部的建设工作。可以说，在共产主义者同盟的组织建立与发展上，沃尔弗功不可没。1850 年的秋天，在共产主义者同盟内部发生了马克思的拥护者与维利希—沙佩尔集团之间的分裂。沃尔弗知道后坚定地站在了马克思的一边。

如果马克思是个明星的话，沃尔弗还可以被称作是他的"经纪人"。为什么这么说呢？因为自从沃尔弗在马克思和恩格斯的帮助下转向共产主义之后，就开始了一个崭新的作为马克思主义者的战斗时期，他广泛地宣传我们"大明星"的作品——马克思的学说。他充分发挥自己在演讲方面的才能，深入浅出地向群众阐述马克思学说的基本理论和观点。比如，1848 年，沃尔弗同马克思等人一起前往德国开展革命组织建设工作期间，他不断给工人分析德国局势、阐述建立和巩固工人组织的必要。他曾说道："我在火车上一路进行宣传，简直没有闭过

嘴。"①正是由于沃尔弗的宣传鼓动十分幽默通俗、抨击深刻有
力，他迅速成为了"最受爱戴和最有影响的演讲人之一"②，极
大地增强了马克思主义的影响力，吸引了大批"粉丝"加入无
产阶级斗争的队伍中来，壮大了革命的力量。

　　1848 年 6 月，马克思和恩格斯创办《新莱茵报》，沃尔弗便
立刻辞去了《西里西亚纪事报》的编辑职务，去科隆参加《新莱
茵报》的出版工作。这大概就是"你若不离不弃、我必生死相赴"
的友情吧。在参与《新莱茵报》的出版期间，沃尔弗的政论才能
表现尤为突出，《西里西亚的十亿》便是他的代表作之一。这是
一组由 8 篇短文构成的充满讽刺性的系列连载文章，尖锐揭露了
普鲁士反动势力对广大农民的残酷剥削和压迫。一经发表，发蒙
振聩，惊醒了整个德国，在农民运动中起了很大的作用。1849
年 12 月，马克思和恩格斯创办《新莱茵报。政治经济评论》，沃
尔弗不仅积极投稿，还不遗余力地负责发行工作。1849 年 12 月
25 日，沃尔弗身感伤风，虽然不是卧床不起，但伤风很重，以致
于根本不想动笔。但沃尔弗仍不忘其工作，他说："到现在为止，
我还没有给月刊物色到一位'可靠的'经销人……只要我在这里，
我一定关心这项工作并设法找到一个在我离开时能够承担这一工
作的人。"③沃尔弗，不可谓不是一个高度负责任的"经纪人"。

---

① 《国际共产主义运动历史文献》第 2 卷，中央编译出版社 2011 年版，
　　第 388 页。
② 《马克思恩格斯全集》第 25 卷，人民出版社 2001 年版，第 73 页。
③ 《国际共产主义运动历史文献》第 3 卷，中央编译出版社 2011 年版，
　　第 61—62 页。

三、一笔巨大的遗产

1851 年 6 月，沃尔弗在恩格斯的劝说下拒绝了前往美国的邀请，来到了伦敦。在伦敦，由于私人教师中间的竞争很激烈，沃尔弗很长时间才找到一份教书的工作，因此生活只能勉强糊口。1853 年底，他不得不欠下约 37 英镑的债务，在日记中，沃尔弗写道："1853 年 6 月 21 日，我不得不在极度 distress（窘困无助）之中度过自己的生日。"①

这一时期的马克思同样也正处于穷困潦倒的境遇之中，实在是一对难兄难弟。实际上，自从马克思全身心地投入政治经济学的研究当中，他的钱包就越来越瘪，进出当铺成了他们家的"家常便饭"，他的女儿们由于没有出门穿的衣服不得不常待在家里，更有困窘之时家里只有面包和土豆吃，而且能否继续弄到这些食物还成问题。1859 年 1 月 21 日，马克思在写完《政治经济学批判》后给恩格斯的信中说："倒霉的手稿写完了，但不能寄走，因为身边一分钱也没有，付不起邮资和保险金；而保险又是必要的，因为我没有手稿的副本。"②不过马克思在信的末端仍不失幽默地写道："未必有人会在这样缺货币的情况下来写关于'货币'的文章！"③1863 年马克思已经家徒四壁，他准备将一个在脑海中酝酿已久的想法付诸实践：将全部家具

---

① 《马克思恩格斯全集》第 25 卷，人民出版社 2001 年版，第 107 页。
② 《马克思恩格斯全集》第 29 卷，人民出版社 1972 年版，第 370 页。
③ 《马克思恩格斯全集》第 29 卷，人民出版社 1972 年版，第 371 页。

留给房东用来偿债并宣告破产，将两个女儿安排去做教师，自己同妻子和小女儿去贫民窟住。当时，燕妮还背着马克思去找沃尔弗借钱作为日常开支，沃尔弗给她寄去了 2 英镑，马克思讲到"这使我很不愉快"①。后来，恩格斯又弄到了 100 英镑才暂时缓解了马克思的困境。

沃尔弗因年轻时在监狱囚禁落下了一身的病，加之他为革命事业鞠躬尽瘁，身体每况愈下。1864 年 5 月 9 日，他终于扛不住疾病的折磨永远地离开了人世，年仅 55 岁。

其实，早在 1863 年 12 月，沃尔弗就立下了遗嘱。他将自己通过做私人教师、熬肠刮肚积攒下的钱财与从父亲那里继承来的遗产，共约 1000 英镑财产，分别留给了曼彻斯特席勒协会、恩格斯、博尔夏特、马克思，其中六七百英镑以及他的书籍和其他财物全部都赠与了马克思。同时，沃尔弗嘱托道：如果马克思死在他之前，则将这笔财产给燕妮和他们的孩子，"他仔细地考虑到一切意外情况"②。

正是因为这笔巨大的遗产，马克思进行了人生中唯一一次炒股：在仔细研究英国刚颁布的《股份公司法》的基础上，马克思瞅准时机，果断入市，在股票价格上涨到一定高度时他即刻全面清仓，不到一个月时间净赚 400 多英镑的纯利润，这在当时可是一笔不菲的收入。这极大减轻了马克思的经济压力，使他可以全身心地投入《资本论》的写作中。因此，从某种意

---

① 《马克思恩格斯全集》第 30 卷，人民出版社 1975 年版，第 313 页。
② 《马克思恩格斯全集》第 30 卷，人民出版社 1975 年版，第 655 页。

义上说，如果没有沃尔弗，就不可能有《资本论》的问世，这就很容易理解为什么马克思要将这本旷世奇作献给沃尔弗了。此后，有朋友劝马克思继续股票投资，但马克思不为所动，他认为炒股获利解一时之需即可，若沉迷于炒股对不起沃尔弗，也对不起他的研究工作。马克思在面对金钱诱惑时丝毫不为其所动，这既是对老朋友馈赠的尊重，又是对自己原则的坚守。

沃尔弗逝世后，马克思和恩格斯悼心疾首。马克思曾向燕妮说道："我们为数不多的朋友和战友中的一个，就这样离开我们去了。他是一个最完美的人。"① 恩格斯也写道："马克思和我失去了一位最忠实的朋友，德国革命失去了一位价值无比的人。"② 马克思打算为这位忠实的朋友写一篇传记，为此于1864年6月编写了沃尔弗的生平和活动的简表③ 以做准备。但是，苦于没有沃尔弗早期生活的一些资料，未能实现。1876年，在沃尔弗逝世12年之后，恩格斯专门为他写了长篇回忆文章《威廉·沃尔弗》连载于《新世界》杂志，高度评价了沃尔弗的一生。

生前，沃尔弗与马克思并肩作战，为革命事业奔走呼号，孑然一身，终生未娶；身后，沃尔弗将一生中的大半积蓄赠与马克思，铸就了《资本论》的诞生。沃尔弗不仅是马克思最忠实的朋友，更是一名伟大的无产阶级先锋战士。他用一生的革

① 《马克思恩格斯全集》第30卷，人民出版社1975年版，第652页。
② 《马克思恩格斯全集》第25卷，人民出版社2001年版，第108页。
③ 现收录于《马克思恩格斯全集》第44卷，人民出版社1982年版，第494—495页。

命行动向世人展示了：革命者并非总是轰轰烈烈的，千万个平凡而又琐碎的革命工作才是常态。只有我们每个人都抱着一种朴实而又热烈的信念，兢兢业业地干工作，革命事业才能蒸蒸日上；只有将无数个马克思与沃尔弗式的革命友谊联结起来，共产主义的曙光才能早日到来。

海涅：马克思的星标好友

  亨利希·海涅是 19 世纪德国的一位伟大革命民主主义诗人，也是杰出的思想家。作为诗人，海涅以他的创作使德语诗歌达到了歌德以后的第二个高峰；作为散文家，他的文风打破人们对德语文学的成见；作为思想家，他用晓畅灵动的语言给后世留下了深刻的洞察和思考。他是马克思在巴黎流亡时期的好友，也是与马克思一生在精神上相互呼应的灵魂伙伴。在海涅身上，马克思欣赏的是他诗歌中敢于冲破旧思想和旧束缚的勇气；在马克思身上，海涅看到的是永不枯竭的革命热情，而马克思为人类指出的正确历史发展方向，也正是海涅将为之奋斗的思想志业。

一、浪漫主义派最后的幻想之王

  海涅，1797 年 12 月 13 日生于德国莱茵河畔杜塞尔多夫的一个贫穷犹太商人家里。身为犹太人，海涅从小接受的是德语文化教育，受德国文化熏陶，用德语写作。他的性格，是生于斯长于斯的德国塑造的。童年和少年时期的海涅经历了拿破仑战争，受到了法国资产阶级革命思想的影响。从青年海涅写的著名诗歌《两个掷弹兵》中可以看出海涅对拿破仑的狂热崇拜和忠诚，这是一种神圣而热烈的情感。

海涅

　　青年时期的海涅是德国罕见的积极浪漫主义者，他在浪漫主义作家奥·施莱格尔、奥古斯特·威廉等人的影响下开始写作，创作了许多歌颂自然、抒发个人情怀的浪漫主义诗篇。他凭借《歌集》，特别是《诗歌集》成为德国家喻户晓的诗人，这两部作品体现了海涅鲜明的浪漫主义风格，感情淳朴真挚，民歌色彩浓郁，受到广大读者欢迎，其中不少诗歌被作曲家谱上乐曲，在德国广为流传，是德国抒情诗中的上乘之作。

　　但是，德国浪漫派文艺的虚弱无力令海涅非常失望。

海涅在《论浪漫派》里对德国反动的浪漫派文学发出讥讽，说德国的浪漫派是"中世纪诗情的复活"，是"基督的血液滋养而成的一朵西番莲花"，① 他认为文学创作应该站在人民的立场上，并且对社会政治起一定的作用，而不是成为封建君主的利刃，刺向人民。浪漫派诗人应当是"生活的诗人"，而不是"死亡的诗人"。海涅在文学作品中，提出了面向现实和人民的主张，毫无保留地批判了那些不知人间疾苦的反动浪漫主义派，他继承了歌德和席勒的"狂飙突进"精神，反映了德国青年一代挣脱旧的精神枷锁的情绪，是德国罕见的积极浪漫主义者。因此，海涅曾自称"浪漫主义派最后的幻想之王"②。

与海涅的创作历程相呼应，青年时期的马克思对文学史和诗歌写作也有着浓厚的兴趣，在转入柏林大学之前，马克思在波恩大学学习法律。当时的波恩大学正盛行着浪漫主义的思想。基于对浪漫主义的浓厚兴趣，马克思选修了浪漫派领军人物奥·施莱格尔的两门文学课程——"荷马问题"和"普罗佩尔提乌斯的《哀歌》"，在大学时他也曾参加诗歌创作小组，在众人面前高声朗诵自己的诗篇，而对燕妮·冯·威斯特华伦的追求，更是强化了他对浪漫主义和诗歌的兴趣。对诗歌如此热爱的马克思，也曾经热望在诗歌方面大显身手，成为一名杰出的诗人。而出身贵族的燕妮由于自幼受到了良好的教育，也有

---

① ［德］海涅：《论浪漫派》，薛华译，商务印书馆 2016 年版，第 5 页。

② ［德］梅林：《中世纪末期以来的德国史》，张才尧译，生活·读书·新知三联书店 1980 年版，第 134 页。

着出众的文学修养、优雅流畅的文笔以及扎实的文学基础，能够大段大段背诵许多大诗人的名篇。

但在深入接触浪漫主义之后，马克思很快就意识到浪漫主义的混乱与危害，浪漫主义在政治上反对法国大革命，敌视进步力量；在思想上青睐费希特唯心主义，鼓吹"反理性"与无限膨胀的"自我"；在题材上逃避现实，耽于虚幻的想象，宣泄封建贵族的绝望颓废情绪。因此，马克思对浪漫主义逐渐产生怀疑，并批评其缺乏个性，"是带有倾向的诗篇"。在《法的历史学派的哲学宣言》中，马克思不无惋惜地指出，历史学派沉溺于浪漫主义，被浪漫性"用幻想的雕刻装饰"，充满"反历史的幻觉、模糊的空想和故意的虚构"。①

从这些可以看出，海涅和马克思夫妇在青年时期都曾钟情于浪漫主义，后又逐渐转向现实主义。在对浪漫主义的批判中，他们的态度高度一致，都反对脱离现实的浪漫主义，主张面向历史、贴近生活的现实主义文艺。

与马克思的《黑格尔法哲学批判》所体现的对德国思想界的批判性考察相呼应。1834年，海涅出版了一部哲学著作《论德国宗教和哲学的历史》，在这部著作中，海涅清楚地表达了："哲学用于思维的头脑，后来可以为了任何目的被革命砍掉。但如果这些头脑事先就被革命砍掉，那末，哲学就再也没有可以使用的头脑了"，"思想走在行动之前，就象闪电走在雷鸣之前一样。当然德国的雷鸣也象德国人一样，

---

① 《马克思恩格斯全集》第 1 卷，人民出版社 1956 年版，第 105 页。

并不太迅速，而且来势有点缓慢；然而它一定会到来，并且当你们一旦听到迄今为止世界史中从未有过的爆裂声，那末你们应当知道：德国的雷公终于达到了它的目的。苍鹰们将要在这声响的同时，坠死于地，而那远在非洲荒漠中的群狮也将夹起尾巴，钻进它们的王者的洞穴。德国将要上演一出好戏，和这出戏相比较，法国革命只不过是一首天真无邪的牧歌"。①

与此相应，在马克思的《〈黑格尔法哲学批判〉导言》中也可以看见海涅思想的影子。马克思说，与之前"革命是从僧侣的头脑开始一样，现在的革命则从哲学家的头脑开始"。"德国只是用抽象的思维活动伴随现代各国的发展，而没有积极参加这种发展的实际斗争，那么从另一方面看，它分担了这一发展的痛苦，而没有分享这一发展的欢乐和局部的满足。"②青年马克思所作的努力，就是把这种情况首尾颠倒过来，认为思想应当是行动的先导。"这个解放的头脑是哲学，它的心脏是无产阶级。"③

如果说，海涅的思想只说出前半句话，那么，马克思这句名言恰好说出了后半句话。从《论德国宗教和哲学的历史》这部著作中可以看出海涅超前的洞察力以及深刻的思想性。正如恩格斯在《路德维希·费尔巴哈和德国古典哲学的终结》里所

① [德] 海涅：《论德国宗教和哲学的历史》，海安译，商务印书馆1974年版，第149—151页。
② 《马克思恩格斯选集》第1卷，人民出版社2012年版，第10、11页。
③ 《马克思恩格斯选集》第1卷，人民出版社2012年版，第16页。

说："在19世纪的德国，哲学革命也作了政治变革的前导。……那时被认为是革命代表人物的自由派，不正是最激烈地反对这种使人头脑混乱的哲学吗？但是，不论政府或自由派都没有看到的东西，至少有一个人在1833年已经看到了，这个人就是亨利希·海涅。"①

也恰恰是由于海涅的作品尖锐而犀利，引起了德国反动政府的仇视与恐惧，反动派把海涅视为眼中钉，在1835年，德国的联邦议会全面禁止海涅的作品出版，海涅被迫定居巴黎，开始了流亡之旅。在所有作品都遭到德国禁止的情况下，无家可归的海涅十分痛苦，他把对德国的爱以一种讽刺的恨的形式宣泄出来。但幸运的是，此时的海涅在法国已享有盛名，与许多著名作家和思想家，如大仲马、巴尔扎克、雨果等有着密切的来往，其中还包括我们所熟知的伟大的无产阶级革命导师：卡尔·马克思。

二、相差 21 岁的忘年交

19世纪三四十年代的巴黎，是不少知识分子的避难所和根据地，也是马克思眼里的"新世界之都"。1789年大革命和1830年七月革命的回声犹在，巴黎对渴望变革的知识分子有着巨大的吸引力，成为彼时社会主义思想和行动的中心，也是

---

① 《马克思恩格斯全集》第28卷，人民出版社2018年版，第321—322页。

成长中的共产主义思想的摇篮。来自世界各国的作家、艺术家、诗人和政治流亡者，例如缪塞、维尼、圣伯沃、安格尔和肖邦等都聚集于此。而伟大的无产阶级革命导师卡尔·马克思与杰出的诗人亨利希·海涅也在此相遇了。

1843 年，无国可归的海涅开始了他的巴黎流亡之旅，而此时的马克思为了继续和丑恶的现存制度作斗争，与朋友卢格商定创办一份既能将德国和法国两个民族长处结合，又能把理论和实践紧密地结合在一起的刊物——《德法年鉴》。但是马克思因为不愿被普鲁士政府收买，接受普鲁士政府给的官职和优厚待遇而被普鲁士政府放逐到了国外。1843 年 10 月底，马克思带着新婚不久的妻子燕妮来到了巴黎，也开始了他们的流亡之旅。此时在巴黎已经享有盛誉的海涅的诗歌很快就引起了马克思夫妇的注意，出于共同的爱好、相似的学历背景以及共同的追求，他们的相遇似乎是偶然中带着必然。在朋友卢格的介绍下，马克思夫妇与海涅一拍即合，很快就建立起了友谊。马克思夫妇非常欣赏海涅既清新又泼辣的诗歌风格，海涅也很喜欢与这对年轻又有学识的夫妇交往，因此，海涅常常是马克思家的座上客。

我们经常在有关著作中看到这幅画，画面中，海涅倚坐在凳子上，热情澎湃地向马克思夫妇朗诵自己的诗文，而马克思手扶壁炉站在海涅对面，燕妮则依偎在一旁全神贯注地聆听海涅的新创作。这就是海涅与马克思相识后经常会面的情景。

马克思
海涅在我家做客 〔(素描) 茹科夫〕

　　一位 25 岁的科学社会主义建立者和一位 46 岁的革命民主
主义诗人之间的革命友谊是怎样的呢？出生于 1818 年的马克
思与出生于 1797 年的海涅相差 21 岁，他们首次在巴黎相遇时，
与已步入中年 46 岁的海涅相比，马克思还是 25 岁刚结婚不久
的小伙子。海涅虽然比马克思年长许多，但这并不影响他敬佩
这位年轻思想家的学识才智。他们无话不谈，从艺术到人生，
从诗词到哲学，从文化到世界观，他们更像朋友、知己。从马
克思那里，海涅懂得了共产主义，甚至在诗歌创作上他也能从
马克思那里获益不少。他们二人经常一起沿着街散步，或在马
克思家里长谈。几乎每天，海涅都要兴冲冲地到马克思家里朗

读自己的新作，听取他的意见。这时候，不光马克思，连燕妮也来参加讨论，这位美丽的女性显示出来的高度文学素养，让大诗人海涅惊讶不已。据梅林记载："他们两人时常不倦地推敲一首不多几行的小诗中的每一词句，直到满意为止。"[1] 马克思总是耐心十足地放下自己的工作帮海涅修改诗句，而海涅也总是虚心听取马克思的意见。

19 世纪的欧洲，在政治经济上有着前所未有的大变动，在这种大环境下，各种社会思潮如雨后春笋般涌现，各种"主义"出现了，代表不同利益集团的思想家也展开了激烈的斗争。海涅的讽刺诗笔头十分犀利，锋芒所向，直指人民的敌人以及社会中的丑恶现象，所以不免招致反动派和落后者的诬陷和诽谤，受到恶毒的攻击。在这个时候，马克思总是挺身而出，支持海涅，站在海涅的一边，为维护海涅的革命言论而斗争。

1840 年，海涅发表了《路德维希·白尔尼》，批驳了以白尔尼为中心的小资产阶级激进派的肤浅和偏见，后来遭到了激进派的猛烈攻击。这一派的人物把德国语言中那些骂人的话都集中在了海涅身上。而马克思对于这件事的态度坚决，旗帜鲜明，维护海涅的革命思想。1846 年，马克思在给海涅的一封信中这样写道："前几天，我偶然发现一本诽谤您的小册子——白尔尼遗留下来的书信集。要不是看到这些白纸黑字的东西，我决不会想到白尔尼会这样浅薄，狭隘和无聊。而谷兹

---

① ［德］梅林：《德国社会民主党史》第 1 卷，青载繁译，生活·读书·新知三联书店 1963 年版，第 294 页。

科的后记等等简直就是令人厌恶的拙劣之作！我将在一家德国杂志上写一篇详细的书评，介绍您评白尔尼的那本书。"① 马克思始终如一地维护海涅的民主思想，展现了他与海涅的深厚友谊，也展现了一个无产阶级革命导师的战斗精神和崇高人格。

三、两个伟大灵魂的碰撞

一个德国流亡诗人与一个德国流亡革命家一见如故，两个伟大的灵魂，在精神层面碰撞出了绚丽的火花。海涅与马克思的相识，使海涅的思想，以及他诗歌的内容、风格等都发生了重要而深刻的变化。海涅从这位小自己 21 岁的青年身上看到了革命希望。顺应时代潮流和受马克思的影响，海涅开始为"现实主义"作贡献。可以说，海涅之后作品中的革命反思和政治讽刺是和马克思的影响分不开的。

正是在与马克思密切交往的这些岁月里，海涅的诗歌创作达到了最高峰。他的《时代的诗》《德国，一个冬天的童话》等名作大部分是和马克思认识以后写成的。在马克思的影响下，海涅摆脱了圣西门、傅立叶思想的束缚，在政治上也更加接近科学社会主义，与前期的创作相比，海涅的文学作品具有更浓的政治气息，也更加接近现实主义。他的《时代的诗》，控诉了德国统治者的专制和野蛮，无情地鞭挞那些对统治者奴

① 《马克思恩格斯全集》第 47 卷，人民出版社 2004 年版，第 364—365 页。

颜婢膝的德国庸人，尖锐地揭露和嘲笑封建神秘主义和各种宗教骗局，成为 1848 年革命前夕的时代回声。他的《西里西亚织工之歌》，得到了马克思很高的评价。铿锵有力的呼声在这首诗歌中表现得淋漓尽致：

> 一是诅咒上帝，那耳聋眼瞎的上帝。
>
> 我们信赖他，像孩子信赖他们的父亲，
>
> 我们对他满怀着希望和信任，
>
> 可是他却嘲笑我们，欺骗我们。
>
> 我们织呵，织呵！
>
> 二是诅咒那富人的国王，
>
> 我们的苦楚丝毫不能打动他那铁石心肠。
>
> 他抢走了我们的最后一文钱，
>
> 还要派兵来把我们当狗一样枪杀。
>
> 我们织呵，织呵！
>
> 还要诅咒那虚伪的祖国，
>
> 它给我们的只是痛苦和耻辱，
>
> 我们在它那里饱经饥饿和困苦，
>
> 古老的德意志呵！我们正为你织着寿衣。
>
> 我们织呵，织呵！①

如果说，在认识马克思以前，海涅对无产阶级还感到恐惧

---

① 《马克思恩格斯全集》第 2 卷，人民出版社 1957 年版，第 592 页。

的话，那么在这首诗歌里，这种恐惧已经荡然无存了，取而代之的是海涅对无产阶级的高度赞扬和对无产阶级革命取得胜利、获得解放的热切期盼。恩格斯在给《新道德世界》杂志用英文写的通讯里给予这首诗歌很高的评价，"德国当代最杰出的诗人亨利希·海涅也参加了我们的队伍，他出版了一本政治诗集，其中也收集了几篇宣传社会主义的诗作。他是著名的'西里西亚织工之歌'的作者……这首歌的德文原文是我所知道的最有力的诗歌之一"①。

在与马克思的交往过程中，海涅还写作了另一部非常著名的长诗《德国，一个冬天的童话》，这部著作是经过马克思审阅后发表的。在写作过程中，海涅给马克思写了一封信，告知马克思《德国，一个冬天的童话》"已经印好了，但是为了不要立即引起骚动，在十天到十四天以后才在这里发行。我今天用快件把其中政治诗部分的清样，特别是我的长诗，寄给你，这有三重的用意。那就是，第一是供你消遣，第二是你能够立即着手准备，在德国报纸上给这本书做些宣传，第三是你能让人把这篇新诗的第一部分在《前进报》上转载"。海涅请马克思把诗中的一部分在《前进报》上发表，希望马克思"给选印的这些章写一段引言"，并且表示，如果马克思不写，他就"宁愿不要这个说明"了。②从中可以看出马克思对海涅的重要性，也可感受到海涅对马克思的期待和敬意。

---

① 《马克思恩格斯全集》第 2 卷，人民出版社 1957 年版，第 591—592 页。
② ［德］海涅：《德国，一个冬天的童话》，冯至译，人民文学出版社 2020 年版，第 132—134 页。

后来，《前进报》分 9 次连载完了这部长诗。这部长诗是典型的政治讽刺叙事诗，在艺术性和思想性上都达到了高度成熟，是海涅最宏伟的一首诗。全诗以嬉笑怒骂的风格，对德国腐朽政权的讽刺与鞭挞入木三分。从中可以看出，海涅所关心的问题也是马克思所关心的问题，诗中的一些篇章和诗句也能窥见马克思的思想观点。

马克思

我发表在《德法年鉴》上的《〈黑格尔法哲学批判〉导言》

1844 年初，马克思在《德法年鉴》上发表文章《〈黑格尔法哲学批判〉导言》时，正是海涅写作《德国，一个冬天的童话》将近完成的时期，把《〈黑格尔法哲学批判〉导言》和《德国，一个冬天的童话》对照着读，就能窥见二者思想闪电的交织。在对德国社会现实的批判上，《〈黑格尔法哲学批判〉导言》和《德国，一个冬天的童话》有着精神上的共通之处，在《〈黑格尔法哲学批判〉导言》里也能看见海涅思想的影子。

对于德国当时不合理的旧制度，马克思在《〈黑格尔法哲学批判〉导言》中发出了摧毁落后德国的号召："向德国制度开火！一定要开火！这种制度虽然低于历史水平，低于任何批判，但依然是批判的对象，正像一个低于做人的水平的罪犯，依然是刽子手的对象一样。在同这种制度进行的斗争中，批判不是头脑的激情，它是激情的头脑。它不是解剖刀，它是武器。""应当让受现实压迫的人意识到压迫，从而使现实的压迫更加沉重；应当公开耻辱，从而使耻辱更加耻辱。应当把德国社会的每个领域作为德国社会的羞耻部分 [partie honteuse] 加以描述，应当对这些僵化了的关系唱一唱它们自己的曲调，迫使它们跳起舞来！为了激起人民的勇气，必须使他们对自己大吃一惊。"① 而海涅创作的《德国，一个冬天的童话》，也是出于同样的目的。在这首诗里，海涅站在德国思想的高度，说出了德国现实的全部动乱。他犀利的笔锋触及德国社会各个领域的污点，有力地批判了关税同盟和书报检查令，鞭挞了德国狭隘的民族主义、国粹主义、资产阶级自由主义激进派和反动浪漫主义：

> 三架骷髅，离奇打扮，
> 寒碜的蜡黄的头颅上
> 人人戴着一顶王冠，
> 枯骨的手里也握着权杖。
>
> ……

---

① 《马克思恩格斯全集》第 3 卷，人民出版社 2002 年版，第 202、203 页。

　　首先因为他是个死人，

　　第二因为他是个国王，

　　第三因为他是个圣者——

　　这一切对我毫无影响。

　　……

　　滚开！从这里滚开！

　　坟墓是你们自然的归宿。

　　现实生活如今就要

　　没收这个圣堂的宝物。

　　未来的快乐的骑兵

　　将要在这里的教堂居住，

　　你们不让开，我就用暴力，

　　用棍棒把你们清除。①

　　马克思在《〈黑格尔法哲学批判〉导言》中表达的观点与海涅在诗中表达的思想具有一致性："废除作为人民幻想的幸福的宗教，也就是要求实现人民的现实的幸福。要求抛弃关于自己处境的幻想，也就是要求抛弃那需要幻想的处境。因此对宗教的批判就是对苦难世界——宗教是它的灵光圈——的批判

---

① ［德］海涅：《德国，一个冬天的童话》，冯至译，人民文学出版社2020年版，第36—37页。

的胚胎。"①这些创作恰切地见证了海涅与马克思之间思想火花的碰撞。这种碰撞不是偶然而是必然，这源于马克思和海涅共同的处境、共同的追求以及对丑恶现实憎恶的一致态度。如果说《〈黑格尔法哲学批判〉导言》是一篇热情充沛的向旧制度开火的檄文，那么，《德国，一个冬天的童话》就是一件极其锐利的武器，对德国的现实社会、对德国的宗教发起了猛烈的攻击。

四、马克思：想把海涅装进行李箱带走

海涅与马克思在巴黎的交往是短暂的。1845 年初，法国政府根据普鲁士政府的要求，驱逐马克思离开巴黎，马克思最不愿与之离别的也是海涅，他非常想把海涅"装进行李箱带走"，马克思在离开巴黎前的 2 月 1 日给海涅的信里说："在我要离别的人们中间，同海涅离别对我来说是最难受的。我很想把您一起带走。"②无疑，马克思对这段友谊的珍视跃然纸上。

有海涅作为合作者，马克思感到非常自豪，他曾多次写信给海涅希望可以得到海涅的文稿。马克思在 1845 年给海涅的书信中写道："请您写稿——诗歌或散文。我相信您是不会推辞的，因为我们需要利用每一个机会在德国本土站稳脚跟。"③

① 《马克思恩格斯全集》第 1 卷，人民出版社 1956 年版，第 453 页。
② 《马克思恩格斯全集》第 27 卷，人民出版社 1972 年版，第 457 页。
③ 《马克思恩格斯全集》第 47 卷，人民出版社 2004 年版，第 341 页。

海涅的诗像一盏明灯，照亮了马克思前行的革命道路。除此之外，马克思和恩格斯也曾多次在自己的著作中引用海涅的诗句，马克思在《资本论》第一卷第三篇《绝对剩余价值的生产》结尾部分，在论及工人阶级必须团结起来同资本家进行斗争时，引用了海涅在《时代的诗》中的意象"折磨他们的毒蛇"①来比喻资本家的剥削，生动体现了二人在思想上的共鸣。马克思在《法兰克福激进民主党和法兰克福左派的纲领》中引用海涅《德国，一个冬天的童话》中的诗句"只要我们能深思熟虑，我们就根本用不着皇帝"②，在《维也纳革命》中引用海涅《汤豪塞》中的诗句"一所全国的大监狱和一条公共的鞭子"③；恩格斯在《1847年的运动》中引用海涅《骑士奥拉夫》中的诗句，他警告"在王宫中欢宴，娶艳丽的公主为妻"的德国封建资产阶级和贵族王公们，"刽子手就站在门前"④。海涅与马克思、恩格斯的相识相知，使得这位伟大诗人在社会上为革命发挥了他的才能和巨大影响力，发挥了一个战士的优势，为革命事业作出了贡献。

　　1848年海涅因病瘫痪在床，但仍创作了大量优秀诗篇。1851年出版了《罗曼采罗》和《1853年至1854年诗集》。诗歌的情调有时义愤填膺，有时忧郁满怀，但是讽刺的锋芒和细腻的抒情并未消失。海涅在死的预感中也没有放弃对祖国和人

---

① 《马克思恩格斯选集》第2卷，人民出版社2012年版，第195页。
② 《马克思恩格斯全集》第5卷，人民出版社1958年版，第46页。
③ 《马克思恩格斯全集》第5卷，人民出版社1958年版，第494页。
④ 《马克思恩格斯全集》第4卷，人民出版社1958年版，第515页。

类未来的希望，他的诗始终洋溢着战斗的豪情。恩格斯给出了如此评价：海涅的诗"像一颗颗永远闪烁的明星，透过这片浓烟射出光芒"①。

1856 年 2 月 17 日，海涅在巴黎逝世。马克思和恩格斯都无比哀悼这位革命民主主义诗人，恩格斯也多次在给马克思的信中怀念海涅，1866 年恩格斯在给马克思的信中写道："读一读自己的贺雷西的诗句'大胆地支持正义事业'来振奋一下精神。老贺雷西有些地方使我想起海涅"②。1870 年恩格斯在给马克思的信中再次说："世界历史确实是最伟大的诗人，它甚至能够模仿海涅。"③ 这无疑体现了海涅思想的革命性和预见性，可以说是对海涅一生思想和创作的最好评价。

正如恩格斯所言，海涅的诗作犹如猛烈的火焰烧毁了当时德国封建阶级罪恶肮脏的遮羞布，吹响了向旧世界旧势力宣战的号角，鼓舞着当时正在壮大着的无产阶级和劳苦大众向着光明灿烂的社会主义理想迈进。海涅是伟大的无产阶级革命导师卡尔·马克思的忘年交，是流亡巴黎却受文化名流欢迎的伟大诗人。在马克思思想光辉的照耀下，海涅给后世留下了许多不朽的革命诗篇。他不畏黑暗势力压迫，顽强抗争的革命勇气和斗争精神，也常常受到马克思和恩格斯的高度赞赏，而他的诗歌和散文中富有艺术魅力的革命气息也在马克思和恩格斯卷帙浩繁的著作中不断涌现。

---

① 《马克思恩格斯全集》第 3 卷，人民出版社 1960 年版，第 683 页。
② 《马克思恩格斯全集》第 31 卷，人民出版社 1972 年版，第 272—273 页。
③ 《马克思恩格斯全集》第 33 卷，人民出版社 1973 年版，第 54 页。

威斯特华伦:
敬爱的慈父般的朋友

路德维希·冯·威斯特华伦先生是马克思的启蒙者,也是马克思"敬爱的慈父般的朋友"①。这位良师益友不仅在学识上给予了马克思莫大的启迪和滋养,更重要的是在人生理想的道路上也给予了马克思很多启蒙和智慧,对青年马克思产生了重要影响。

马克思
我敬爱的慈父般的朋友——威斯特华伦

---

① 《马克思恩格斯全集》第 1 卷,人民出版社 1995 年版,第 9 页。

一、命运的交汇点

　　威斯特华伦先生于 1770 年出生在普鲁士一个显贵的家庭，
这里也是马克思的故乡。威斯特华伦受过良好的高等教育，为
人十分有涵养，他们家是特里尔的名门望族。威斯特华伦虽然
是贵族，但他不是一个容克地主，也不是一个普鲁士式的官
僚。到了威斯特华伦的父亲菲利浦·威斯特华伦时，因为军功
卓越，他们的家庭获得了贵族封号。菲利浦·威斯特华伦是德
国历史上有雄才大略的平民军事家，也是当时平民阶级的代表
人物，他在王公贵族面前毫无卑躬屈膝之态，是一位正直朴实
的人。威斯特华伦除了家庭地位显赫，他在思想文化上也继承
了父亲菲利浦·威斯特华伦的自由和进步的思想。正如梅林所
说，威斯特华伦先生不仅继承了其父亲作为平民阶级的优秀代
表人物的思想品德，也继承了其母系祖先的伟大历史传统。梅
林认为"这样的家庭传统本身就使路德维希·冯·威斯特华伦
脱出了贫乏而又骄傲的容克地主和狂妄自大的官僚的氛围"[1]。
威斯特华伦先生既没有容克、官僚的偏见，也没有贵族的优越
感和傲慢，是一位具有很高的文化修养、思想开明和主张社会
进步的人。

---

[1] ［德］梅林：《马克思传》，樊集译，生活·读书·新知三联书店 1965
年版，第 13 页。

威斯特华伦
我在特里尔的住所

马克思
特里尔布吕肯巷 664 号，1818 年 5
月 5 日我在这里出生

1816 年，威斯特华伦带着全家人搬到了特里尔，他是受普鲁士政府指派，到特里尔城担任枢密顾问官一职。他是一位很有素养并崇尚自由思想的顾问官。威斯特华伦不仅在政府机关单位工作过，还做过地方副长官，其生活条件非常优渥。威斯特华伦一家居住在一座离马克思一家比较近的房子里，于是威斯特华伦和马克思相识相知的命运就此开始了。由于威斯特华伦先生和马克思的父亲都在城市法律机构工作，两个人又同是一个新教徒团体的成员，非常谈得来，所以很自然地成为了朋友。威斯特华伦的两个孩子——姐姐燕妮和弟弟埃德加尔，和马克思也成了非常亲密要好的朋友。

两个社会地位相差悬殊的家庭因为互相谈得来而经常来往，走得也比较近，大人和孩子们亲密无间。马克思非常喜欢威斯特华伦先生，把他看作慈父般的朋友，先生也同样很喜欢邻居家这个聪明活泼、天资聪颖的男孩子。马克思经常去先生家里做客、玩耍。两个家庭的关系如亲人一般，马克思一家与特里尔的"一个显赫的贵族家庭"①结成了友好关系。

二、自由浪漫思想的启蒙

威斯特华伦先生虽然年纪不小但是充满活力。这位充满青春活力、思想开明的老人不仅学识丰富、阅历颇深，而且拥有一颗自由浪漫的心。

马克思自幼年以来，便是威斯特华伦家的嘉宾之一。在傍晚之时，在先生的住宅中，在宁静的花园、宽敞的客厅里，先生给马克思讲述各种各样的故事，还给马克思声情并茂地朗诵着诗歌，谈论着法国启蒙学者的著作……内心柔软且感情充沛。

不仅如此，威斯特华伦先生在语言和文学上也极具天赋。在语言才能上，先生能讲流畅的法语、英语、西班牙语、拉丁语和希腊语等，而且英语能讲得和德语一样流利，还能轻松地

① ［苏］波·维诺格拉茨卡娅：《燕妮·马克思》，高宁哲、赵德成译，生活·读书·新知三联书店 1981 年版，第 29 页。

用希腊文、拉丁文、法文和意大利文等文字阅读；在文学修养上，先生对很多国家的文学大师的作品都很熟悉，尤其喜爱莎士比亚，能用德语和英语背诵莎士比亚的许多剧本台词和大段大段的荷马史诗中的篇章，并经常向马克思讲述英雄们机智勇敢的故事，这使得马克思很早就培养了英雄主义的精神。酷爱文学的威斯特华伦先生在这方面激发了马克思对文学的热情和兴趣，对马克思之后的写作能力和身心发展都产生了不可忽视的影响，"马克思对浪漫主义文学的爱好便是受了他的影响，不过对马克思的影响不仅限于文学方面，这种影响还扩大到社会生活方面"[1]。

在少年马克思眼里，威斯特华伦先生是一位有着无限魅力且令人神往的挚友，在这些令人陶醉的交往时刻，马克思获得了关于文学、语言、历史和哲学等方面丰富的知识。这位先生对自由、进步的追求，以及浪漫、热情的性格特点，对马克思都有潜移默化的影响。这位"敬爱的慈父般的朋友"在年轻的马克思身上投注了大量时间。两人为了交流思想，漫步穿过附近"美丽如画的小山和树林"，心灵的某些契合让彼此都感到很美妙。威斯特华伦先生虽然是政府官员，同时也是贵族，但是他身上却没有贵族的那些高高在上、自命不凡等不良习气。

许多年后，马克思经常给自己的孩子们讲故事，将这作为

① ［法］奥古斯特·科尔纽：《马克思恩格斯传》第 1 卷，刘丕坤、王以铸、杨静远译，生活·读书·新知三联书店 1963 年版，第 65 页。

一种对孩子们进行革命教育、传授知识的启蒙方式，这种启蒙方式深受威斯特华伦先生的影响和启迪。马克思经常给孩子们朗读荷马史诗和莎士比亚的剧本，也会讲自编的故事和民间的传说，孩子们被这些奇妙的故事情节所打动和吸引。这些幽默而朴素的故事，直到现在仍然给世人以深刻的启示和教育。马克思的女儿爱琳娜曾经说威斯特华伦先生灌输给了马克思对浪漫主义学派的热情，他给马克思朗读的荷马和莎士比亚的作品，都是先生一生最喜爱的。

能在青少年时期遇到这样一位人生导师，对马克思而言无疑是莫大的幸运和恩赐，这种幸运和恩赐就像人生航行中的灯塔，指引马克思不断向前。

三、良师益友

威斯特华伦先生不仅是一位有着浪漫主义情怀的长辈，而且对社会现实也非常关注，同情人民生活的苦难。他熟知当时法国的空想社会主义学说。此外，威斯特华伦虽然身为普鲁士政府官员，但他对当时普鲁士政府的所作所为非常不满。

马克思上学的时候，几乎每天都要从聚集着很多穷苦人民的广场经过，下层人民的贫困生活一直触动着少年马克思的心灵。"毫无疑问，资本主义的两极分化、工人阶级的悲惨遭遇与资产阶级关于自由、平等、博爱的资本主义美好理想之间的矛盾，对马克思产生了极为深刻的影响。"①当马克思与威斯特华伦聊到这些现状时，威斯特华伦对当时的制度和政策进行了抨击和谴责，并且教育马克思将来要成为一个对社会有用的人。由此可见，威斯特华伦追求自由的理想和对人民生活的悲悯之心，在马克思世界观和人生观的形成过程中产生了不可磨灭的积极影响。

威斯特华伦先生不仅具有良好的文化素养，还热心于进步的政治思想。当马克思长大的时候，先生给马克思讲法国空想社会主义者圣西门的故事。空想社会主义者的天才与博学，以及引领人类历史发展的思想主张使马克思感到新奇又向往。马克思看到贫民们的生活和他司空见惯了的"上层"社会生活形成了强烈对比时，也会产生困惑，正是和先生的不断交流，激发了马克思对法国空想社会主义者圣西门的人格和著作的兴趣。这些启蒙教育对马克思的影响很大，指引着马克思通往真理的大门。马克思从小到大一直对先生怀有非同寻常的感激之情，"青年马克思受到老威斯特华伦的影响，并对他特别尊敬"②。

马克思的父亲亨利希·马克思赞同儿子与威斯特华伦先生交往，同时告诫马克思："你是幸福的，像你这样年纪的年轻人能得到这样的幸福是少有的。在你刚踏上人生的一个重要历

---

① 王锐生、黎德化：《读懂马克思》，四川人民出版社2001年版，第16—17页。
② ［苏］波·维诺格拉茨卡娅：《燕妮·马克思》，高宁哲、赵德成译，生活·读书·新知三联书店1981年版，第20页。

程的时候就找到了朋友，而且是一个比你年长又比你老练的可
敬的朋友……你能不能对这个朋友信守不渝，永远做个无愧于
他的人，这将是对你的性格、你的才智和心肠，尤其是对你的
道德的最好考验"①。

马克思
我的博士论文封面

1841 年

　　诚然，每个人在世间或多或少都有一些朋友，但是有多少
朋友能如父亲那般，在成长道路中给予关怀指引和挚友般的惺
惺相惜呢？两个人如果没有共同的理想追求，没有良好的文
化、道德修养，思想上终究是很难产生共鸣的。只有走在不断

---

① ［英］戴维·麦克莱伦：《马克思传》第 4 版，王珍译，中国人民大学
　　出版社 2008 年版，第 13 页。

进取、对人生终极问题孜孜不倦思考和求索的路上，才能在命运的交汇点相遇，而威斯特华伦先生和马克思之间就是这样。1841年4月，马克思在他的博士论文中，毫不吝啬地赞扬这位"敬爱的慈父般的朋友"，马克思认为这位朋友"深怀着令人坚信不疑的……那能唤起世界上一切英才的真理；他从不在倒退着的幽灵所投下的阴影前面畏缩，也不被时代上空常见的浓云密雾所吓倒"①。

马克思终生都对这位"敬爱的慈父般的朋友"怀着十分尊敬和爱戴的心情。虽然威斯特华伦早在燕妮同马克思结婚之前就去世了，但是"燕妮和卡尔总是怀着非常敬爱的心情回忆起他"②。马克思从先生这里获得了自己父母、学校所不能给予自己的精神滋养和人生理想追求的启蒙，这位良师益友打开了启蒙的大门，将马克思引入了更加广袤无垠的世界，对于马克思来说，他"终身都是以最大尊敬和感谢谈论这个人"③的。

---

① 《马克思恩格斯全集》第1卷，人民出版社1995年版，第9页。
② ［德］梅林：《马克思传》，罗稷南译，生活·读书·新知三联书店1956年版，第13页。
③ ［苏］波·维诺格拉茨卡娅：《燕妮·马克思》，高宁哲、赵德成译，生活·读书·新知三联书店1981年版，第29页。

费尔巴哈：通向新世界观的"中介"

19 世纪上帝将海洋给了英国，将陆地给了法国，而把思想的天空留给了德国。在德国这片繁星璀璨的思想天空下，有一位著名哲学家就像一座桥梁沟通起哲学的过去和未来，成为通向新世界观的"中介"，他就是路德维希·费尔巴哈。站在这位前辈和朋友的肩膀上，新世界观的创立者马克思，书写了哲学史上"改变世界"的一页。

一、一个使唯物主义重新登上"王座"的人

费尔巴哈

1804 年 7 月 28 日，费尔巴哈出生在德国巴伐利亚兰茨胡特城的一个书香之家，受到家庭熏陶的费尔巴哈从小就喜欢读书，乐于思考，一直是学校里的优等生。但随着费尔巴哈慢慢长大，这个从不让父母操心的"别人家的孩子"，变得愈加自主和独立，甚至可以说

叛逆。1823年，19岁的费尔巴哈进入德国最古老的海德堡大学学习神学，在这所大学里，他对许多教授讲授的课程都不满意，唯一感兴趣的就是由卡尔·道布讲授的思辨神学课。道布是黑格尔哲学的忠诚传播者，在这位神学教授的影响下，费尔巴哈为黑格尔的思辨力量所倾倒，于是费尔巴哈不顾父亲的反对，在1824年转入柏林大学哲学系，跟随黑格尔学习哲学。20岁的费尔巴哈一定想不到，命运的交汇是如此神奇，12年后一个同样才思横溢、充满热情的年轻人——卡尔·马克思也来到了柏林大学，并且这个年轻人将会在未来的道路上全面超越自己。

柏林大学为费尔巴哈的思想打开了一个新天地，在这里费尔巴哈学习了黑格尔的逻辑学、形而上学和宗教哲学，他几乎听完了黑格尔的所有讲义，并把黑格尔称为自己思想上的"第二个父亲"①。可是当费尔巴哈在柏林大学听完两年课程以后，他对黑格尔哲学的前提和抽象性质产生了怀疑，并开始重新思考思维和存在、逻辑和自然的关系问题。俗话说"老师领进门，修行靠个人"，带着心中的疑问，费尔巴哈开始了自己的修行。1826年，费尔巴哈离开柏林，次年进入爱尔兰根大学学习植物学、解剖学和心理学等自然科学，在这里唯物主义和无神论思想在费尔巴哈的头脑中萌芽，对于曾经令他困惑的问题，费尔巴哈通过自己的学习和研究，最终得出了和老师黑格尔截然相反的答案。正如恩格斯所说："费尔巴哈的发展进程是一个黑格尔主义者（诚然，他从来不是完全正统的黑格尔主义者）

---

① 《马克思主义发展史》第1卷，人民出版社2018年版，第90页。

走向唯物主义的发展进程，这一发展使他在一定阶段上同自己的这位先驱者的唯心主义体系完全决裂了。"①

唯物主义还是唯心主义？在探索和争论这个问题的漫长历史中，费尔巴哈的印记是不可磨灭的。在明确了唯物主义方向后，费尔巴哈全身心地投入到研究和著述中，他从唯物主义立场出发，向宗教神学和当时在思想界占统治地位的黑格尔唯心主义哲学发起攻击。1839 年，费尔巴哈在《哈雷年鉴》上发表了一篇宣言式的论文《黑格尔哲学批判》，这篇论文标志着他与黑格尔唯心主义的彻底决裂。在这篇文章里，费尔巴哈从感性存在和具体现实出发，批判了黑格尔对于思维和存在关系的颠倒，指出不是观念决定具体现实，而是具体现实决定观念。

在抽象而费解的黑格尔唯心主义哲学长期统治人们思想的局面下，费尔巴哈的理论就像一道惊雷划破长空，令人们耳目一新。1841 年，费尔巴哈的代表作《基督教的本质》出版，在这部著作中，费尔巴哈提出上帝只不过是人的本质在幻想中的反映，沉重打击了宗教神学和思辨哲学。当时逗留在波恩的马克思读到这部著作时，激动万分，迫不及待地恨不得一口气把它读完。后来恩格斯用生动的语言描绘出了当时的场景："这时，费尔巴哈的《基督教的本质》出版了。它直截了当地使唯物主义重新登上王座，这就一下子消除了这个矛盾……魔法被破除了；'体系'被炸开并被抛在一旁了，矛盾既然仅仅是存在于想象之中，也就解决了。——这部书的解放作用，只

① 《马克思恩格斯全集》第28卷，人民出版社2018年版，第334—335页。

有亲身体验过的人才能想象得到。那时大家都很兴奋：我们一时都成为费尔巴哈派了。"① 如果我们用当今互联网时代的语言来表达的话，"费尔巴哈"和"唯物主义"一定是当之无愧的年度热词。

费尔巴哈
《基督教的本质》扉页

1841 年

二、致我的“爱豆”费尔巴哈

现代社会，粉丝们为了偶像可以不惜代价，而在 19 世纪 40 年代的德国，马克思粉起偶像来，也是照样兴奋不已，爱意满满。

---

① 《马克思恩格斯全集》第 28 卷，人民出版社 2018 年版，第 329 页。

　　马克思恩格斯早期思想发展，深受费尔巴哈影响。马克思曾给予费尔巴哈高度的评价，他指出："对国民经济学的批判，以及整个实证的批判，全靠费尔巴哈的发现给它打下真正的基础。"①在费尔巴哈哲学的影响下，马克思从黑格尔唯心主义中解脱出来。1843年，马克思阅读了费尔巴哈发表的《关于哲学改造的临时纲要》后深受启发。这部著作中费尔巴哈关于黑格尔颠倒了主体和宾词的论述，诱发了马克思对黑格尔法哲学的批判思路。马克思在他所撰写的《黑格尔法哲学批判》中，自觉地运用费尔巴哈的方法反思黑格尔唯心主义的局限性，指出黑格尔的问题在于："正确的方法被颠倒了。最简单的东西被描绘成最复杂的东西，而最复杂的东西又被描绘成最简单的东西。应当成为出发点的东西变成了神秘的结果，而应当成为合乎理性的结果的东西却成了神秘的出发点。"②马克思和恩格斯不是天生的唯物主义者，他们都承认费尔巴哈的哲学思想在很多方面是黑格尔哲学和他们观点之间的中间环节。恩格斯曾坦言："同样，我也感到我们还要还一笔信誉债，就是要完全承认，在我们的狂飚突进时期，费尔巴哈给我们的影响比黑格尔以后任何其他哲学家都大。"③

　　1843年10月3日，马克思怀着无比激动和景仰的心情致信费尔巴哈，邀请其为即将出版的《德法年鉴》撰稿，批判普鲁士哲学家谢林，因为费尔巴哈的经验论唯物主义是谢林的先

① 《马克思恩格斯文集》第1卷，人民出版社2009年版，第112页。
② 《马克思恩格斯全集》第3卷，人民出版社2002年版，第52页。
③ 《马克思恩格斯全集》第28卷，人民出版社2018年版，第534页。

验论唯心主义的天然对手。马克思在这封信中表达了对费尔巴哈哲学的高度肯定和赞扬，他写道："您正是最适合做这件事情的人，因为您是谢林的对立面。……我认为您是自然和历史陛下所召来的、谢林的必然的和天然的对手。您同他的斗争是哲学本身同哲学的想象的斗争。"① 信寄出后，马克思日思夜想期盼着偶像的回信。费尔巴哈在收到马克思的信后踌躇良久，当他写下给马克思的正式回信时已经是 1843 年 10 月 25 日了。虽然马克思如愿等来了偶像的回信，但信的内容却不尽如人意。费尔巴哈在回信中虽然赞同马克思对谢林的评价，却以兄长去世、琐事缠身等个人原因，谢绝了马克思关于为《德法年鉴》撰文批判谢林的请求。

　　1844 年 8 月 11 日，马克思再次致信费尔巴哈，表达自己对费尔巴哈的崇高敬意和爱戴，盛赞费尔巴哈的著作《未来哲学》和《信仰的本质》。马克思在信中写道："您的《未来哲学》和《信仰的本质》尽管篇幅不大，但它们的意义却无论如何要超过目前德国的全部著作。在这两部著作中，您（我不知道是否有意地）给社会主义提供了哲学基础，而共产主义者也就立刻这样理解了您的著作。"② 在这封信中，马克思还就鲍威尔及其发表在《文学报》上的文章表达了自己的批判观点。至于马克思的第二封去信是否得到费尔巴哈的回复，由于没有文献流传下来，我们不得而知。但费尔巴哈是否回信对马克思而言已

---

① 《马克思恩格斯文集》第 10 卷，人民出版社 2009 年版，第 12 页。
② 《马克思恩格斯文集》第 10 卷，人民出版社 2009 年版，第 13 页。

经不那么重要了，因为此时的马克思已经洞察出费尔巴哈学说的弱点，费尔巴哈这个偶像般的存在，已经被马克思视为下一个要超越的对象了。

三、用超越前人的洪荒之力去改变世界

1. 扬弃，挥别错的才能和对的相逢

青年时期，马克思深受黑格尔哲学影响，后来在费尔巴哈的影响下转向了唯物主义，但随着马克思对费尔巴哈哲学的深入研究，他敏锐地察觉到了费尔巴哈哲学的局限性。

费尔巴哈虽然从现实的人出发，但是由于他"撇开历史的进程"观察人，离开了人的活动、离开社会实践来理解人，没有看到人的活动的能动创造性，所以他看不到人的活动的社会历史性，也无法正确认识人的本质。马克思和恩格斯在《德意志意识形态》中指出："诚然，费尔巴哈与'纯粹的'唯物主义者相比有很大的优点：他承认人也是'感性对象'。但是，他把人只看做是'感性对象'，而不是'感性活动'，因为他在这里也仍然停留在理论领域，没有从人们现有的社会联系，从那些使人们成为现在这种样子的周围生活条件来观察人们——这一点且不说，他还从来没有看到现实存在着的、活动的人，而是停留于抽象的'人'"①。因此，要超越费尔巴哈哲学，就

---

① 《马克思恩格斯选集》第 1 卷，人民出版社 2012 年版，第 157 页。

必须从费尔巴哈的抽象的人转到现实的、活生生的人，并把这些人作为在历史中行动的人去考察。

由于费尔巴哈从抽象的人出发来考察历史，他对历史的解读就重新陷入了唯心主义，这个曾经使唯物主义重新登上"王座"的人，最终在唯物主义道路上半途而废了。在费尔巴哈那里，唯物主义和历史是彼此完全脱离的。"当费尔巴哈是一个唯物主义者的时候，历史在他的视野之外；当他去探讨历史的时候，他不是一个唯物主义者。"①同时，费尔巴哈还保持着对"爱"的宗教般的执着和向往，这也是由于费尔巴哈离开人的活动、离开社会实践来理解人。马克思和恩格斯指出，费尔巴哈"除了爱与友情，而且是理想化了的爱与友情以外，他不知道'人与人之间'还有什么其他的'人的关系'"②，所以他只能试图通过"爱"来建立人们之间的关系，通过"爱"来实现人们的幸福。但是，在现实中依靠"爱"来追求幸福的方法显然是行不通的，因为在阶级社会，剥削者和压迫者的幸福正是建立在被剥削者和被压迫者的苦难之上，相互对立的两个阶级不可能不分等级地彼此相爱。

通过研究和分析费尔巴哈哲学，马克思还认识到，虽然费尔巴哈对黑格尔唯心主义观点进行了有力的批判，但是他在批判黑格尔唯心主义观点时，把黑格尔的辩证法思想也一概否定了，他并不理解黑格尔辩证法的合理性和革命性。恩

---

① 《马克思恩格斯选集》第 1 卷，人民出版社 2012 年版，第 158 页。
② 《马克思恩格斯选集》第 1 卷，人民出版社 2012 年版，第 157 页。

格斯曾用生动的比喻批评费尔巴哈对黑格尔哲学的态度，就像在倒洗澡水时，将水连同盆里的婴儿一起泼掉一样。所以，费尔巴哈哲学并没有克服 18 世纪唯物主义具有的机械性、形而上学性、历史唯心主义等局限性，不符合时代发展的要求。而要创造出一种符合时代发展要求的新世界观，就必须突破唯心主义和旧唯物主义的藩篱，这一任务自然而然落到了洞悉一切的马克思身上，事实也证明了只有马克思才能完成这个伟大的任务。

2. 出发，去改变世界

在创立新世界观的过程中，马克思以费尔巴哈为中介，吸取了费尔巴哈哲学的唯物主义，摒弃了它的唯心主义，同时在彻底批判黑格尔唯心主义的基础上吸取了黑格尔哲学中的辩证法思想。为了与费尔巴哈旧唯物主义划清界限，阐述自己的新唯物主义，马克思于 1845 年春在布鲁塞尔写成了《关于费尔巴哈的提纲》。翻开马克思尘封的笔记本，我们可以看到马克思用带有哥特式风格的德文字体写成的提纲手稿。

整个提纲非常精练，只有 11 条，翻译成为中文总共一千余字，但它所包含的内容却非常丰富，恩格斯对提纲给予了高度评价，称之为"包含着新世界观的天才萌芽的第一个文献"①。

---

① 《马克思恩格斯全集》第 28 卷，人民出版社 2018 年版，第 534 页。

马克思
《关于费尔巴哈的提纲》的两页手稿

1845 年

    在《关于费尔巴哈的提纲》中，马克思彻底批判了费尔巴哈和一切旧唯物主义者忽视人的主观能动性和实践作用的主要缺点，立足于人的活动方式来理解人的本质和社会的本质，指出人的本质是一切社会关系的总和，并从人的纷繁复杂的活动中提炼出物质生产实践，把它作为人类社会的基础，创立了科学的实践观，奠定了历史唯物主义的理论基础。在批判了包括费尔巴哈哲学在内的一切旧唯物主义之后，马克思进一步概括了新旧唯物主义在社会根源和阶级立场上的本质不同，指出："旧唯物主义的立脚点是市民社会，新唯物主义的立脚点则是人类社会或社会的人类。"① 在《关于费尔巴哈的提纲》的最后，马克思指明了新唯物主义"改变世界"的历史使命和根本任

---

① 《马克思恩格斯选集》第 1 卷，人民出版社 2012 年版，第 136 页。

务，"哲学家们只是用不同的方式解释世界，问题在于改变世界"①。这句经典的格言，被镌刻在马克思的墓碑上。

对于马克思而言，费尔巴哈是一位值得敬重的前辈和朋友，马克思用从费尔巴哈那里获得的唯物主义观点和方法，勇敢地向黑格尔发起挑战。虽然马克思曾是"一时的费尔巴哈派"，但与其他人不同的是，马克思没有停下思考的脚步，而是继续在彻底的批判精神中寻求真理。正是这种永不停歇的思考和对真理锲而不舍的追求，赋予了马克思的新世界观"改变世界"的巨大力量。

① 《马克思恩格斯选集》第 1 卷，人民出版社 2012 年版，第 136 页。

赫斯：马克思早期的思想引路人

　　莫泽斯·赫斯是德国哲学家，社会主义的早期拥护者，犹太复国主义的先驱，"真正的社会主义"思潮的代表人物。赫斯作为马克思主义发展史上的重要人物，对马克思早期共产主义思想的形成起到过促进作用。在马克思早期思想发展中，我们往往能够捕捉到赫斯的"影子"。现在，就让我们一同来回顾赫斯与马克思的交往过程吧。

赫斯

一、共事期间的"你侬我侬"

1812 年 6 月 21 日，赫斯出生于德国西部莱茵河畔波恩的一个犹太企业家庭。他的父亲是一个富裕的商人，祖父是一个虔诚的犹太教徒。幼年时期的赫斯接受了祖父对他进行的犹太式宗教教育。1826 年，精明的父亲带着赫斯到科隆经商，这让他很早就感受到了资本主义商业市场和金钱世界的黑暗。与青年马克思、恩格斯一样，赫斯没有站在自己出身的阶级的立场上，反倒心怀正义，同情劳动者。

1837 年 6 月，赫斯进入波恩大学学习哲学，但他的这段学习生涯仅有一年多时间，在次年冬季就结束了。在 3 个学期的学习生活中，赫斯的思想得到了快速发展。他于 1837 年 10 月出版了处女作《人类的圣史》。这本书"交织着宗教、哲学和空想社会主义学说"[1]，体现了他对社会主义认识的最早表达，称得上是带有社会主义色彩的先驱性文献。

《欧洲三同盟》，是赫斯 1841 年 1 月在莱比锡出版的第二部著作。他在本书中阐明了国家与教会之间的关系，进一步表达了他关于社会解放的思想。这本书是赫斯早期一本较为重要的著作，当时在理论界受到了巨大关注，赫斯因此一度成为知名人物。同年夏季，赫斯和好友贝·奥尔巴赫积极参与《莱茵报》的创建工作。这一年，对于赫斯而言是如此的忙碌，也是

---

[1] 《马列主义研究资料》第 3 辑，人民出版社 1988 年版，第 141 页。

如此的不凡。出书创刊是他忙碌的现实写照，而认识并初步熟悉马克思是他最大的惊喜。

1841年夏秋交替之际，赫斯与马克思初识。二人如同许久未见的老朋友一般，见面时一股莫名的熟悉感油然而生。第一次见到马克思，赫斯表现得异常激动，随后在给朋友奥尔巴赫的信中说道："你应该准备去结识一位最伟大的哲学家，也许是当今活着的唯一真正的哲学家。这位哲学家一旦崭露头角（在报刊上和讲台上），很快就会把德国人的目光吸引到自己身上。他无论按其思想倾向来说还是按其哲学修养来说，都不仅超过了施特劳斯，而且超过了费尔巴哈，而后面这一点是很说明问题的！如果我在波恩，他讲授逻辑学时，我将会成为他的最勤奋的听众。……他将给中世纪的宗教和政治以致命的打击。"[1] 赫斯给予了马克思很高的评价。从这样的一段描述中，不难看出赫斯对青年马克思的崇敬之情。

作为《莱茵报》的创办人和编辑之一，赫斯在许多共产主义团体中极为活跃，并促使《莱茵报》成为德国早期社会主义运动中的一个重要阵地。他写了不少内容丰富且有独创性的著作，较为集中地论述了哲学共产主义的观点，使他成为了德国哲学共产主义的创始人。1842年10月，马克思受邀担任《莱茵报》编辑，这是马克思与赫斯的首次共事。此时的马克思努力使《莱茵报》更加关注社会现实问题，在思考国家与市民社会的关系中，马克思更加深切地体会到现实政治斗争的有限性

---

[1] 《马列主义研究资料》第2辑，人民出版社1983年版，第149页。

和艰巨性。在这个阶段，赫斯与马克思交往密切、相互合作。

《莱茵报》时期，赫斯与马克思的思想互动集中体现在社会解放和共产主义理论的问题上。赫斯强调共产主义的社会解放以及政党对共产主义实现的重要性。赫斯对共产主义思想等内容的大力宣传在很大程度上影响了青年马克思和恩格斯，恩格斯也曾评价赫斯"是该党（青年黑格尔派——编者注）第一个成为共产主义者的"[①] 人。

从 1841 年秋《莱茵报》创立，到 1843 年 3 月该报被禁止发行，赫斯总共发表了近百篇文章。在《莱茵报》工作的日子里，赫斯曾在 1842 年 12 月作为通讯员前往巴黎，与革命的各个组织接触。《莱茵报》停刊后，马克思与卢格达成一致意见，计划创办新刊物——《德法年鉴》。在马克思筹办《德法年鉴》期间，赫斯从巴黎返回科隆，他与格律恩等建立联系，并于 7 月在《来自瑞士的二十一印张》上发表了《行动的哲学》《社会主义和共产主义》《唯一和完整的自由》三篇文章。马克思高度评价了赫斯的这几篇文章，称其是与魏特林相并列的关于社会主义的"德国人在这门科学方面所写的内容丰富而有独创性的著作"[②]。

此后，赫斯收到了马克思的邀请，与卢格一同前往巴黎共同筹办《德法年鉴》。从 1843 年 10 月到翌年 3 月，赫斯与马克思、海涅等人密切来往。《德法年鉴》时期是赫斯与马克思之间开始

---

① 《马克思恩格斯全集》第 1 卷，人民出版社 1956 年版，第 591 页。
② 《马克思恩格斯全集》第 3 卷，人民出版社 2002 年版，第 220 页。

真正形成密切关系的时期。1844 年 1 月底，赫斯为《德法年鉴》撰写了《来自巴黎的信》。此后 3 月，赫斯又回到了科隆参加共产主义团体活动，并于 5 月发表《谈社会主义运动在德国》。同年 12 月，以小册子形式匿名发表了《共产主义信条问答》。

《德法年鉴》时期，赫斯发表了他得意之作《论货币的本质》。起初，这篇文章就是为了《德法年鉴》而写的，并在 1844 年初就送到了《德法年鉴》编辑部。但由于种种原因，迟迟未能发表。《论货币的本质》一文是赫斯对之前发表在《来自瑞士的二十一印张》三篇文章的总结和升华。作为后来人，我们不能确切地说《论货币的本质》对马克思产生的影响有多深，但较为清晰的是《德法年鉴》时期应是马克思开始研究经济学的时期。同时，赫斯等人对社会主义和共产主义理论的广泛传播，为马克思逐步向共产主义立场转变起到了一定的作用，这一转变也从侧面反映出赫斯对马克思早期思想产生了一定的影响。

二、《德意志意识形态》背后的友谊

1845 年初，恩格斯多次发信询问马克思的地址，经过诸多尝试后终于从科隆打听到了马克思的音讯。此时，马克思的生活环境并不乐观，颠沛流离、囊空如洗，在这样的形势下，赫斯与恩格斯等人一同为马克思组织了募捐。同年 3 月，恩格斯在给马克思的信中表示："我再次以赫斯的名义——也以我的名义请求你，给皮特曼的季刊寄点稿子去。我们无论如何都应该在第一期上发表文章，以便使这个刊物具有明确的性质。"① 并且告诉马克思，他与赫斯在那里"打算翻译傅立叶的著作，如有可能，干脆出版一套《外国杰出的社会主义者文丛》。最好是从傅立叶的著作开始"②。此时，赫斯与恩格斯已经确定了要出版傅立叶和其他西方社会主义者著作的计划，并请马克思为他们推荐一些他"认为对这一套丛书来说，哪些法国人的著作值得翻译"③ 的文本内容。

从 1845 年秋天到翌年 3 月，赫斯搬到了布鲁塞尔与马克思相邻而居，这是他们私人交往和友好合作最深切的时期。在这 7 个月的时光里，赫斯与马克思、恩格斯共同完成了《外国杰出的社会主义者文丛》和《德意志意识形态》，他们频繁对话、深化合作。"这一时期马克思、恩格斯的思想和个性对赫斯产生着越来越强烈的影响，因此，赫斯打算同他们进行理论和政论方面的合作……他和妻子西比拉·佩什一起在马克思住地附近住了下来，他经常接受马克思、恩格斯的直接邀请在一起讨论问题。这表明他们相信赫斯能够成为他们批判活动和新思想阐发的合作者。"④ 这一时期，可以称得上是马克思主义哲学发生大变革的重要时期。

---

① 《马克思恩格斯全集》第 47 卷，人民出版社 2004 年版，第 345 页。

② 《马克思恩格斯全集》第 47 卷，人民出版社 2004 年版，第 347 页。

③ 《马克思恩格斯全集》第 47 卷，人民出版社 2004 年版，第 347 页。

④ 聂锦芳：《〈德意志意识形态〉研究中的"赫斯问题"》，《学习与探索》2006 年第 5 期。

马克思
我曾在布鲁塞尔住过的地方

　　历史鲜明地告诉我们，赫斯是与马克思、恩格斯一起向前行进的人，他们之间的这种友好一直持续到《德意志意识形态》的写作。《德意志意识形态》开始写于 1845 年秋季，赫斯操刀主笔了第一卷中批判卢格的一章和第二卷中批判库尔曼的第五章。由于《德意志意识形态》的出版工作在 1846 年遇到困难，于是赫斯在 1846 年 7 月 28 日给马克思的信中建议将评论卢格的一章内容作为单行本出版。马克思随即同意了赫斯的建议，并通过罗·丹尼尔将手稿寄还给他。不难想象，他们在著书的过程中进行了思想交流，并在思想上达成了一定的共识。

三、从"同向"到"对向"

　　虽然马克思早期共产主义思想深受赫斯影响，但随着马克思对理论研究的持续深入，两人无论是在阶级立场还是哲学立场都出现了或多或少的分歧。1846 年初，友情危机开始在赫斯与马克思之间出现，1846 年上半年，赫斯因为马克思与魏特林决裂而逐渐远离马克思，1847 年秋在布鲁塞尔与马克思再次交往，翌年年初两人最终断交。

　　在赫斯心里，自由的核心是道德，道德的至善将最终打破徭役的枷锁。赫斯的社会批判实质是伦理价值批判。此处的关键在于赫斯始终停留在这种人本主义价值批判之中。这也是1845 年秋季马克思发现历史唯物主义科学世界观后，赫斯表面上赞成而最终与马克思、恩格斯分道扬镳的根本原因之一。因此，"共产主义对我们来说不是应当确立的状况，不是现实应当与之相适应的理想"① 这句话就是批评赫斯的。

　　赫斯的"真正的社会主义"思想始于 1844 年初，他的"《问答式共产主义自白》一文则可视为他的'真正的'社会主义的形成标志"②。德国"真正的社会主义"的主要代表人物——格律恩对赫斯的思想大加宣传和包装，认为费尔巴哈只是消灭宗教的幻想，而赫斯却摧毁了政治的幻想。正是赫斯的工作，人

---

① 《马克思恩格斯选集》第 1 卷，人民出版社 2012 年版，第 166 页。
② 侯才：《青年黑格尔派与马克思早期思想的发展：对马克思哲学本质的一种历史透视》，中国社会科学出版社 1994 年版，第 203—204 页。

才摆脱了最后的异化的力量，从而开始具有道德活动的能力。促使赫斯与马克思关系裂痕加深的一个重要事件是围绕 1846 年魏特林事件的争论所引发的分歧，其争论的内容主要涉及共产主义运动理论和实践方面的问题。

　　1846 年初，马克思和恩格斯为了使工人运动摆脱"真正的社会主义"和空想社会主义的羁绊，在布鲁塞尔成立了共产主义通讯委员会。1846 年 3 月，赫斯在布鲁塞尔共产主义通讯委员会会议上因对魏特林的处理与马克思、恩格斯发生公开分歧，并脱离这一通讯委员会。后来，赫斯与马克思在批判克利盖问题上关系进一步恶化。5 月 11 日，在布鲁塞尔共产主义通讯委员会的特别会议中，马克思和恩格斯尖锐地批判了自称"真正的社会主义者"的克利盖，并通过《反克利盖的通告》来批判他主编的《人民论坛报》中的错误言论。

马克思
《反克利盖的通告》

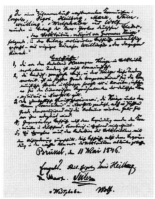
1846 年

　　在《通告》中，马克思和恩格斯谴责克利盖损害了共产主义政党的声誉，把共产主义归结为爱，把共产主义变为新的宗教，给资产阶级民主主义土地改革运动披上争取共产主义斗争的外衣。《通告》的发表标志着反克利盖斗争的胜利。克利盖迫于布鲁塞尔共产主义通讯委员会的要求，不得不在1846年6月6日至13日将《通告》发表在他主编的《人民论坛报》第23—24号上。《通告》发表以后，《人民论坛报》上又刊登了魏特林致克利盖的信的片段以及克利盖派的许多声明，魏特林在他的信里咒骂和诬蔑在决议上签字的那些人是"狡猾的阴谋家"和"反动派"。赫斯在《社会明镜》上也刊载了竭力为克利盖辩护的文章。此后，赫斯与马克思、恩格斯逐渐"对向而行"。

在马克思撰写《共产党宣言》时期，他与赫斯在共产主义问题上的分歧进一步扩大。1847年6月，正义者同盟召开第一次代表大会，大会讨论并初步通过了由恩格斯和威廉·沃尔弗起草的同盟章程草案，讨论了恩格斯起草的同盟纲领《共产主义信条草案》，同盟各支部对信条草案进行了认真的讨论。在讨论过程中，赫斯向同盟巴黎区部委员会提出了一个反映"真正的社会主义"观点的修正草案。这个修正草案受到了恩格斯的严厉批评，讥讽它是神性的改善。由于赫斯的草案在实现共产主义的法则和策略方面与马克思、恩格斯的存在差异，所以该草案没有被马克思所采用。最后，恩格斯代表同盟的巴黎支部，起草了第三稿。这份草稿的题目是《共产主义原理》，由25个问答组成，马克思在撰写《共产党宣言》时广泛地吸收了其中的思想。

1848年11月，赫斯发表了《无产阶级革命的结果》一文。在文章里，赫斯的阶级立场与之前大不相同，这明显扩大了他与马克思之间的分歧，使得他与马克思的矛盾进一步尖锐化。由于赫斯的内在思想逻辑与马克思主义科学世界观的内在逻辑发生冲突，导致了他最终与马克思、恩格斯分道扬镳。

回溯历史，可以发现马克思和恩格斯早就对以赫斯为首的"真正的社会主义者"进行过批判。马克思和恩格斯在《德意志意识形态》和《共产党宣言》中针对"真正的社会主义"的哲学基础和种种论调，进行了大力批判。马克思和恩格斯对格律恩的《法兰西和比利时的社会运动》一书进行评述时连带批判了赫斯，认为赫斯的东西"已经带有非常模糊的和神秘主义的性质"[1]，他满足于不断地重复同样的一些观念，因而变成了枯燥的和反动的东西。

总的来说，赫斯的"真正的社会主义"思想与马克思主义的形成过程是并行的，两者在思想渊源和问题意识上有类似之处，但赫斯逐步演变成"真正的社会主义者"，马克思却逐步创立了科学社会主义。"马克思恩格斯同'真正的'社会主义代表人物一度合作共事过，而他们反对'真正的'社会主义的斗争又是马克思主义发展史和共产主义运动史极为重要的一页。由于这种情况，所有的研究者都特别注意研究'真正的'社会主义与马克思主义的关系。"[2]无论思想上有多少类同，隔阂终究已经产生，根本分歧已存在，"破镜难重圆"，赫斯与马克思就这样形同陌路了。

---

[1] 《马克思恩格斯全集》第 3 卷，人民出版社 1960 年版，第 580 页。
[2] 胡文建：《关于"真正的"社会主义的研究》，《当代世界与社会主义》1982 年第 4 期。

　　赫斯晚年参加了德国社会民主党，同时以种种方式为犹太复国主义宣传呐喊，成为了19世纪后半期犹太复国主义的先驱。晚年的赫斯始终过着流浪和亡命的生活。直到1875年4月6日，前半生致力于社会主义、后半生致力于犹太复国主义的赫斯走到了生命终点。

　　纵览生平，赫斯与马克思的一生都在探寻着人类的自由解放之路，他们曾经的"你侬我侬"、友好合作和思想切磋，都说明了赫斯对青年马克思的思想发展起到了较为重要的作用。在赫斯逝世后，马克思给他夫人发去了一封慰问信，高度称赞了赫斯的个人品格。尽管立场上的分歧，最终导致两位挚友遗憾地从"同向"转为"对向"，但依旧磨灭不了曾结下的深厚情谊。

战友学生圈

李卜克内西

德国社会民主党创始人和领袖之一
比马克思小 8 岁

马克思

白拉克

德国社会民主工党创始人和领导人之一
比马克思小 24 岁

倍倍尔

德国社会民主党创始人和领袖之一
比马克思小 22 岁

外科医生
比马克思小 12 岁

库格曼

狄慈根

制革工人、自学成功的哲学家
比马克思小 10 岁

魏德迈

德国和美国工人运动活动家
与马克思同岁

肖莱马

化学家、有机化学创始人
比马克思小 16 岁

战友学生圈

琼斯

宪章派领袖、英国工人运动活动家
比马克思小 1 岁

哈尼

宪章派领袖、英国工人运动活动家
比马克思大 1 岁

梅林

德国历史学家和政论家，
写有《马克思传》等
比马克思小 28 岁

马克思

左尔格

美国和国际工人运动
活动家
比马克思小 10 岁

穆尔

《资本论》第一卷、《共产党宣言》的
英文版译者
比马克思小 20 岁

......

拉法格

马克思的二女婿，政论家、工人运动
活动家
比马克思小 24 岁

李卜克内西：马克思在德国的"代理人"

　　威廉·李卜克内西是德国社会民主党的创始人之一。他一生忠诚于无产阶级革命事业，是与马克思、恩格斯灵魂相通、思想相融的学生与战友，还是马克思一家人可爱的"图书馆（library）"先生。在马克思和恩格斯因遭迫害而远离德国时，李卜克内西坚守在故土，成为了马克思和恩格斯在德国的"代理人"。马克思认为李卜克内西是他与恩格斯"在德国的唯一可靠的联系"①。让我们一同走进马克思的朋友圈，翻开这位坚强不屈的"革命士兵"——李卜克内西的生活画卷吧。

李卜克内西

---

① 《马克思恩格斯全集》第31卷，人民出版社1972年版，第142页。

一、以科学理论为桥梁，进入一个新的世界

1826 年 3 月 29 日，德国黑森邦（州）吉森城内，一个普通的"公务员"家庭在响亮的啼哭声中迎来了一位新成员——李卜克内西。如果没有发生表亲外祖父——弗里德里希·路德维希·魏迪希在领导黑森的民主运动中遭反动派迫害致死的事件，或许李卜克内西会按照亲属的安排成为教师或走上仕途，平稳地度过一生。但亲人的不幸离世在这位少年心中埋下了一颗反抗封建专制的革命种子。

1842 年，年仅 16 岁的李卜克内西以出色的成绩考入大学，先后在吉森、柏林和马尔堡等大学学习神学、语言学和哲学，并加入了青年黑格尔派，这一生活轨迹倒与马克思的青年时代颇为相似。李卜克内西在此期间结识了一些波兰和德国的民主主义者并同他们结下了友谊。这些对自由平等抱有如火般热情的朋友们，影响着李卜克内西，促使他迈向革命民主主义者、反对派和激进共和主义者的行列。

1845 年，19 岁的李卜克内西从一位来自莱茵省的大学生口中获知了一个名字——弗里德里希·恩格斯。此时恩格斯的作品已经在德国引起了热烈谈论，在大学生中更是焦点话题。面对此等人物，李卜克内西自然如饥似渴地拜读了他的作品——《英国工人阶级状况》。不同于空想社会主义者，这位"恩先生"所著的《英国工人阶级状况》一书，以丰富的事实、严密的逻辑、科学的思维不断冲击着李卜克内西的思想，为他

打开了一个新的世界。这是李卜克内西第一次接触到共产主义思想，为今后成为一名马克思主义者奠定了基础。

李卜克内西认为在德国从事公职工作或者教育工作和他的人生理想与政治观点不相符合，所以他在 1847 年作出了旅居美国的决定，并且开始积极准备。然而在他一次前往海港的途中，在火车上意外结识了一个侨居瑞士的教师。这位教师恳切劝阻，他认为比起旅居美国的计划，留在即将发生变革的欧罗巴大陆更适合李卜克内西。最终李卜克内西决定改道前往共和体制国家——瑞士，去追求自己向往的革命真理。

二、马克思——照亮流亡生活的明灯

1848 年席卷欧洲的革命爆发，命运多舛的李卜克内西，历经了战争、失败、下狱、流亡，最终选择定居日内瓦。其实，李卜克内西本可以在 1848 年便同马克思相遇的。1848 年的"二月暴动"这柄"革命的铁扫帚"，把当时刚到巴黎的李卜克内西"扫"到了距马克思仅百步之远的地方。正处在兴奋激动漩涡中的李卜克内西，轻率地参加了正在筹备中的德国志愿军团。但暗潮之下，其实是法国共和派的资产阶级欲人为地组织"外国人军团"，从而把革命输向外国并铲除异己。睿智的马克思很快识破了这场"运动"暗中的企图并竭力阻止事态的恶化。如果当时李卜克内西幸运地同马克思相遇，估计毫无疑问地会被马克思的个人魅力和深谋远虑深深吸引，同马克思更早地站到一起了吧。1849 年，在盛夏的日内瓦，李卜克内西遇见了恩格斯。恩格斯谈吐幽默、笑声爽朗，向他发出了强有力的唤醒和鞭策拯救自己的号召——全世界无产者，联合起来！

不过日内瓦似乎并不欢迎李卜克内西。"打卡"日内瓦没多久，他便被瑞士政府驱逐出境，经法国当局引渡，被强制送往了伦敦。

对于李卜克内西来说，同马克思和恩格斯在英国相遇，标志着他"进入到一个真正学习的阶段：向马克思和恩格斯学习"①。

李卜克内西与马克思第一次相遇是在 1850 年 5 月。那是一次由伦敦德意志工人共产主义教育协会组织的夏季郊游活动，在活动中，李卜克内西第一次会见了马克思，他们"很快就成了尽情欢乐的郊游人群的中心，而这群人中，马克思是最无拘无束的一个"②。要说到李卜克内西同马克思和恩格斯第一次较长的谈话，还得是郊游后的第二天。也就是从这时，马克思和李卜克内西之间的师生关系拉开了序幕。他们相约在协会会员聚会的小酒馆里，李卜克内西比约定的时间略早一些到达，便同好几个老熟人展开了热烈的谈论。这时，马克思来了。他拍拍李卜克内西的肩膀，热情地打了招呼，并示意他到

---

① ［德］李卜克内西：《一个革命士兵的回忆》，舒昌善译，人民出版社1980 年版，第 193 页。

② ［德］李卜克内西：《一个革命士兵的回忆》，舒昌善译，人民出版社1980 年版，第 250 页。

楼下的私人谈话室里进一步交谈，恩格斯也在那里。但在李卜克内西看来，他似乎马上要面临一场"大考"。马克思和恩格斯并不想气氛那么僵硬，马克思的和蔼可亲、恩格斯的风趣幽默以及黑啤酒的酒精作用，极大地缓和了李卜克内西的紧张情绪，谈话渐渐活跃起来。

但在对待革命事业的问题上，马克思和恩格斯一改和蔼幽默的面庞，用锐利的目光审视着眼前的年轻人，期待这位革命的"实习生"能够交出满意的面试答卷。马克思和恩格斯事先已了解过李卜克内西，原本怀疑李卜克内西有小资产阶级"民主主义者"的情绪和"德国南方人的温情"，因此李卜克内西对人对事的不成熟见解，都曾受到马克思和恩格斯的尖锐批评。但李卜克内西随后讲述了他的经历，例如，他在司徒卢威暴动后，尽管会被指控犯有叛国罪以及其他各种罪名，但他在法庭上仍不愿否认他的共产主义信仰。在全面了解了李卜克内西的思想和经历后，马克思和恩格斯成功地消除了他们的怀疑。

虽然马克思事先从恩格斯那里早已了解过李卜克内西的情况，不过刻在骨子的严谨还是督促其要眼见为实。李卜克内西对于自己给马克思留下的初始印象还是较为满意的，结束"考试"后的马克思，立刻换回了和蔼可亲的模样。而李卜克内西也俨然成为了马克思的迷弟。总的来说，这次的"考试"结果还算合格。三人的话题逐渐拓展到其他方面去了。

马克思异常兴奋地描述着自己几天前在瑞琴特街上所见的

一部牵引列车的电力机车模型。马克思敏锐地洞察到"这件事的后果是难以估计的。经济上的革命出现以后，随之而来的必定是一场政治上的革命。政治革命只是经济革命的一种表现而已"。马克思在谈到科学特别是力学的这种进步时，他的世界观，即唯物史观，表达得如此清楚明了。那天晚上，他们谈着，笑着，喝着酒，一直到第二天早晨。在三人依依惜别之后，彻夜未眠的李卜克内西却怎么也睡不着。那汹涌起伏的思潮驱使他跑向瑞琴特街，想要亲眼看一看那个模型，那个当代的特洛伊木马。

马克思
伦敦万国工业博览会

1851 年

三、马克思家的"图书馆"

　　马克思住在第恩街，恩格斯住在麦克斯菲尔德街，李卜克内西住在这两条街之间的索荷广场教堂街。在流亡伦敦、忍饥挨饿、十分贫困的可怕的十多年中，李卜克内西几乎只有很少的几天不在马克思家中度过，"俨然成了马克思家里的一个成员"。①

　　马克思以其独特的人格魅力，成为了李卜克内西等流亡者们暂时脱离生活苦海的良药。有马克思在的时光，总是不寂寞的。在那个娱乐贫瘠的年代，郊游无疑是最好的集体活动之一。在这里，马克思惊人的记忆力、天才的头脑以及深厚的文学造诣，使其总能在同游的一行人中脱颖而出。比如在汉普斯泰特荒阜的郊游中，马克思特意同随行的李卜克内西等人强调一路上不许谈政治，也不许谈流亡者的困苦。文学艺术变成了主要话题，这时马克思便有机会展示他那惊人的记忆力了。他能成段地背诵《神曲》，而且几乎能把它全都背出来，还一场一场地背诵莎士比亚的剧词。如果马克思兴致特别高，还会给李卜克内西等人模仿赛德尔曼是如何演《浮士德》中的靡非斯托的。《浮士德》是马克思最喜欢的德国诗剧。尽管马克思的朗诵在旁人听起来有些过分夸张，不过他总能抓住中心意思，

---

① ［德］李卜克内西：《一个革命士兵的回忆》，舒昌善译，人民出版社1980年版，第250页。

把它始终正确地表达出来。他能一口气念出那些稀奇古怪的诙谐的台词而又充分进入角色，深刻地掌握魔鬼这个角色的精神境界。

此外，李卜克内西还时常充当着孩子们玩伴的角色。燕妮和劳拉，马克思家的两位小姑娘格外喜欢这位新来的"童话大王"。在这两位小姑娘的眼中，李卜克内西似乎总有说不完的童话，哪怕她们早已识破那是李卜克内西东拼西凑而来的童话"骗局"。但"图书馆（library）"——这个孩子们替李卜克内西起的奇怪绰号，也着实证明了马克思一家对他的喜爱。李卜克内西的到来，不只在工作上给马克思带来了帮助，在生活上也为马克思分担了不少。

不过深受马克思一家信任的李卜克内西作为两位小姑娘的监护人也曾失职，甚至险些酿成大祸。当时，为了悼念英国人民心中的"民族英雄"威灵顿公爵，整个英国举行了空前铺张和豪华的国葬。成千上万的人涌入伦敦，想一睹此等盛典。马克思家的两位小姑娘自然也不想错过。黑眼睛、黑鬈发的燕妮·马克思，她长得和她父亲马克思几乎一模一样；另一个是长着一头美丽的金发和有一双灵活的眼睛的劳拉，她则更多地遗传了母亲的长相。在两位小姑娘急不可待的催促下，李卜克内西左右两边一手拉着一个小姑娘，衣兜里装了些小点心，便出发了。

三人一路上都很顺利，不用穿过拥挤的人群便到达了选定的地点，能非常清楚地看到送殡的行列。孩子们像看戏一样，欣喜若狂。可是就在这时，聚集在后方的大量人群使劲往前冲，每个人都想追赶上送殡队伍。李卜克内西竭力掩护着两个孩子，试图让人流从旁边过去而不碰着她们。然而却无济于事，他只得避开身子并且使劲抱住两个孩子，同时想法脱离潮水般的人流。随着四面八方的人流猛烈地向他们涌去，李卜克内西咬紧牙关想把两个孩子扛到双肩上，但四周挤得实在厉害，无法弯腰。随着人流顺势而行，李卜克内西再也无法抓紧她们的手臂，因为这可能会使她们的手臂脱臼。放开了两个小女孩的李卜克内西发了疯似的挺着胸脯、挥着臂肘向前挤去，期盼在人海尽头的那一边能找到她们。就在李卜克内西紧张地四处奔走之时，忽然听到两个孩子响亮的叫声，而且笑眯眯地站在他面前了。这一刻他紧紧地把她们抱在自己怀中。刹那间什么话也讲不出来了。当三人回到家后才得知，马克思一家全都非常不安，因为他们听说拥挤的程度是难以想象的，有许多人被挤死或挤伤了。尽管孩子们一点也没有意识到她们可能遭遇到的危险，她们依然很开心。那天晚上李卜克内西没有提起他所经历的那个绝望时刻，但从那以后，他再也没有带着孩子们去过人群拥挤的地方。

伦敦的生活虽然艰苦，但并不孤独。尽管李卜克内西与马克思一家的欢乐时光数不胜数，但这些顶多是悲惨流亡者生活冲击下的缓冲剂。没有宗教信仰的共产主义者在雾都不受欢迎。为了生存，李卜克内西尝试过从事各种职业，屡屡碰壁后，他只得拾起教书的老本行。不过，乐观似乎是雾都革命者们的必修课，对李卜克内西而言，"在那流亡生活最凄楚的日子里，常常是非常开心，而并无悒悒不乐"①。

1850年至1862年在伦敦流亡的日子，对李卜克内西来说是此后余生都值得反复回味和珍重的记忆。

四、不要任何妥协——坚定捍卫马克思主义

1862年8月，由于普鲁士王国国王威廉一世对政治犯实行大赦，李卜克内西得以重新返回德国。回国后，他便应奥古斯特·布拉斯之邀担任《北德意志总汇报》的编辑。不久后因为政治立场不同，他离开了报社，与布拉斯分道扬镳。1863年5月，全德工人联合会（又称"拉萨尔派"）在莱比锡成立，拉萨尔粉墨登场，出任联合会主席。尽管李卜克内西对拉萨尔的立场抱有疑心，但为了改造联合会，使其成为一个真正的工人阶级的革命政党，李卜克内西还是有保留地加入了联合会，并在暗中团结组织中反对拉萨尔主义思想的同志。

此时有一个棘手的现实问题，即马克思和恩格斯常年侨居英国，德国许多工人甚至未曾听闻过他们的名字，拉萨尔更是对他们的政治功绩及理论闭口不谈。若想在联合会中"拨乱反正"，最要紧的便是积极宣传马克思和恩格斯的著作，让工人们接触到科学的理论。在柏林期间，从事着记者和工人运动工

---

① ［德］李卜克内西：《一个革命士兵的回忆》，舒昌善译，人民出版社1980年版，第240页。

作的李卜克内西，不遗余力地向工人们宣传《资本论》和《共产党宣言》，积极传播其中的科学思想。但全德工人联合会的领导人施韦泽却顽固地信奉拉萨尔主义，哪怕拉萨尔本人的死都未曾动摇其"虔诚"。尽管李卜克内西始终坚持不懈地同施韦泽及拉萨尔主义展开最坚决的斗争，仍因寡不敌众，败下阵来。他不仅在1865年被全德工人联合会开除，甚至还被普鲁士政府以反政府的罪名迫害，被迫离开了柏林。

李卜克内西离开柏林后，在朋友的帮助下，来到莱比锡。在那里，李卜克内西结识了另一个和他并肩作战的挚友——奥古斯特·倍倍尔。

马克思在看到李卜克内西和倍倍尔等人遇到的现实困难时，深刻地认识到只有在德国工人内部肃清拉萨尔主义的影响，清除宗派主义，才能实现德国工人运动真正的团结。为此，马克思一方面与拉萨尔的继任者施韦泽谄媚政府的行动作坚决的斗争，另一方面又不放弃与施韦泽在实现共同政治目标的道路上合作。经过马克思的不懈努力，柏林和莱茵区的工人渐渐在组织上同拉萨尔派决裂，加速了拉萨尔派在组织上的瓦解进程。

在马克思的思想指导下，德国工人开始抛弃拉萨尔主义的错误观点和政治策略，愈来愈广泛地接受和运用科学社会主义这一全新的思想武器，为无产阶级政党的诞生奠定了思想基础。1869年8月7日，德国工人运动中的先进分子在李卜克内西和倍倍尔的领导下，在爱森纳赫召开代表大会，宣告了德国社会民主工党（又称"爱森纳赫派"）登上历史舞台。恩格斯在《德国的社会主义》一文中这样评价道："主要在李卜克内西和倍倍尔的努力下，很快就产生了一个公开宣布了1848年《宣言》原则的工人政党。"①德国社会民主工党是世界历史上第一个单独在一个国家建立的群众性的无产阶级政党，它的建立是19世纪60年代德国工人运动最重要的成果，充分体现了马克思为德国工人运动作出的伟大贡献。

1867年至1870年，李卜克内西当选为北德意志联邦议会的议员，并在德意志帝国成立后连续多次当选德意志帝国国会议员。在此期间，他积极利用议会讲台，宣传社会主义主张并揭露和严厉抨击统治阶级的罪恶。他对议会斗争这一手段的使用，得到了马克思和恩格斯的肯定。1870年普法战争爆发前夕，李卜克内西和倍倍尔坚决反对对法发动战争，并在北德意志联邦议会中表决军事拨款时弃权，维护了德国社会民主工党的无产阶级和国际主义立场，受到了第一国际总委员会的称赞。在1871年，巴黎公社遭到国际反动派诽谤和镇压时，李卜克内西勇敢地站出来支持巴黎公社，把世界历史上第一次无产阶级革命的真相展示给世人，并积极声援巴黎公社的活动，赢得了马克思和恩格斯的高度赞扬。

尽管李卜克内西是德国工人运动的领袖、忠诚的无产阶级革命者，但是也难免会犯错误。1875年2月14—15日，德国社会民主工党（爱森纳赫派）和全德工人联合会（拉萨尔派）在哥达召开合并预备会议②，拟定了合并纲领草案。由于李卜克

① 《马克思恩格斯全集》第29卷，人民出版社2020年版，第331页。
② 在之后的1875年5月哥达代表大会上，两党正式实现了合并，合并后的党名为德国社会主义工人党，后又改称德国社会民主党。

内西和爱森纳赫派部分领导人急于完成合并事宜，在关键问题上作出重大让步。关于合并前期的谈判，李卜克内西既没有告诉马克思和恩格斯，也没有通知还在狱中的倍倍尔。倍倍尔和白拉克这两位理论上成熟的党的领袖对这项纲领草案表示拒绝。恩格斯在给倍倍尔的回信中指出，"纲领草案证明，我们的人在理论方面比拉萨尔派的领袖高明一百倍，而在政治机警性方面却差一百倍"①，李卜克内西和其他爱森纳赫派领导人不懂得利用拉萨尔派的弱点，去剔除拉萨尔主义教条对纲领的影响。

倍倍尔
恩格斯给我的信

1875 年 3 月

同时，李卜克内西低估了理论在工人运动中的作用和意义，在纲领草案中混入了拉萨尔派庸俗社会主义观点。对此，马克思进行了严厉的批评。为了切实捍卫科学社会主义的根本原则，马克思于 1875 年 4 月底至 5 月初

① 《马克思恩格斯选集》第 3 卷，人民出版社 2012 年版，第 345 页。

抱病写下《德国工人党纲领批注》，对纲领草案逐条进行了批
驳，并把它和信一起寄给了威廉·白拉克，请白拉克将他对纲
领草案的批注转交给爱森纳赫派领导人传阅。马克思的《德国
工人党纲领批注》连同他给白拉克的信，后来被通称为《哥达
纲领批判》。马克思在信中谈到哥达纲领是"极其糟糕的、会
使党精神堕落的纲领"，是对拉萨尔派这样"本身需要援助的
人无条件投降"，马克思更是直接表示他与恩格斯"同上述原
则性纲领毫不相干"。①

白拉克
马克思给我的信以及《德国工人党纲领批注》的开头部分

1875 年

① 《马克思恩格斯选集》第 3 卷，人民出版社 2012 年版，第 354—355 页。

李卜克内西在收到马克思的《德国工人党纲领批注》之后，为改进纲领采取了一些措施。他在《人民国家报》上发表了一篇社论。但总的来说，李卜克内西的社论，同纲领一样，都是折衷主义的东西。《哥达纲领批判》不仅及时将李卜克内西从同拉萨尔派妥协的错误泥淖中解救出来，而且系统阐述了科学社会主义的新原理，丰富和发展了科学社会主义理论，是科学社会主义最重要的文献之一。

在马克思和恩格斯的批评和帮助下，李卜克内西在斗争的关键时刻悬崖勒马，坚持了正确的立场。恩格斯曾评价李卜克内西"在决定性的时刻，他一定会采取正确的立场"[①]。由于伦敦的两位老人及时且有力的批评，使得李卜克内西在之后几年的工作和革命实践中尽力改正纲领在理论上的错误。李卜克内西作为党的新中央机关报《前进报》的主编，顶住了拉萨尔派分子顽固强烈的攻击，坚持刊登了恩格斯的《反杜林论》，进一步使科学社会主义理论得到广泛传播。

1878年10月，《反社会党人非常法》出台，德国社会民主党人被大肆迫害。由于事先缺少足够的准备，党的一些领导人陷入了政治动摇和惊慌失措之中，不顾李卜克内西、倍倍尔和白拉克等人的反对自行解散了党组织。但李卜克内西经受住了这场考验。他在帝国国会的讲台上，揭发了俾斯麦当局的野蛮行径，与倍倍尔等人一起开展地下党组织活动，秘密建立了地下中央机关报《社会民主党人报》并出任主编。恩格斯对此

① 《马克思恩格斯全集》第36卷，人民出版社1975年版，第380页。

报盛赞道："这无疑是党曾经有过的最好的报纸。"①

1881年，俾斯麦当局宣布对莱比锡施行"小戒严"，李卜克内西与倍倍尔一同被逐出莱比锡，随后只身前往莱比锡附近的包尔斯多夫村居住了8年，继续在德国境内从事党的宣传鼓动工作。1890年"铁血宰相"俾斯麦下台，《反社会党人非常法》也随之而去，德国社会民主党重新获得合法地位，这场胜利可以说是对李卜克内西英雄本色最好的嘉奖。1899年，鉴于巴伐利亚社会民主党的危险活动，李卜克内西发表《不要任何妥协，不要任何选举协议》一文，其中"不要任何妥协"的原则立场体现了无产阶级政党革命的彻底性。

1900年7月，这位74岁的革命老人仍活跃在革命一线，在德累斯顿发表最后一次重要演说，对德国军国主义和帝国主义提出强烈抗议。然而谁也未料到，一个月后的8月7日，因突发心脏病，李卜克内西在柏林与世长辞，走下了人生的"革命讲台"。他对马克思主义的坚强捍卫和对德国工人运动的领导与支持，持续到了他生命的最后一刻。

总览一生，李卜克内西始终追随着马克思的脚步。他是马克思的战友、学生，更是马克思一家不可或缺的一员。他为马克思主义的传播与传承立下了汗马功劳，为国际工人运动与无产阶级革命作出了优秀表率。马克思同李卜克内西真挚的感情，也向世人展现了马克思鲜为人知的一面。透过李卜克内西

---

① 《马克思恩格斯全集》第29卷，人民出版社2020年版，第88页。

与马克思的交往，我们能够站在全新视角，品味那些改变世界的大事件带给我们的启示，以及以马克思为首的革命伟人们是如何一步步推动历史的车轮，从过去驶向现在。

倍倍尔：马克思主义政党的好领袖

　　他本是一名能干的旋工，却毅然选择了跟随马克思和恩格斯的步伐，并终其一生，坚决守卫着马克思主义阵地。他是奥古斯特·倍倍尔，列宁口中赞誉的"欧洲最有才干的国会议员、最有天才的组织家和策略家"①，德国社会民主党的创始人和领导人之一，马克思和恩格斯的高徒与得力助手。他的一生，是德国社会民主运动和国际社会民主运动历史的活化石，是对马克思和恩格斯始终指导着德国工人阶级进行运动的最好见证。

倍倍尔

---

① 《列宁全集》第 23 卷，人民出版社 2017 年版，第 383 页。

一、越过拉萨尔走向马克思

1840 年 2 月 22 日，德国科隆—多伊茨的暗堡内，一名下士的男婴在昏暗的房间内，伴随着归营号发出了自己第一声啼哭，倍倍尔出生了。但父亲乃至继父均早早离世，使得倍倍尔从小比他人更加成熟。颠沛流离、穷困潦倒的童年生活，并未使倍倍尔屈服于偏见和不公正的对待，他总能为了公正站出来，这也为其日后"不惜任何代价来主张公道的性格"① 埋下了伏笔。

在倍倍尔的母亲，这位伟大的女性"以英雄气概正视她的死亡"后，13 岁的倍倍尔寄宿到了姨母家，并开始了自己 3 年的旋工学徒生涯。倍倍尔敬爱师傅和师母一家，称赞其二人为"很端正而且受人尊重的人"，可偏偏在学艺期满的那天，师傅死于肺痨。倍倍尔为了回报恩情，代替已故的师傅努力维持工作，并在师傅一家经营的杂货商店无奈倒闭后，于 1858 年 1 月开始了自己的漫游。

1860 年 5 月 7 日，辗转多地的倍倍尔定居在政治活动十分活跃的莱比锡，这是"梦"开始的地方。

19 世纪 60 年代，可谓最黑暗的反动年代。此时的工人们被剥夺了所有参与政治活动和政治生活的机会，社会主义和共

---

① ［德］倍倍尔：《我的一生》第 1 卷，薄芝宇译，生活·读书·新知三联书店 1965 年版，第 16 页。

产主义对于莱比锡的工人们来说，完全是陌生的概念。尽管有个别工人知晓《共产党宣言》，了解马克思和恩格斯所从事的革命活动，但是包括当时的倍倍尔在内的绝大部分工人都对此一无所知。反而工人们成群结队地涌入自由派创立的协会，似乎他们才是人民之友。

1861 年 2 月，倍倍尔在一个职工教育协会中开始了政治活动，并为之后从事政治生活打下了基础。此时，马克思主义主要敌人之一的拉萨尔，作为当时具有较大影响力的工人阶级领袖，其追随者遍布大小协会。在拉萨尔主义的助力下，全德工人联合会（拉萨尔派）的成立点燃了工人阶级内部激烈斗争的导火索。拉萨尔主张工人阶级进行政治斗争和建立独立政党，但是，他错误地认为在普鲁士君主国家只要争取普选权和依靠国家资助工人生产合作社，便可以实现社会主义。他在组织上宣扬个人崇拜和宗派主义，给工人运动带来了长远危害。此时的倍倍尔虽然对拉萨尔主义展开了斗争，但受资产阶级自由主义思想的影响，他还仅仅是一位资产阶级民主主义者。

1865 年 8 月，经人介绍，倍倍尔结识了比他年长 14 岁的李卜克内西。在一阵寒暄过后，两人一见如故，在政治思想上十分契合。倍倍尔与这位"年已四十，却具有二十岁人的热情和活力"的李卜克内西成为忘年交。自此之后的 35 年间，李卜克内西和倍倍尔两人的名字便紧密地联系在了一起，与李卜克内西的交往更是加速了倍倍尔转变为社会主义者的进程。倍倍尔不仅对李卜克内西精彩的演讲和谈话称赞不已，更是被李卜克内西能够针对拉萨尔和马克思之间的争论作出较长理论分析的能力所折服。倍倍尔认为自己"在这个人身上真是可以学到东西的!"①。在李卜克内西的带动下，倍倍尔开始完整地阅读马克思所著的《国际工人协会成立宣言》，并对其进行了深入研究，受到马克思关于阶级和阶级斗争思想的影响。在马克思和恩格斯的指导下，倍倍尔在德国南部工人中广泛地宣传国际主义和革命思想，并系统性地批判拉萨尔主义。在此过程中，倍倍尔基本上完成了从小资产阶级民主主义者向社会主义者的转变，此后几十年的政治活动和政治斗争促使倍倍尔向成熟的社会主义者转变。

二、马克思和恩格斯的"网友"

1869 年 8 月，在爱森纳赫举行的全德社会主义工人代表大会上，经过倍倍尔和李卜克内西的共同努力，德国社会民主工党就此诞生。这无疑是世界无产阶级政党发展史上的一座里程碑。倍倍尔亲自起草了社会民主工党纲领，把"工人阶级的解放斗争并不是为了取得阶级特权和优先权，而是为了平等权利和平等义务，为了消灭阶级统治而斗争"② 的阶级斗争思想明确地写在了党纲中。纲领还坚持无产阶级国际主义原则，声

---

① [德] 倍倍尔：《我的一生》第 1 卷，薄芝宇译，生活·读书·新知三联书店 1965 年版，第 104 页。
② [德] 倍倍尔：《我的一生》第 2 卷，薄芝宇译，生活·读书·新知三联书店 1965 年版，第 79 页。

明自己是第一国际的德国支部。

　　同年，倍倍尔也开始同马克思和恩格斯有了直接通信联系，成为了马克思和恩格斯的"网友"。马克思和恩格斯经常通过信件给倍倍尔上有关革命斗争问题的"网课"，倍倍尔也经常向马克思和恩格斯请教革命斗争中的各种问题，报告德国政治、经济和军事形势。在这些信件的"聊天记录"中，记录着马克思和恩格斯有关德国工人政党内部的理论、思想和策略等同倍倍尔激烈的争论，例如反对拉萨尔主义的斗争、反对苏黎世三人团的斗争等等，还记录着在爱森纳赫派和拉萨尔派合并的事件上，马克思和恩格斯通过大量的信件往来及时制止了"叛逆的"倍倍尔与李卜克内西进一步犯错，马克思和恩格斯这两位"网友"更是恨不得通过"视频电话"来阻止倍倍尔和李卜克内西的行径。此外，在反对俾斯麦反动政府，特别是反对《反社会党人非常法》的艰苦斗争中，倍倍尔时常请教马克思和恩格斯这两位"网友"的看法与建议。在与马克思、恩格斯信件交流的过程中，倍倍尔逐步成长为一位合格的社会主义者。

　　倍倍尔还是马克思和恩格斯"书粉"中"催更"最频繁的一位，在拉萨尔、杜林和伯恩施坦等人混淆扭曲马克思主义科学理论时，倍倍尔往往第一时间"催更"两位"网友"，希望他们尽快在理论上进行强有力的反击与批判。

　　自德国社会民主工党成立，倍倍尔同拉萨尔派之间的斗争就从未停歇。但是1875年5月，在德国国内工人运动的形势所趋下，德国社会民主工党与奉行拉萨尔主义的全德工人联合会争取合并统一以团结工人阶级，形成了一个统一的政党——德国社会主义工人党。此时还在牢狱中的倍倍尔几乎在整个两党派谈判期间未能发挥自己的作用。直到倍倍尔在狱中收到李卜克内西寄来的纲领草案后，才立即对妥协纲领表达了自己的反对态度。他在一封长达数页的信里批判了纲领，并起草了一份对立的纲领。同时，倍倍尔及时同威廉·白拉克交换了要坚决拒绝向拉萨尔主义妥协的意见，并在致马克思和恩格斯的信件中表达了自己的态度。出狱后的倍倍尔立刻同李卜克内西进行会面，但李卜克内西隐瞒了马克思抱病写的《德国工人党纲领批注》，导致倍倍尔并不知晓马克思和恩格斯对此强烈反对的态度。随即他决定不再公开反对纲领草案，但是仍要保留批判草案妥协态度的权力。此时倍倍尔认为，为了实现两党合并统一，"必须把对于纲领的一切疑虑置而不谈"，因此，倍倍尔没再坚决纠正李卜克内西在党纲问题上的过分妥协，更没有听从马克思和恩格斯必须在科学社会主义基础上进行合并的正确劝告。

倍倍尔强调斗争策略却忽视了坚持原则的重要性，向拉萨尔派作出了妥协和让步。虽然最终两党合并的结局并未更改，但是在马克思和恩格斯及时的批评指导下，避免了短期内的严重后果，但这篇充满着庸俗民主主义思想和拉萨尔机会主义观点的纲领却为党之后在理论上出现修正主义错误埋下种子。

15年后，当恩格斯经过努力，公开发表马克思的《哥达纲领批判》的时候，倍倍尔仍反对发表，担心这样做会给敌人攻击马克思留下把柄，恩格斯通过一封长信，对倍倍尔进行耐心劝导，并严肃批评了党的一些主要领导人对待《哥达纲领批判》的错误态度。

倍倍尔

恩格斯在《新时代》杂志发表了
为《哥达纲领批判》写的序言

1891 年

　　事实也证明了马克思和恩格斯的深谋远虑以及《哥达纲领批判》在科学社会主义史上的重要性。

　　倍倍尔同马克思、恩格斯的"网友"关系一直持续到 1880 年 12 月才有了变化，他们在伦敦线下聚会了。恩格斯尽地主之谊，带着倍倍尔一行人游遍伦敦的名胜古迹。倍倍尔对马克思一家各自奇怪的绰号，也着实感到惊奇和有趣。在离开的前一天，马克思还因倍倍尔影响了病重的燕妮休息，申斥倍倍尔似乎想"要了他夫人的命"。

三、"党"的组织者，把马克思的思想火种传递下去

　　1869 年至 1871 年，这一时期是国际工人组织广泛开展政治斗争的鼎盛时期。在"普法战争"和"巴黎公社"这样的重

大事件面前，倍倍尔和李卜克内西作为马克思主义政党领袖，力克万难，勇敢地站出来，积极声援国际工人运动，维护了党的无产阶级和国际主义立场，因此受到了马克思、恩格斯以及第一国际的高度赞扬。

1878 年 10 月，俾斯麦当局借由一场行刺对德国社会民主党大发诘难，趁机出台了《反社会党人非常法》，对德国社会民主党人大肆迫害。德国社会民主党遭受重大打击，但倍倍尔和李卜克内西等党的领袖没有妥协和退让，在国会的讲台上极力争取党的合法利益，揭露俾斯麦当局无耻的政治迫害。但是面对俾斯麦政府的诡计与暴力，党内一部分软弱的领导人选择了投降，不顾倍倍尔与李卜克内西等的反对，私自解散了党组织。在对局势进行判断后，倍倍尔等领导人决定开展地下党组织活动，并在马克思和恩格斯的支持指导下秘密成立了地下中央机关报《社会民主党人报》，暂且稳定了混乱中的党的革命斗争工作。

1881 年，俾斯麦当局宣布对莱比锡施行"小戒严"，倍倍尔与李卜克内西一起被逐出莱比锡，倍倍尔被迫移居德累斯顿。但倍倍尔和李卜克内西作为党的领导成员继续坚持在德国境内从事党的秘密斗争和宣传鼓动工作。1890 年"铁血宰相"俾斯麦下台，德国社会民主党重新获得合法地位，倍倍尔用实际行动保卫和巩固了党，捍卫了无产阶级利益和国际主义立场，成为公认的德国工人运动的领袖。

1882 年，由于长期的流浪生活和革命工作带来的健康损害，倍倍尔患上了胃黏膜炎，必须卧床调理。然而这个生病的消息传到国外，竟然奇怪地变成了倍倍尔逝世的讣告。马克思听闻之后，立即写信给恩格斯，信中写道："这是可怕的，是我们党的一个极为重大的不幸！他是德国（可以说是'欧洲'）工人阶级中罕见的人物。"①尽管马克思和恩格斯认为这是不靠谱的谣言，但是由于一时间无法联系上倍倍尔，还是心绪极度紊乱、万分痛苦，直到正式辟谣信息到来之前，两人都因倍倍尔的缘故"受了一场很大的虚惊"②。

19世纪末，伯恩施坦修正主义出现后，修正主义者开展诸多阴谋活动，伺机在国会、机关报等各个领域对德国社会民主党展开攻击和渗透。他们经常以"两副面孔"示人，混淆其真正意图及危害性。倍倍尔并未被修正主义者的诡计所迷惑，始终站在批判伯恩施坦修正主义、捍卫马克思主义理论阵地的第一线。在德国社会民主党的几次代表大会上，他都通过报告或提出决议草案的形式履行着真正的马克思主义政党领袖的责任。列宁曾高度评价倍倍尔在汉诺威代表大会上的报告和在德累斯顿代表大会上的发言，称赞这是"捍卫马克思主义观点和为工人政党的真正社会主义性质而斗争的典范"③。

1913年8月13日，倍倍尔在饱受一连串的不幸家事打击和重病缠身后，最终因心脏病逝世于瑞士库尔附近的帕苏格。德国的所有城市都举行了追悼会来缅怀这位伟大的无产阶级革命家。

---

① 《马克思恩格斯全集》第35卷，人民出版社1971年版，第92页。
② 《马克思恩格斯全集》第35卷，人民出版社1971年版，第363页。
③ 《列宁全集》第23卷，人民出版社2017年版，第388页。

　　如果说马克思是无产阶级进行革命的指挥官，那么倍倍尔则是德国"战场"上最英勇的战士之一。陈旧斑驳的书信，见证着倍倍尔对马克思的忠诚、信赖与敬爱。岁月的风沙侵蚀着故人留在世间的痕迹，但却无法动摇马克思与倍倍尔之间的情谊。在马克思逝世后，倍倍尔以身作则，用实际行动向当时的马克思主义者和青年才俊们讲述着马克思的信仰、马克思主义的理论以及身为国际主义战士的无畏，把马克思留下的光辉思想交付给新的革命者。

白拉克：
人生选择题？我的答案都是马克思主义

19世纪的德国工人运动中，无数的战士——知名的与不知名的——站在马克思与恩格斯的一边，为争取工人阶级的解放而斗争。在那段波澜壮阔的工人运动史诗里，除了李卜克内西与倍倍尔外，还有与马克思、恩格斯并肩战斗的威廉·白拉克。他是德国社会民主工党早期的杰出领袖，更是马克思主义的忠实追随者。在短暂但充满战斗精神的38年人生中，每逢重大事件，白拉克就向马克思和恩格斯求教，把他们的指示作为行动指南。马克思和恩格斯也常常就德国社会民主工党内部的工作与白拉克交流，将他看作六七十年代德国工人运动中最值得信赖的工作伙伴之一。

白拉克

一、《资本论》打开了通往马克思主义的大门

1842 年 5 月 29 日，白拉克出生于德国不伦瑞克的一个商人家庭，在优渥的资产阶级环境中度过了童年。同马克思一样，家庭条件使白拉克接受了良好的学校教育，少年时期，他就显现出对社会的高度责任感和对崇高理想的追求，就像他在写给父亲的信中所说："我愿学习物理和化学，以便参与人类的进步。我不求万贯家财。"① 这种责任感伴随了白拉克的一生。

19 世纪 60 年代初，资产阶级和无产阶级之间的矛盾日渐尖锐，这导致了工人运动热潮的兴起。全德工人联合会就是在这样的背景下诞生的，它于 1863 年成立于莱比锡，领导人是裴迪南·拉萨尔。

拉萨尔关于"第四等级"、工人及其敌人的阐述，在深感社会不公的白拉克看来有助于解释社会的种种矛盾。受其影响，白拉克加入了新成立的全德工人联合会不伦瑞克分会，并被推举为分会主席，走上了工人运动道路，但是很快，思想进步的白拉克就意识到了拉萨尔主义中的种种矛盾。

19 世纪 60 年代下半叶，白拉克在为扩大全德工人联合会的影响而不倦工作时，发现拉萨尔主义面临着很多实践问题：

---

① 转引自 [德] 尤塔·赛德尔：《威廉·白拉克传》，李成毅、赵其昌译，人民出版社 1983 年版，第 5 页。

拉萨尔主义真的对工人运动中的所有问题都作出了正确回答吗？全德工人联合会真的能使工人意识到自己的创造力吗？有阶级觉悟的工人不需要团结一致，共同捍卫自己的利益吗？面对这些问题，拉萨尔主义已经无法站得住脚，这迫使白拉克对现实重新加以思考。就在这时，一本书吸引了他。这本书是白拉克接触马克思主义的第一步，它以严密的逻辑和丰富的知识使白拉克毕生爱不释手，并对他今后的人生发展产生了决定性影响。

这本书就是卡尔·马克思的《资本论》。

白拉克
《资本论》第一卷德文版的封面

1867 年

1867 年，德国出版了马克思的著作《资本论》第一卷。这本书阐述了劳动价值理论和剩余价值理论，揭露了资本主义剥削的秘密，揭示了资本主义社会的经济运动规律和资本主义产生、发展和灭亡的规律，为工人运动指明了斗争的方向和道路，给白拉克留下了深刻的印象。在这本书中，他找到了许多曾使他百思不得其解的问题的答案。

在对《资本论》进行了初步研究后，白拉克很快在《德意志同胞报》上发表了两篇论《雇佣劳动和资本》的文章，迈出了宣传马克思主义的第一步。随后，在 1868 年的汉堡全德工人联合会全体大会第二次公开会议上，白拉克围绕"剩余价值"这一概念，向大会全体作了关于"卡尔·马克思著作"的重要报告，这一报告向听众解释了《资本论》第一卷中的许多重要问题，体现了白拉克对马克思思想研究的逐步深入。大会最后通过了白拉克提出的决议，决议指出："卡尔·马克思因其著作《资本的生产过程》为工人阶级立下了不朽的功绩。"[1]

白拉克在研究《资本论》的过程中，对马克思的敬仰与马克思主义的信服逐渐加深。1869 年，德国社会民主工党成立，白拉克得以有机会同马克思——这位他一直敬仰的《资本论》的伟大作者结识。

1869 年 9 月 30 日，马克思在信中告诉恩格斯："星期天将有另一个代表团从不伦瑞克来这里：白拉克、邦霍尔斯特和施皮尔。这对我是不那么愉快的。"[2] 马克思之所以"不那么愉快"，是因为他推测白拉克等人此时加入德国社会民主工党，不过是想在新建的党内传播拉萨尔主义罢了。但很快，马克思就在谈话中确定了不伦瑞克的领导人是认真学习过马克思主义

---

[1]　转引自 ［德］尤塔·赛德尔：《威廉·白拉克传》，李成毅、赵其昌译，人民出版社 1983 年版，第 27 页。

[2]　《马克思恩格斯全集》第 32 卷，人民出版社 1974 年版，第 356 页。

思想、认真对待无产阶级解放事业的。

相比于马克思的谨慎，白拉克作为《资本论》的粉丝，对结识马克思怀有极大的热忱。对于这次访问，白拉克写了一封热情洋溢的信给李卜克内西和倍倍尔。倍倍尔在回忆录《我的一生》中写道："白拉克因会晤了马克思而非常欢喜；他写信给我说，他是'一个可爱的人'，他们二人非常融洽。"①

这次会晤给白拉克留下了极其深刻的印象。在他此后的岁月里，对马克思主义的忠诚、对这位科学社会主义创始人的崇高敬意，都通过白拉克对马克思和恩格斯著作的学习与研究、在爱森纳赫派的工作中坚定贯彻马克思主义所体现出来。

二、全德工人联合会还是德国社会民主工党？

1869 年，时任全德工人联合会主席的施韦泽在组织中坚持拉萨尔主义的教条，并在政治上同俾斯麦勾结，用尽一切手段企图维持自己的独裁统治，这一切都导致了施韦泽和全德工人联合会内部先进分子的分裂。协会内部出现了代表先进分子的反对派，白拉克就是其中的领袖。

与此同时，李卜克内西和倍倍尔领导下的德国无产阶级运动取得极大成功。此时的白拉克已经受到马克思主义的极大影

①　[德] 倍倍尔:《我的一生》第 2 卷，薄芝宇译，生活·读书·新知三联书店 1965 年版，第 90 页。

响，因而充满热情与好奇地注视着二人的活动，并越来越对全德工人联合会政策的正确性产生怀疑。在《共产党宣言》"全世界无产者，联合起来！"的响亮口号下，白拉克深切意识到，德国无产阶级需要建立一个消除分歧的统一的革命工人政党。

在这种情况下，李卜克内西、倍倍尔和白拉克在 1869 年 3 月 28 日至 30 日的全德工人联合会巴门－爱北斐特（现译为"埃尔伯费尔德"）全体大会上相遇了。在这次大会上，白拉克领导的反对派压制了施韦泽的独裁势力，恢复了全德工人联合会的民主。然而好景不长，仅仅三个月后，施韦泽就通过发动"政变"，要求取消全体大会所通过的表决结果并进行重新表决，重建主席独裁——这引起了全德工人联合会内部极大的愤慨。

现在，白拉克必须作出抉择。

施韦泽发动政变后的第四天，即 1869 年 6 月 22 日，李卜克内西、倍倍尔、白拉克等人在马格德堡会晤。究竟是退出全德工人联合会，还是继续对全德工人联合会进行内部改革，他们在此问题上久久不能达成一致。但好在结果是好的，白拉克选择退出全德工人联合会，参与建立一个新的、马克思主义的德国工人阶级政党。对此，倍倍尔在他的自传《我的一生》中这样叙述道："杰出的白拉克伏在旅馆客厅里的弹子台上抄写一篇宣言，然后为了这个宣言征集召开一次代表大会的签名，这时已经半夜。我们把宣言又彻底详细地讨论一遍，到将近三点钟才就寝。"①

---

① ［德］倍倍尔：《我的一生》第 2 卷，薄芝宇译，生活·读书·新知三联书店 1965 年版，第 65 页。

在马格德堡会晤的几人一致决定建立拥护无产阶级国际主义的工人政党，一起着手组建新党的巨大工作。这一政党就是德国社会民主工党，因其诞生地点，也通常被称为"爱森纳赫派"。它的诞生代表着自共产主义者同盟以来，一个革命的工人阶级政党再度在德国出现了。该党坚持马克思和恩格斯的科学社会主义理论和主张，为争取工人阶级摆脱剥削而斗争。

爱森纳赫派揭开了白拉克人生中的崭新一页，此后他常与马克思、恩格斯通信接受党内事务的工作指示，成为马克思和恩格斯在德国社会民主工党内可以信任依靠的工作伙伴。白拉克在理财上颇具天赋，恩格斯曾写信夸奖他所出具的"详细确切的现金出纳报告使我非常高兴"①。不过工人运动的财政来源艰难，对此，马克思在 1870 年 3 月 24 日给白拉克的信中还风趣幽默地安慰他："从波克罕那里以及从邦霍尔斯特的最近一封信中我了解到，'爱森纳赫派'的经济情况不好。作为慰藉，我可以告诉您，总委员会的财政状况已经坏到不能再坏了，赤字不断地增长。"②除了党内的财政情况通讯，马克思还及时告知白拉克国际工人协会总委员会的消息，指导白拉克关于党内报告起草的事宜："我提醒您这件事，同时请您在起草这个报告时注意：这不是为发表用的，因此叙述事实要原原本本，不加粉饰。"③

马克思与恩格斯的这些关怀与指导，深深地体现了他们对

---

① 《马克思恩格斯全集》第 32 卷，人民出版社 1974 年版，第 666 页。
② 《马克思恩格斯全集》第 32 卷，人民出版社 1974 年版，第 648 页。
③ 《马克思恩格斯全集》第 32 卷，人民出版社 1974 年版，第 648 页。

白拉克在工作上的信任以及对他工作能力的认可。在爱森纳赫派内部，白拉克是他们不可或缺的、最可靠的工作伙伴之一。

三、战争迷局：民族的还是国际的？

1870 年，拿破仑三世的法国政府向普鲁士宣战，普法战争爆发。

在内部统治已经出现问题的情况下，拿破仑三世当然不能容忍普鲁士实力的继续强大与德国的最终统一，因此，他的这一宣战必然意味着对德国统一的破坏。然而，捍卫同无产阶级利益一致的德国的民族利益，还是维护德国与法国的无产阶级的共同利益，成为德国工人运动面前的难题。

面对这一战争，德国社会民主工党应该采取什么样的态度？是保持中立，还是支持或反对？这一问题导致了白拉克与李卜克内西、倍倍尔之间的激烈争论。

李卜克内西出于长年政治斗争中形成的对普鲁士的仇恨，把取消普鲁士领导的北德联邦看成是保证德国独立的条件，因此他断言普鲁士的失败将对德国工人有利——然而这一观点没有看到波拿巴帝国执行的政策是德国实现统一的主要障碍。以白拉克为首的不伦瑞克委员会则认为，波拿巴发动的战争具有王朝性质，应当从国家统一的立场出发，把反对波拿巴的战争看作是一场民族保卫战。同时应当响应巴黎工人的呼吁，不与法国人民为敌。这一观点基本坚持了国际精神，与后来马克思给予的回信指示不谋而合。

　　为了尽快澄清这场争论，白拉克所代表的不伦瑞克委员会决定立刻向马克思求助，请求马克思说明德国无产阶级对普法战争应采取的立场。应委员会请求，马克思和恩格斯立刻写信，作出了专门指示。根据《总委员会关于普法战争的第一篇宣言》，他们建议：目前阶段，路易·波拿巴这一野心勃勃的计划带有明显的侵略性、掠夺性和进攻性，这就决定了目前的战争状态下普军处于守势，普鲁士进行防御性战争是完全必要的。马克思告诫德国工人阶级，只有在纯粹防御性质的范围内，这场战争才是被容许的。

　　这一重要指示来到不伦瑞克委员会的手中，平息了党内近乎分裂的争论。与此同时，战争的形式也发生了根本变化：色当战役敲响了法兰西帝国的丧钟，1870年9月4日，法兰西第三共和国在巴黎宣告成立。然而，普鲁士以及德国的资本家们却想将战争继续下去——战争已经变成了统治阶级政府的掠夺。

　　这一根本变化正中马克思与恩格斯的预测与警告，它要求工人政党作出具有历史重要性的决定：反对兼并狂，反对继续战争，同法兰西共和国缔结公正的合约。

　　1870年9月5日，不伦瑞克委员会发表了白拉克撰写的《社会民主工党委员会宣言》。在这一宣言中，白拉克整段整段吸收引用了马克思给不伦瑞克回信中的内容。宣言指出，它所引用的信是由"伦敦一位最老的最有威望的同志写的"。宣言向所有人清楚地表明：德国社会民主工党明确自己对国际工人运动和德国民族所肩负的重任，这场战争不再有利于德国的统一，革命的工人政党为了不背叛民族以及自己的阶级利益，就必须反对这场战争。

在这场迷局之中，马克思与恩格斯为帮助年轻的德国无产阶级政党巩固和发展作出了不懈努力，白拉克也不负两位革命导师的期望，始终坚持以马克思主义的原则行事，为马克思和恩格斯在德国传递其正确立场作出了极大贡献，证明了德国工人运动的成熟和发展。

四、向拉萨尔主义开炮！

德国社会民主工党由于在普法战争中采取了正确的政治立场而扩大了在德国工人阶级中的影响。在这种情况下，在各个领域扩大科学社会主义的影响，以便更卓有成效地反对俾斯麦帝国成为了一种迫切要求。这种迫切要求衍生出的首要任务，是实现与德国工人运动另一大组织——全德工人联合会的合并。然而，此时的全德工人联合会仍然像白拉克离开时那样，几乎全部处于拉萨尔主义的影响之下。

已经是德国社会民主工党重要领袖的白拉克敏锐地意识到：想要实现两党合并，前提在于整个社会民主工党都必须取得理论上的一致性，即克服拉萨尔主义的教条，完整贯彻科学社会主义。这首先要求在德国社会民主工党内部创造条件，批判拉萨尔主义并向其宣战。

因此，1873 年 8 月，德国社会民主工党召开爱森纳赫代表大会前夕，白拉克发表了《拉萨尔的建议。向德国社会民主工党第四次代表大会进一言》。这本小册子深受马克思主义经典著作尤其是《资本论》的影响，对于从马克思主义观点出发清算拉萨尔的国家生产合作社理论作出了重要贡献。在小册子中，白拉克剖析了爱森纳赫派纲领第三条第十款"要求对合作社事业提供国家支援，对在民主保障下的自由的生产合作社给以国家信贷"①，建议即将召开的代表大会从纲领中删去这条具有拉萨尔主义色彩的口号，代之以"（1）必须建立广泛的工会组织以维护现今生产方式下的工人利益；（2）消灭现在称之为资本的一切私人占有，从而取消雇佣劳动；（3）无产阶级国际之间的密切协作"②。而他的这些理论斗争，也被马克思和恩格斯密切注视与高度期待着，认为对于党纲的进一步发展是极为可取的。

1874 年秋，拉萨尔派请求与爱森纳赫派商谈，意图合并。1875 年 3 月，两党合并进度发展迅速，在各自的机关报上公布了一个新的党纲草案。这一草案就是《哥达纲领》。然而，这一纲领是爱森纳赫派为加速实现两党合并的让步产物，字句之间满是拉萨尔主义的思想。

此时爱森纳赫派的领袖们，倍倍尔正在监狱服刑，白拉克因为身体每况愈下而时常缺席重大党务活动，掌握合并进程的

---

① 《马克思恩格斯文集》第 10 卷，人民出版社 2009 年版，第 779 页。

② 《国际共运史研究资料》第 7 辑，人民出版社 1982 年版，第 165—166 页。

李卜克内西急于完成合并，并没有及时通报合并情况，甚至就连马克思和恩格斯都"吃惊不小"，"所知道的也只是报纸上所登载的那些，而直到大约八天前收到纲领草案时为止"①，才看到这一浓厚宗派主义的错误纲领。

在得知这一草案通过后，白拉克立刻写信给马克思和恩格斯，陈述自己的反对意见，表示："这一纲领是我所不能接受的，倍倍尔的意见也是这样。"②

恩格斯在 1875 年 3 月 18—28 日给倍倍尔的信中回应了白拉克的一些意见，在批判"国家帮助"时，他也提到白拉克，指出白拉克"非常出色地揭露出这个要求毫无用处"③。马克思则给予了更为全面的回答，他在 1875 年 5 月 5 日写信给白拉克，将《德国工人党纲领批注》随信一起寄出，并指示白拉克阅后的工作："对合并纲领的下列批评意见，请您阅后转交盖布和奥艾尔、倍倍尔和李卜克内西过目。"④

这就是著名的《哥达纲领批判》，已经成为马克思主义的经典著作之一。这部著作的意义至今丝毫不减，尤其是结合对拉萨尔主义的批判，巩固了马克思主义理论在革命工人运动中的指导地位，推动了马克思主义国家理论，特别是关于无产阶级专政学说的继续发展——这一切都极大地丰富了马克思主义的思想宝库。

---

① 《马克思恩格斯全集》第 34 卷，人民出版社 1972 年版，第 119 页。
② 《马克思恩格斯和白拉克通信集》，人民出版社 1978 年版，第 10 页。
③ 《马克思恩格斯全集》第 34 卷，人民出版社 1972 年版，第 122 页。
④ 《马克思恩格斯全集》第 19 卷，人民出版社 1963 年版，第 13 页。

　　1875 年 5 月，德国社会民主工党与全德工人联合会在哥达举行合并大会，两党合并实现，成立德国社会主义工人党。从此，德国工人运动终于有了一个统一的全国性政党。

　　1880 年，白拉克因严重呕血去世，年仅 38 岁。在生前给马克思的最后几封信中，白拉克仍在表示自己对马克思与恩格斯毫无保留的支持："向你们两人致以最衷心的祝愿。从目前所出现的这些情况来看，如果没有《宣言》和《资本论》运动又将会怎样呢?! 但这两本书已深入到群众之中，世界上再没有任何力量能够把阶级斗争排除掉。"①

　　爱森纳赫派建党、色当战役、与拉萨尔主义的斗争……时代的风云变幻在整个 19 世纪的国际共产主义运动中卷起了漫天云雾。在这些纷乱迷局给出的难题之中，白拉克始终紧紧追随着马克思与恩格斯的脚步，为爱森纳赫派坚守住马克思主义立场，并在马克思与恩格斯的指导与培养下，成长为他们在德国社会民主党内最可靠的工作伙伴之一。

① 《马克思恩格斯和白拉克通信集》，人民出版社 1978 年版，第 154 页。

库格曼：
马克思学说的狂热崇拜者

"兴趣是最好的老师"，这句话用在路德维希·库格曼身上可谓是恰如其分。作为一名外科医生的他却对革命事业有着一颗热忱的心，不仅如痴如醉地阅读马克思的经典著作，成为马克思学说的狂热崇拜者，还积极参加一些革命运动，在机缘巧合之下通过书信结识了马克思，书信往来之间，他们建立起深厚的革命友谊。在马克思著书立说、探寻革命的道路上，库格曼成为马克思学说积极的宣传者和革命事业的拥护者，并终身都自视为马克思的忠实信徒。

库格曼

一、偶像的力量：书迷医生的革命之路

1830年2月19日，库格曼出生在一个被称为"和平城市"的奥斯纳布吕克附近的小镇。正如库格曼的出生地一样，他似乎与生俱来就带有一种维护和平的神圣使命。少年时代是兴趣爱好形成的重要阶段，一向热爱医学的他在父亲极力反对下进入了文科中学，这为他后来在书籍的海洋里遨游提供了宽阔的空间。

在学生时代，库格曼就表现出对革命倾向性书籍的痴迷。他大量阅读马克思、恩格斯及其革命战友的著作、革命小册子、传单等资料，还加入了由马克思的拥护者约·米凯尔组织的学生团体"诺尔曼尼亚"，也正是在米凯尔的帮助下，他如愿得到了自己"偶像"马克思在伦敦的住址，并与其展开书信联系，持续了多年。

库格曼进入波恩大学后，结识了同样热心于革命事业的阿伯拉罕·雅科比，并且和雅科比于1850年6月成立了波恩体

波恩大学的一座教学楼

操联合会。这个联合会是欧洲革命失败后在德国政治生活中起很大作用的政治组织，聚集了很多有革命倾向的工人和学生，并且与共产主义者同盟有一定的联系。库格曼在体操联合会中不仅从事理论工作，而且还组织有关现实政治问题的讨论。他的行为让当局政府心如芒刺、如鲠在喉。1851年5月，库格曼在去杜塞尔多夫途中被捕。虽然他极力为自己辩解但是仍无济于事。第二天，库格曼被当作囚徒剃了光头，但是到了晚上却发生了戏剧性的一幕，他被告知长官去波恩大学和他女房东那里调查，认为他表现得不够革命可以被无罪释放，条件是不准跟自己的"偶像"马克思通信。这一挫折并没有击垮他，反而使他对于无产阶级革命事业更加向往。

大学毕业后，库格曼辗转来到柏林，不久就移居汉诺威，在那里他找到了生命中的另一半，并且一直从事医务工作。虽然在此后十年没有记载库格曼相关政治活动的资料，但是他对在科隆饱受苦难的共产党人却投以最大的关注。即使在德国反动统治的压迫下库格曼仍没有放弃最初的革命信念，这信念就像一团生生不息的光明之火照亮其前行的革命道路，他一如既往地追随着马克思并接受其思想的洗礼。他阅读大量社会主义书籍特别是马克思的著作，成为其狂热的崇拜者。1867年4月24日马克思写信给恩格斯说，库格曼"所收集的我们的著作，比我们两人的加在一起还要完备得多。在这里我又看到了《神圣家族》，他送了我一本，还将寄给你一本"①。

---

① 《马克思恩格斯全集》第31卷，人民出版社1972年版，第293页。

从这里我们可以看出库格曼对革命怀揣着一颗热忱之心，以及马克思等人的思想学说为其革命之路的形成积淀了深厚的沃土。

二、粉丝的来信：偶像成为挚友

库格曼通过阅读卷帙浩繁的社会主义书籍，特别是马克思的著作，更加坚定了他的革命信念，于是他决定同马克思恢复通信联系，但是因担心通信会被普鲁士警察截获而受到政治迫害，因此所有库格曼和马克思头几年的通信一直是通过第三人转交的。在马克思和库格曼的通信中，他们谈论最多的话题便是经济理论的问题。

1862 年底，库格曼在给马克思的信中，询问马克思的著作《政治经济学批判》后续几册何时出版，他催促马克思继续出版这一著作。马克思在回信中说道："我很高兴地从您的信中得知，您和您的朋友对于我的《政治经济学批判》都抱有十分浓厚的兴趣。……它是第一分册的续篇，将以《资本论》为标题单独出版，而《政治经济学批判》只作为副标题。"①同时，在回信中马克思也谈及自己未来经济著作结构、他迟迟未曾完成的原因以及他的出版计划，还说他不仅要出版德文版《资本论》，后续还会在巴黎出版法文版《资本论》。库

---

① 《马克思恩格斯文集》第 10 卷，人民出版社 2009 年版，第 196 页。

格曼对马克思的这些工作表现出极大的热忱，在之后的通信中他多次强调《资本论》的出版具有极其重要的科学意义和政治意义，建议马克思把这一历史使命进行到底，马克思也经常把《资本论》写作进展与库格曼分享。作为马克思著作的忠实迷恋者，库格曼为马克思的写作提供了精神上的有力支持。

1866 年 10 月 13 日，马克思在给库格曼的信中谈到，由于生病和日常生活琐事的干扰，只能调整《资本论》写作的结构和计划，先出版第一卷而不是跟当初所设想的一样两卷一起出版。《资本论》第一卷完成后，马克思亲自把手稿送到德国汉诺威，并且住到了自己的"粉丝"库格曼家中审阅《资本论》第一卷校样，这期间库格曼热情洋溢地接待了自己的"偶像"。马克思在给恩格斯的信中说："库格曼是我们的学说和我们两人的狂热的崇拜者。""库格曼医生和他的夫人对我的招待亲切极了。他们哪怕只是从我的眼神中看出我有什么愿望，也都一一办到。他们真是太好了。"①

回到家后，马克思亲自给库格曼写信表示感谢："我把在汉诺威的逗留看做是人生的荒漠中的一个最美好和最令人愉快的绿洲。"②马克思在汉诺威逗留期间，库格曼曾极力劝说他写一篇关于《资本论》第一版的附录，希望能够为广大读者就价值形式作一些通俗的补充解释。更重要的是，库格曼把自己的

---

① 《马克思恩格斯全集》第 31 卷，人民出版社 1972 年版，第 293、301 页。
② 《马克思恩格斯全集》第 31 卷，人民出版社 1972 年版，第 551 页。

全部精力都用于《资本论》在德国的宣传和传播上，并且为了破除德国资产阶级经济学界的阻挠，库格曼与其夫人亲自誊抄恩格斯的书评并积极寻求刊登发表。

此外，库格曼还出钱订购《资本论》的书评并向自己的好友分发宣传，马克思高度赞扬了库格曼的努力和帮助。1868年10月12日，马克思在给库格曼的信中说："撇开您对我个人的帮助不算，您为我的书所做的事比整个德国加在一起都要多。"①

库格曼除了在《资本论》宣传方面给予马克思帮助外，还通过书信向马克思报告德国政治事件，并且会就一些事件提出许多见解，马克思在信中也会一一作答，革命的友谊也随着信件的增多而越发积淀深化。

三、那些年那些事：一起并肩走过的路

在马克思的积极引导下，库格曼重新参加工人运动并成为国际工人协会会员，这一经历在库格曼一生当中都占有特殊地位。进入国际工人协会后，马克思经常把一些协会内部事务告诉库格曼，并且在马克思的影响下库格曼积极参加各种代表大会，以无产阶级代表的面貌巧妙机智地同马克思的敌人斡旋，坚决地捍卫马克思主义。此外，库格

---

① 《马克思恩格斯全集》第32卷，人民出版社1974年版，第554页。

曼还在生活上对马克思及其家人给予帮助，不仅以医生的身份给予马克思及其家人健康方面的有益建议，还在经济上支持马克思一家。1869 年 9 月，马克思带领大女儿燕妮到库格曼家中做客，从此以后他们的关系更密切了，彼此写信都称呼"你"了。

作为马克思忠诚的追随者和关系亲密的挚友，马克思十分信任库格曼，与他无话不谈，并且积极将他吸纳到政治革命活动之中去做宣传。库格曼第一个从马克思那里获悉巴枯宁在第一国际搞分裂活动。1870 年 3 月 28 日，马克思还把一份《机密通知》寄给库格曼并且要求阅后把它交给白拉克及其同事们。到后来，每当国际工人协会一发表重要文件，马克思就会立刻寄给库格曼，当然马克思也希望他能够在德国社会民主党内进行宣传或是组织发表。

从 19 世纪 60 年代末开始，马克思和库格曼之间的通信大多是谈论法国的政治形势。1869 年 3 月 3 日，马克思写信给库格曼说："在法国，一个非常有趣的运动正在进行着。巴黎人为了准备去从事即将到来的新的革命斗争，又在细心研究他们不久前的革命历史经验了……这样一来，整个历史的魔女之锅就沸腾起来了。什么时候我们那里也会这样呢！"①1869 年 11 月 29 日，马克思又谈到这个革命斗争问题，指出："在法国，事情进行得还好。一方面，各种流派的过时的蛊惑家和民主空谈家都在丢丑，另一方面，波拿巴被迫走上让步的道路，

---

① 《马克思恩格斯全集》第 32 卷，人民出版社 1974 年版，第 584—585 页。

在这条路上他必然要招致灭亡。"①库格曼在复信中同样表现出对法兰西第二帝国制度的痛恨。

　　在与马克思的通信中，库格曼对普法战争表现出浓厚的兴趣，并对许多重大事件都有正确的评价，在许多时候也能准确地预见事件的进程。特别是针对库格曼1870年7月18日这封对普法战争预判的信件，马克思和恩格斯给予了高度评价。在同年7月20日马克思给恩格斯写信说道："附上库格曼的信，它很能向你说明现时战争的政治秘密。"②1870年8月7日，库格曼认为，即使在波拿巴垮台后，法国人民也不会让沙文主义侵蚀，更不会给行将就木的帝国注入新的力量。库格曼虽然公正地指出了德国统一的意义，但是在预言波拿巴法国被击垮后战争的新阶段时，他却作了错误评述。因为他在不了解战争性质已发生改变的情况下，错误地认为战争在当时的德国是受欢迎的，把战争看作是符合民族利益的民族战争，由此可见库格曼对当时国际工人运动要争取国际主义团结的任务还不了解。马克思在1870年8月17日给恩格斯的信中尖锐地批评了库格曼的这一观点，他认为"库格曼把防御性的战争和防御性的军事行动混为一谈"③，并且指出他没有用辩证法去分析看待这一问题。尽管库格曼在信中有一些错误谈论，但是在战争时却给马克思提供了德国现实状况，有助于马克思和恩格斯制定无产阶级对待战争的策略。

① 《马克思恩格斯全集》第32卷，人民出版社1974年版，第626页。
② 《马克思恩格斯全集》第33卷，人民出版社1973年版，第5页。
③ 《马克思恩格斯全集》第33卷，人民出版社1973年版，第46页。

　　马克思由于工作比较繁忙，经常来不及给库格曼回信。在 1870 年 9 月 5 日和 14 日，马克思分别把《德国社会民主党不伦瑞克委员会宣言》和《国际协会总委员会关于普法战争的第二篇宣言》寄给库格曼，在这些正确思想的影响下，库格曼总体上纠正了自己的错误立场。

库格曼
《法兰西内战》英文第三版的扉页

THE
CIVIL WAR IN FRANCE.

ADDRESS
OF
THE GENERAL COUNCIL
OF THE
INTERNATIONAL WORKING-MEN'S
ASSOCIATION.

THIRD EDITION, REVISED.

Printed and Published for the Council by
EDWARD TRUELOVE, 256, HIGH HOLBORN.
1871.
Price Twopence.

　　巴黎公社失败后，马克思把撰写的《法兰西内战》寄给库格曼，里面对阶级斗争、国家、无产阶级革命和无产阶级专政的基本原理进行了阐述。受《法兰西内战》的影响，库格曼在给马克思的回信中肯定其 1871 年 4 月 17 日信中论断的正确性："具有决定性的不利的'偶然情况'决不应到法国社会的一般条件中去寻找，而是要到侵入法国的普鲁士人那里和他们之逼临巴黎城下的地位上去寻找。这点，巴黎人是很了解到的。"[①] 从 1872 年春季起，马克思投身到国际海牙代表大会的筹备中，

---

① 《马克思致库格曼书信集》，人民出版社 1957 年版，第 120 页。

他要亲自参会并写信邀请库格曼参与其中。库格曼参加了大会各项问题的表决，并且在无产阶级的政治行动等大问题上，都是站到马克思一边参加表决的。这次大会使得马克思和恩格斯及其战友们多年来反对小资产阶级宗派主义的斗争达到高潮，库格曼的参与又一次表明其作为国际会员的重要作用。这次大会后，马克思由于身体健康状况不佳，长时间没有给库格曼写信，但是两人的联系并没有中断。

19世纪60年代初到70年代中期，马克思通宵达旦、废寝忘食地从事着《资本论》的创作以及国际工人协会的组织工作，由于"大脑CPU"运转过热，再加上一度老化的"机体"本身受损，过度的高速运转使得马克思原先的慢性疾病时常发作。尽管遭受着病魔的摧残，但是马克思仍然以坚定的革命信念和顽强的斗争精神克服重重困难，同时挑起理论研究和革命实践两副重担。但是，对于马克思把大部分精力放到革命实践当中，是不为库格曼所理解的，他只希望马克思能够脱离实践、专心投入到理论创作当中。

尽管马克思和库格曼通信频繁、交情日深，库格曼日渐熟悉马克思所做的一切工作，但是依然令他疑惑不解也不认同的是，马克思为从事大量革命活动而延迟经济学的研究和创作，以及废寝忘食完成工作损害健康的行为。

1874年5月，长期繁重的工作使马克思身心交瘁、积劳成疾，严重的肝病让他无法正常工作，医生建议他到卡尔斯巴德休养，因之前库格曼在此处休养过，所以马克思只好请库格曼给自己和小女儿爱琳娜安排住处。在此期间，马克思和小女儿一直与库格曼一家居住，他们一起度过了许多丰富多彩、愉快兴奋的日子。据库格曼女儿回忆，相处的"日子就在严肃的交谈和玩笑声中很快地过去"[①]。马克思也不止一次地把这段相处的时光称为"他生命的沙漠中的一片绿洲"。虽然最后库格曼"因不能放弃自己的信念"与马克思决裂不再和好，但是库格曼夫妇"非常珍惜和马克思的友谊，他们经常以极亲切的心情怀念这种友谊，这可以用席勒的话来形容：时间在飞逝，奔驰向永恒。只要你忠实，他与你同在"[②]。

马克思
我的小女儿艾琳娜

① 中共中央马克思恩格斯列宁斯大林著作编译局编：《回忆马克思》，人民出版社 2005 年版，第 345 页。
② 中共中央马克思恩格斯列宁斯大林著作编译局编：《回忆马克思》，人民出版社 2005 年版，第 360 页。

俗话说："人生得遇良师，春风化雨。"马克思就像一盏明灯指引着库格曼加入无产阶级革命队伍，进行无产阶级社会主义革命，以期实现共产主义远大理想。尽管库格曼后期未能全部参透马克思的革命精髓，以致最后分道扬镳，但是库格曼作为马克思亲密的革命战友，对马克思思想的形成、传播、发展发挥了十分重要的作用。

魏德迈：
马克思主义在美国的代言人

19 世纪 40 年代，当马克思开始为共产主义事业奋斗的时候，并没有太多人认可他的思想与行为，称得上志同道合的朋友更是少之又少。但是有这么一个人，他自始至终追随着马克思，终身同马克思保持着深厚的友谊。为了扩大马克思主义的影响力，他在马克思和恩格斯的关怀下，只身前往美利坚，过五关斩六将，凭借自身强大的组织能力和辩论才华，在新兴的资本主义国家积极宣传马克思主义，为马克思主义与美国工人运动的结合打下了坚实的基础。这个人就是与马克思患难与共的战友与朋友——约瑟夫·魏德迈。

魏德迈

一、弃武从文——成为马克思的同行

　　1818 年 2 月 2 日，魏德迈出生在威斯特伐利亚省闵斯德的一个普鲁士官吏家中，是个名副其实的"官二代"。19 世纪 30 年代，年轻的魏德迈也像与他同一年出生的马克思一样，深受巴黎七月革命、波兰争取自由的斗争、德国各省的骚动等影响，成为了"为争取人民享有选举权和争取德意志祖国统一的斗争所鼓舞的一代"①。

　　魏德迈在柏林陆军大学毕业后，进入军队，成为一名陆军军官。个人能力和家族背景的加持，使魏德迈在军队中的晋升之路畅通无阻，时间不长，便成为了一名炮兵中尉。但是升官发财并不能在这位年轻的炮兵中尉心中激起一丝波澜，因为他的心中蕴藏着为人类求解放的崇高理想。

　　1842 年 3 月，马克思开始为《莱茵报》撰稿，10 月移居科隆，担任该报主编。《莱茵报》上的内容对驻扎在莱茵省和威斯特伐利亚省的青年进步军官产生了很大影响，魏德迈就是其中的一员。那个时候，魏德迈如饥似渴地阅读着报上的内容，享受着思想碰撞带来的快乐。为了激起更多的思想火花，魏德迈和其他一些进步军官组成了《莱茵报》小组，针对社会时弊进行交流讨论。

---

① 　[德] 卡尔·欧伯曼：《约瑟夫·魏德迈传》，天津师范学院外语系《约瑟夫·魏德迈传》翻译小组译，人民出版社 1980 年版，第 15 页。

马克思
我发表在《莱茵报》上的《关于林木盗窃法的辩论》和《摩泽尔记者的辩护》

1844 年初，在得知马克思主编的又一刊物《德法年鉴》出版后，年轻的炮兵中尉和他的朋友们想方设法得到该刊物，贪婪地阅读着，骄傲地宣称自己是第一批研究《德法年鉴》的科隆人。魏德迈在与同伴进行思想交流的过程中所展现出的聪明才智，使得恩格斯毫不吝惜赞美之词，称他为"非常敏锐的小伙子"。也正是在这个过程中，一颗社会主义的种子在魏德迈心中悄然发芽。

1844 年 6 月，德国西里西亚纺织工人起义，爆发出了工人阶级无坚不摧的磅礴力量，深深震撼了魏德迈。他心中的社会主义理想犹如雨后春笋般破土而出。此时，魏德迈迫不及待地想离开军队，摆脱那令人厌恶的封建制度和官僚气息，专注于从社会主义理论中探索出争取自由的道路。于是，1845 年魏德迈毅然决然地放弃了军官职位，脱下了普鲁士军装，担任《特里尔日报》的全职编辑，从事着与马克思相同的职业，将自己的全部力量都贡献给了共产主义事业。

尽管《特里尔日报》受到了"真正的社会主义"思潮影响，但是魏德迈却在那里坚持为宣传马克思主义服务。他十分关注马克思和恩格斯的著作，几乎对马克思和恩格斯发表的每篇著作都要写文章进行评论和介绍，从而扩大马克思著作的影响。

二、正本清源——走上马克思主义信仰之路

追寻自由、寻求真理的道路并非一帆风顺，魏德迈经历过一段曲折。最终，他在马克思的帮助与指引下，成为一名坚定的马克思主义者。

1844 年，魏德迈所在的军队驻扎在威斯特伐利亚省的明登。在那里，魏德迈与"真正的社会主义者"格律恩、赫斯等人的来往日益密切，被"真正的社会主义"理论所蛊惑，认为依靠超阶级的"人类之爱"就能够推动社会进步。与此同时，马克思和恩格斯认识到要想把社会主义运动引导到正确的道路上，为愿意从事社会主义运动的人指点迷津，必须完成几本理论巨著。于是 1845 年春，德国书市上出现了马克思和恩格斯两本影响力较大的著作——《神圣家族》和《英国工人阶级状况》。

这两本著作对魏德迈的思想转变产生了显著影响。魏德迈通过阅读这两本著作，意识到"真正的社会主义"并不像它的名字听起来那样真实。哲学的空谈和抽象的理论原则并不能真

实地推动历史发展。只有通过深入研究社会现实，潜心钻研政治经济学和共产主义理论，依靠人民群众的力量，才能消除社会弊病，创造一个崭新的世界。随着对马克思的思想愈发深刻的认识，魏德迈开始和"真正的社会主义者"划清界限。

魏德迈
《神圣家族》第 1 版扉页和《英国工人阶级状况》第 1 版

　　1846 年 1 月，当马克思正在布鲁塞尔与恩格斯合写《德意志意识形态》时，魏德迈来到了他的身边。马克思在《德意志意识形态》中对"真正的社会主义者"进行了无情的批判与揭露，使魏德迈对"真正的社会主义"的反动本质有了更加清晰的认识。魏德迈为了使这本著作尽快发表，成为整个社会的财产，积极联系威斯特伐利亚的出版商，不辞辛苦，四处奔波。然而，出版商鲁尤·迈耶尔和雷姆佩尔正是《德意志意识形态》所反对的"真正的社会主义者"。他们以缺乏资金为由搪塞魏德迈，导致《德意志意识形态》出版失败。马克思在

1852 年 8 月 19 日致恩格斯的信中将这件事情称为"我们布鲁塞尔—威斯特伐里亚冒险事件"①。在这样不利的情况下，魏德迈顶住压力，将该书的部分内容在《威斯特伐利亚汽船》杂志上公开发表。正是在这个波折重重的出版过程中，马克思与魏德迈建立了终生不渝的深厚友谊。

同时，为了推动社会主义运动的发展，马克思和恩格斯在布鲁塞尔建立了共产主义通讯委员会，魏德迈积极参与组建工作，是该组织的"元老"之一。魏德迈承担起了共产主义通讯委员会的通讯联系工作，经常向马克思汇报社会上发生的重大事件，是马克思身边不可或缺的得力帮手。

可是，此时的魏德迈还未能在思想上完全摆脱"真正的社会主义"的羁绊。

1846 年 1 月，"真正的社会主义者"克利盖在纽约创办《人民论坛报》，发表了多篇宣传"爱的社会主义"的文章，并把当时美国平分土地运动的纲领说成是实现社会主义的基础。由于克利盖与布鲁塞尔共产主义通讯委员会存在着联系，美国方面将克利盖视作德国共产主义的代表。不仅如此，克利盖在德国的社会主义者中也有着许多信徒。为了和克利盖所谓的共产主义划清界限，布鲁塞尔共产主义通讯委员会于 1846 年 5 月讨论通过了马克思和恩格斯起草的《反克利盖的通告》。

马克思和恩格斯在《通告》中揭露了"真正的社会主义者"克利盖的阶级实质，指出他在美国用荒诞的梦呓宣传社会主义

---

① 《马克思恩格斯全集》第 28 卷，人民出版社 1973 年版，第 110 页。

思想，大大损害了共产主义政党在欧洲和美洲的声誉。在《通告》通过后，对"真正的社会主义者"抱有同情的出版者奥托·吕宁违反原作者的意志，用自己的措辞擅自修改了《通告》，将《通告》转载在《威斯特伐利亚汽船》杂志上，并承认他的做法是对自己杂志的自我批评。马克思和恩格斯敏锐地意识到吕宁并未改变自己"真正的社会主义者"的立场，指出吕宁等人"企图抹杀和掩饰一切真正的党派斗争"①。最初，魏德迈在这场与"真正的社会主义者"的斗争中不够坚定，想为吕宁辩解，采取了调和、折中的立场。不过很快，魏德迈就认识到了马克思主义的正确性，于是毫不犹豫地站在了马克思主义的一边。通过这次理论交锋刀光剑影的洗礼，魏德迈在马克思的帮助下，思想上正本清源，彻底摆脱了"真正的社会主义"，坚定了马克思主义立场，成为马克思一生中重要的战友与助手。

三、身负重托——将马克思主义的种子撒向美国大地

1848 年欧洲革命失败后，很多共产主义者同盟成员及一些革命者流亡美国，继续为国际共产主义运动呼号奔走，魏德迈是其中的重要一员。

在得知魏德迈将前往美国时，马克思的脸上充满了愁容。

① 《马克思恩格斯全集》第 47 卷，人民出版社 2004 年版，第 467 页。

一方面是担心这位志同道合的朋友在美国的安全问题，另一方面是害怕共产主义运动失去这样一位难得的人才。1851年9月11日，马克思致魏德迈的信充分体现了这两方面的担忧。他在信中写道："我还是要尽一切力量设法使你能在这里安身，因为你一旦到了那里，谁又能担保你不会消失在美国西部地区！我们的力量太小，我们必须非常珍惜我们现有的人才。"①可是，马克思最终还是没能够将魏德迈留在自己身边。在得知魏德迈启程的消息后，马克思于1851年10月16日写信告诉他："我不仅亲自给《纽约论坛报》的一个编辑安·查理·德纳写了信，而且还寄去了弗莱里格拉特为你写的推荐信。因此，你只要到他那里，提到我们就行了。"②可见，马克思为了魏德迈能够在美国有一块立足之地也是费尽了心思。

尽管对魏德迈的远去十分不舍，但是马克思和恩格斯对魏德迈前往美国传播科学社会主义思想寄予了莫大的希望。1851年8月1日，恩格斯在致马克思的信中写道："我们在纽约正缺少一个像他这样可靠的人，而且纽约也终究不是在天涯海角；对魏德迈，可以相信一旦有必要他马上就能回来。"③马克思在1851年10月16日致魏德迈的信中希望他到达美国后能够发行《共产党宣言》的小册子。当魏德迈仍在前往美国的轮船上颠簸时，马克思于1851年10月31日又寄出了一封信。马克思在信中指出："在同鲁普斯一起经过深思熟虑以

① 《马克思恩格斯全集》第48卷，人民出版社2007年版，第385页。
② 《马克思恩格斯全集》第48卷，人民出版社2007年版，第417页。
③ 《马克思恩格斯全集》第48卷，人民出版社2007年版，第329—330页。

后，我认为我们可以共同做一件事情。"①他建议魏德迈到达美国后"把《新莱茵报》上的文章编成一种袖珍小丛书出版"②，以及翻印驳斥海因岑的文章和代为推销《新莱茵报·政治经济评论》。

在马克思和恩格斯的支持与关怀下，魏德迈拖家带口于1851年11月7日在纽约港登岸。初次踏入美国大地的魏德迈并没有和电影中初到美国的人们一样，发出"America！"的欢呼。因为他发现美国金碧辉煌的表面背后同样隐藏着资本家对工人的残酷剥削。

魏德迈没有辜负马克思和恩格斯的期望，在1852年1月与共产主义者同盟盟员阿道夫·克鲁斯创办了《革命》周刊，先后刊登了诸如《共产党宣言》第二章"无产者和共产党人"、《路易·波拿巴的雾月十八日》等马克思主义重要文献，向美国民众介绍阶级斗争与社会历史发展的关系，并号召他们勇敢地联合起来，用阶级斗争的方式为废除一切阶级差别和消除社会不公而奋斗。

魏德迈在美国传播马克思主义，自然离不开马克思的鼎力相助。马克思在《路易·波拿巴的雾月十八日》的1869年第二版序言中写道："我的早逝的朋友约瑟夫·魏德迈③曾打算从1852年1月1日起在纽约出版一个政治周刊。他曾请求我给这个刊物写政变的历史。因此，我直到2月中旬为止每周

① 《马克思恩格斯全集》第48卷，人民出版社2007年版，第428页。
② 《马克思恩格斯全集》第48卷，人民出版社2007年版，第428页。
③ 魏德迈于1866年因霍乱去世，享年48岁。

都在为他撰写题为《路易·波拿巴的雾月十八日》的论文。"①
应魏德迈的请求，马克思从 1851 年 12 月下旬开始写作《路
易·波拿巴的雾月十八日》，但是从 1852 年 1 月以来，马克思
就遭受疾病和经济的双重困扰。梅林在《马克思传》中对此
进行了生动的描写："尤其严重地是他不断地被'臭钱'所扰
乱，就是说缺少它，使他没有片刻安宁。"②即使是受到疾病及
经济问题的困扰，为了支持魏德迈在美国宣传马克思主义的工
作，马克思还是竭尽所能将自己的最新著作寄给魏德迈，供他
发表。从马克思和魏德迈的通信中也可以看出，马克思在写
作《路易·波拿巴的雾月十八日》时承受了常人难以想象的痛
苦。1852 年 1 月 16 日，马克思在给魏德迈的信中写道："今天
是我两星期以来第一次下地。你可以看出，我的病是很重的，
还没有痊愈。因此这星期我不能如愿把我论波拿巴的文章的第
三篇寄给你。"③同月 23 日，马克思再次在给魏德迈的信中写
道："很遗憾，我的病还不允许我在这个星期给你，也就是给
你的报纸写东西……多少年来，任何一件事，甚至最近的法国
丑事，都没有像这该死的痔疮那样使我躺倒。但是现在我感到
就会好起来，一个月内不得不离开图书馆，曾使我非常苦恼。
关于雾月十八日，现在你还会收到两篇文章；其中第一篇无论
如何将在星期五寄出，第二篇如果不能同时寄出，也将紧随第

---

① 《马克思恩格斯选集》第 1 卷，人民出版社 2012 年版，第 663 页。
② ［德］梅林：《马克思传》，罗稷南译，生活·读书·新知三联书店
  1956 年版，第 240 页。
③ 《马克思恩格斯全集》第 49 卷，人民出版社 2016 年版，第 10 页。

一篇之后寄上。"①马克思的病情刚有所好转，紧接着又遭遇了家庭经济危机，再次阻碍了写作的进程。马克思在 1852 年 2 月 20 日致魏德迈的信中写道："我这个星期不能寄任何东西给你，原因很简单，一个星期或更久以来，我陷入了经济困境，甚至无法继续在图书馆从事研究，更不用说写文章了。"②虽然贫病交加，但是马克思凭借坚毅的性格坚持工作，最终还是于 1852 年 3 月 25 日将《路易·波拿巴的雾月十八日》的最后部分寄给了魏德迈。可以说，马克思是在伦敦第恩街的小房间里，在孩子们的吵闹声中，在家庭琐事的搅扰下，在克服身体不适的情况下，完成了这本书。

魏德迈
马克思的《路易·波拿巴的雾月十八日》手稿的一页

《革命》周刊的发行可谓一波三折。在 1852 年 1 月 6 日和 1 月 13 日分别出版了第一、第二期后，就因缺乏经费被迫停刊。但是魏德迈并没有因为这点挫折而气馁。魏德迈刚毅的品质与马克思是那么的

① 《马克思恩格斯全集》第 49 卷，人民出版社 2016 年版，第 16—17 页。
② 《马克思恩格斯全集》第 49 卷，人民出版社 2016 年版，第 50 页。

契合。梅林曾经这样评价他："魏德迈生于威斯特伐利亚，有些沉静甚至缓慢，但是具有他的同乡人的那种忠实和坚韧的德性。"①恩格斯在致马克思的信中写道："他似乎认为根本不通音信是他的义务。他的处境可能相当糟，终究要为自己的生活奔走。"②在马克思和恩格斯的鼓励下，魏德迈设法多方筹集资金，使《革命》周刊于 1852 年 5 月作为不定期刊物得以恢复。但是好景不长，《革命》周刊最终还是由于多方面的原因再次停刊了。

魏德迈会被击倒吗？答案当然是绝不会！不能低估魏德迈对马克思主义的忠诚和在美国宣传马克思主义的决心。

1852 年夏，魏德迈为了宣传马克思主义，利用《体操报》《纽约民主主义者报》和《总汇报》提供的机会发表定期报道。1853 年 4 月，魏德迈进入《改革报》编辑部，在对美国经济情况进行研究的基础上，在《改革报》上发表了《国民经济学概论》引言的第一篇和第二篇，深入浅出地为美国民众介绍和传播马克思主义政治经济学理论。不仅如此，魏德迈还千方百计把马克思寄给他的文章推荐到美国其他革命报刊上发表。魏德迈除了组织出版一些马克思主义的著作，还亲自撰写了宣传马克思主义、抨击小资产阶级民主派的文章。

马克思大加赞赏魏德迈进入《改革报》后的工作。在 1853 年 4 月 17 日，马克思在给克路斯的信中写道："我最喜欢

① ［德］梅林：《马克思传》，罗稷南译，生活·读书·新知三联书店1956 年版，第 131 页。
② 《马克思恩格斯全集》第 49 卷，人民出版社 2016 年版，第 161 页。

的是魏德迈给他的《经济学概论》写的引言。"① 马克思在 1853
年 4 月 26 日致魏德迈的信中再次毫不掩饰地表达了对他在《改
革报》上发表的文章的喜爱："你发表在《改革报》上的两篇
文章，我们大家都很喜欢。"② 不仅如此，马克思还不断为魏德
迈和克路斯鼓劲打气。1853 年 6 月 14 日左右，马克思在致克
路斯的信中谈道："对于《改革报》，我劝你们（指克路斯和魏
德迈——编者注），除了明智，还要特别克制"③，劝说克路斯
和魏德迈装成天真的样子，继续给《改革报》写东西，尽力影
响该报的方针。在马克思的帮助下，魏德迈顶住该报主持人柯
耳纳的压力，努力把《改革报》办成体现工人阶级利益和要求
的真正工人的报纸。

　　魏德迈在美国不仅是一个马克思主义的传播者，而且还
是一个卓越的组织者。在魏德迈与左尔格等人的共同努力
下，美国第一个真正意义上的马克思主义团体——无产者联
盟于 1852 年 6 月在纽约宣告成立。无产者联盟成立后，在魏
德迈等人的领导下，积极组织工人运动，帮助美国工人摆脱
小资产阶级的影响，突破地区限制，争取在全美建立一个以
《共产党宣言》为思想理论基础的统一的工人阶级政党。魏德
迈等人在科学社会主义思想的指导下，提出美国工人运动应
与世界工人运动相结合，加强彼此间的联系。在魏德迈的不
懈努力下，1853 年 3 月 21 日成立了全美统一工人组织——

---

① 《马克思恩格斯全集》第 49 卷，人民出版社 2016 年版，第 388 页。
② 《马克思恩格斯全集》第 49 卷，人民出版社 2016 年版，第 398 页。
③ 《马克思恩格斯全集》第 49 卷，人民出版社 2016 年版，第 426 页。

美国工人同盟，对美国社会主义运动的发展起到了积极推动作用。

魏德迈作为在美国传播马克思主义的先驱，在马克思指导下，通过自身不懈努力，将马克思主义的种子在美国广泛撒播开来，使其深深植根于美国工人阶级的心中。

四、守正不移——坚守马克思主义的理论阵地

"海内存知己，天涯若比邻。"即使身在异国他乡，魏德迈也始终心系马克思。

从 1851 年起，马克思在潜心研究经济学的同时，为《纽约每日论坛报》《人民报》《新奥得报》《新闻报》等写稿，发表了大量时评和政论文章。其中《揭露科隆共产党人案件》的发表，揭露了普鲁士当局在迫害共产党人时所采用的卑劣手法。因此，维利希出面反对，但是由于理屈词穷，根本无法给出合理的解释。于是，维利希就对马克思进行诽谤和人身攻击，在美国的《美学杂志和纽约刑法报》《新英格兰报》上发表诬蔑马克思的文章。魏德迈为了维护马克思的名声，在《美学杂志和纽约刑法报》上发表文章，撕下了"维利希—沙佩尔"集团在美国的假面具，还了马克思清白。

马克思也被魏德迈的行为深深感动，在 1860 年 3 月 3 日致拉萨尔的信中这样写道："当维利希于 1853 年在合众国对我进行类似的诬蔑的时候，魏德迈……在我获悉这件事以前，就

已出来公开宣布所有这一切都是无耻的诽谤。在德国，我当地的朋友没有一个人对这种闻所未闻的攻击表示过任何抗议，反而给我写来了家长式的训诫信。"① 这就是所谓的患难见真情，想必魏德迈这种为朋友两肋插刀的行为也会使马克思发出"人生得一知己足矣"的感慨吧。

那个年代，美国的资本主义正处于快速发展时期，魏德迈在构筑宣传马克思主义的阵地时，难免会受到各方的诬蔑和攻击。但是，魏德迈不会允许自己千辛万苦构筑起的马克思主义阵地被敌人侵占，他以"一夫当关，万夫莫开"的惊人气势，与美国的各种反社会主义思潮和团体进行了坚决斗争，捍卫了马克思主义，向世人宣告"人在阵地在"！

敌方阵营的三员大将——魏特林、金克尔、海因岑跃跃欲试，轮番上阵。来看看魏德迈是如何将他们一一"挑落马下"的。

面对魏特林所秉持的"纯粹出于本能的共产主义"，魏德迈指出其大肆宣扬的"劳动交换银行"根本不具备可行性，

魏特林

---

① 《马克思恩格斯全集》第 30 卷，人民出版社 1975 年版，第 490 页。

并通过撰写一系列文章说明了资本主义社会中经济与政治之间的矛盾关系，揭示了工人运动屡屡遭遇挫折的原因。同时又运用恩格斯的《英国工人阶级状况》中的各种例子，向美国人民指出工人阶级自身蕴藏着的磅礴伟力是一切革命运动的中流砥柱。魏特林抵挡不住魏德迈的猛烈攻击，最终败下阵来。

面对金克尔对马克思主义的攻击诬蔑，以及其发起的"国家公债"运动，魏德迈从1852年3月开始，在《体操报》上发表了一组题为《流亡者的革命鼓动》的文章，指出革命虽然必需，但不能脱离客观的历史条件，金克尔的举动与当时美国的社会发展现实相违背，只不过是他自己的一厢情愿罢了。为了给金克尔致命一击，魏德迈又将马克思的《路易·波拿巴的雾月十八日》和恩格斯的《德国的革命和反革命》译成德文，以方便德国移民更好地掌握马克思主义的观点，避免受到误导。果不其然，1852年底，金克尔的"国家公债"运动如过眼云烟，消失在历史舞台中。至此，金克尔完败于魏德迈。

面对海因岑在美国推行反共产主义、反无产阶级革命的思想和实践，魏德迈于1852年1月29日在《纽约民主主义者报》上发表《驳斥卡尔·海因岑的文章》，指出工人阶级代表着未来，共产党人必然要为工人阶级的利益而进行坚决彻底的斗争。这样一来，海因岑在魏德迈面前也输得体无完肤。马克思对魏德迈反驳海因岑的文章大加赞赏，在1852年3月5日致魏德迈的信中写道："你驳斥海因岑的文章写得很好，可惜恩格斯寄给我太晚了；文章写得既泼辣又细腻，这种结合称得上是名副其实的论战。"①

简而言之，魏德迈在美国三战反马克思主义阵营的光辉战绩向世人表明："只要有我魏德迈在，马克思主义的阵地一寸都不会丢！"

马克思与魏德迈有着较为频繁的通信。在通信中，有时他们谈工作计划，有时谈生活琐事，有时谈理论方针。其中最著名的一封是马克思于 1852 年 3 月 5 日致魏德迈的信。在这封信中马克思高度概括了阶级、阶级斗争和无产阶级专政的重要原理。马克思在信中写道："在我以前很久，资产阶级的历史学家就已叙述过阶级斗争的历史发展，资产阶级的经济学家也已对各个阶级作过经济上的分析。我的新贡献就是证明了下列几点：(1) 阶级的存在仅仅同生产发展的一定历史阶段相联系；(2) 阶级斗争必然要导致无产阶级专政；(3) 这个专政不过是达到消灭一切阶级和进入无阶级社会的过渡。"同时，马克思还对魏德迈说："你可以利用上述意见中你认为有用的东西。"②在马克思主义发展史上，这封著名的通信是一篇光辉的马克思主义文献，阐明了马克思主义学说同资产阶级思想家学说之间的主要和根本区别，并且讲明了他的国家学说的实质。认真阅读这封书信，对于完整准确把握和实践马克思主义，具有极其重要的理论意义和实践价值。

在与马克思的频繁通信中，魏德迈及时了解到马克思科研

① 《马克思恩格斯全集》第 49 卷，人民出版社 2016 年版，第 75 页。
② 《马克思恩格斯全集》第 28 卷，人民出版社 1973 年版，第 509 页。

工作的重要成果，掌握了强大的理论武器，使自己在美国从事时评和解释工作以及应对反马克思主义阵营的攻击时，能够始终从容不迫。

作为马克思最初一批最忠实的战友和朋友之一，魏德迈致力于宣传和传播马克思主义，将自己的毕生精力都贡献给了无产阶级解放事业。能拥有魏德迈这样甘愿为朋友两肋插刀、赴汤蹈火的战友和朋友，既是马克思一生的幸运，也是整个共产主义运动的幸运。

狄慈根："我们的哲学家"

  约瑟夫·狄慈根是马克思和恩格斯的亲密战友和学生。思想上，他同马克思、恩格斯二人道同契合；行动上，他和马克思、恩格斯二人同心并力，最终在他们的热情帮助下成长为一名优秀的马克思主义工人哲学家。狄慈根和他的哲学思想为马克思主义哲学的发展作出了重要贡献。那么我们便来看看这位就连马克思也称为"天才"的工人哲学家是如何独立地走上辩证唯物主义哲学之路，并以此为契机同马克思结下深厚友谊的吧。

狄慈根

一、少时有所似，殊途归同道

1828 年 12 月 8 日，狄慈根在普鲁士王国出生了。他出生的地方叫作布兰肯堡，靠近科隆。那里曾是某个骑士的堡垒，高耸于密林遍布的哈茨山脉，而莱茵河的一条支流——美丽的西格河从山脚下蜿蜒绕过，风景绝佳，充满诗意。狄慈根家世代生活在西格河谷一带，算得上最古老的家族之一，祖上甚至还出过几个市议员和市长。他父亲是个富裕的制革匠，在把自己的手工作坊搬到一个约有 400 来人的村镇之后，由于那里交通还算便利，生意较以前有所起色。

一方水土养一方人，也许是受到了如画般风物的熏染，小狄慈根天生对这个世界充满好奇，显得活力十足，再加上学习成绩相当优异，"人们都称说他是特殊颖异的儿童"①。不过一个未经世事、拥有太过旺盛精力的十来岁孩子，对周围人来说似乎并不是一件好事。喜欢恶作剧的小狄慈根常使得附近地区的牧师及长辈们感到困扰，为此他的父亲甚至把他送到一名以规矩严谨著称的牧师所管辖的学校读了 6 个月。而马克思的童年时代也是这样，从小天资聪颖、家境殷实，生活得无忧无虑，如果几十年后狄慈根和马克思闲聊起童年，他们大概也会惊讶于自己小时候竟能如此相似。

---

① ［德］狄慈根:《人脑活动的本质》，杨东莼译，生活·读书·新知三联书店 1958 年版，第 103 页。

　　狄慈根和马克思虽然有着相仿的童年经历，可那个时代却跟狄慈根开了个"玩笑"：幸福的童年时光并没有持续太久，他家里的手工作坊生意在工业产品的冲击之下变得惨淡，再加上狄慈根家里孩子有 5 人之多，原本还算充裕的生活顿时显得局促了起来。狄慈根作为家中长子更要早早地肩负起家庭责任的重担，读到中学二年级就被迫辍学回到父亲的作坊帮忙干活。这意味着年仅 16 岁的狄慈根在正式教育体系下的学习生涯就此遗憾结束，然而他对于学习的热情却并没有受到半分影响。每天和父亲一起做完繁重的工作后，他就全身心投入学习之中。他涉猎的范围很广，尤其对文学、政治经济学及哲学有着相当大的兴趣。在阅读圣西门、傅立叶以及一众法国经济学家的著作时，他第一次接触到了空想社会主义学说。在哲学上，他广泛阅读了亚里士多德、康德、费希特等人的深奥著作，还在马克思也很熟悉的老朋友——费尔巴哈那里打下了唯物主义的思想基础。这些都成为催生他日后投身无产阶级革命运动的思想种子，深刻影响着他的一生。

　　在狄慈根一边忙碌于劳作，一边深耕于书本之中汲取知识时，一场反封建的革命风暴在欧洲悄然萌生。此时的狄慈根在平静的乡村，虽然没能感受到社会生活正在发生的急剧变化，但也没有妥协于劳苦的现实生活，他孜孜地追求着精神的广阔世界。与狄慈根不同，此时的马克思已察觉到革命的风向，并直接参与到了现实的社会政治斗争之中，在他任主编的《莱茵报》上发表了数篇政论，其中就包含着《关于林木盗窃法的辩论》《摩泽尔记者的辩护》等著名文章，凭借不同于其他报纸所显现出的革命民主主义倾向引发了社会反响。直到1848年，马克思和恩格斯回到科隆创立了《新莱茵报》，以其充满战斗性、务实性和理论性的文章风格引起了狄慈根的特别关注，狄慈根敏锐地把握到了马克思在文章中传递的关于"自由"所具有的现实基础这类观点，并且对文中站在劳苦大众的立场产生了强烈的思想共鸣。过早就辍学谋生的狄慈根本就是德国下层劳动人民的一分子，他们的命运早已紧密相连。狄慈根对这个社会的黑暗与痛苦以及无产者的悲惨境遇有着深刻了解，他和马克思素昧平生却不谋而合地站在了劳动人民一边。

狄慈根不仅显露出同德国哲学一脉相承的理性思维，并且和马克思一样能够将自己的知识投入实践。当巴黎革命的风刚吹到柏林时，狄慈根便怀着一腔热血走上街头发表演说，痛斥封建专制的罪恶，呼吁农民群众一起加入革命斗争。尽管这个时候的狄慈根只是个无名小卒，但他的行动已说明一切：向着革命目标义无反顾地前进！

无奈革命的结局还是以失败告终，资产阶级的软弱与动摇无法支撑起一场彻底的革命。《新莱茵报》因此停办，马克思被迫辗转巴黎，而狄慈根为了免遭反动政府迫害，漂洋过海去了美国。这场革命的亲身经历和结果深深触动了狄慈根，在理论和现实的落差中，他意识到自己思想中存在很多模糊的地方，他开始反思什么是"权利"、什么是真正的"自由"——一扇新世界观的大门正在向他缓缓开启。

二、从黎明行至白昼：向着马克思主义前进

就像黎明前的夜是最黑暗的一样，狄慈根在尚未实现思想觉醒之前的这段时间同样处于人生的低谷——他既苦恼于抽象思维中的混乱，也穷困潦倒地挣扎在异国他乡。1849 年，狄慈根为躲避反动政府的迫害第一次侨居美国，在美国独自流浪是他生活的常态。但生活的拮据依然没有动摇他对真理的追求，即使身无分文，忍饥挨饿的他也始终坚持着学习和思考，甚至还学会了英语。在革命的洗礼和生活的磨炼中，狄慈根迅速地成长起来。他目睹了资本在美国的迅速发展与工人阶级所经历的剥削压迫，初步认识到资本主义制度的罪恶，也再次坚定了他革命的信念。

1851 年底他回到了德国，正好赶上著名的"科隆共产党人案"。普鲁士政府以"叛国""谋反"的诬陷之名将 11 位共产主义者同盟成员逮捕，意图以公开审判来打击当时的共产主义运动以及人民的革命热情。为了达到这一目的，审判过程得以见诸报端，其中就包括了《共产党宣言》的部分内容。谁又能想到，正苦于探求革命真理的狄慈根第一次读到这份科学社会主义的伟大文献竟是在反动派的报纸上。几十年后，他仍然对这戏剧性的一幕记忆犹新："更促进我的求知欲的是《共产党宣言》，这个宣言是在科伦共产党人案审判时我在报纸上看到的。"① 马克思和恩格

---

① 　[德] 狄慈根：《狄慈根哲学著作选集》，杨东莼译，生活·读书·新知三联书店 1978 年版，第 229 页。

斯共同创作的《共产党宣言》以其严密科学的逻辑体系和鞭辟入
里的理论分析使狄慈根深感震撼，他很快就接受了马克思和恩格
斯在其中阐述的科学社会主义基本原则，并如饥似渴地开始学习
二人的其他著作。

马克思
《政治经济学批判。第一分册》柏林版扉页

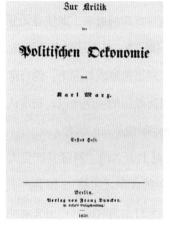

1859 年

1859 年，马克思又一本重要著作《政治经济学批判。第一分册》得以问世。书中是马克思对自己 15 年来经济学研究成果的精妙总结，并且在其中运用历史唯物主义阐明了生产力和生产关系、经济基础和上层建筑之间的关系，揭示了人类社会发展的最基本规律。狄慈根研究这篇著作时投入了很多精力，长期的哲学思维训练使他意识到书中经济学观点的背后是一种深刻的哲学。马克思和恩格斯的学说如清晨第一缕阳光穿透了他思想中的阴霾，受这种学说的指引，狄慈根此时已经做好了成为一名共产主义者的思想准备。

同年，狄慈根再次前往美国，他利用积蓄在南方开了一

间制革作坊。但不久后南北战争爆发，他的作坊被迫关张。他在战争期间发表了自己的首篇论文——《黑色的还是白色的?》，开始自觉运用马克思的历史唯物主义对奴隶制问题进行分析。狄慈根从是否符合社会发展的要求出发，最终得出了反对奴隶制的结论。而由于支持共产主义和奴隶独立，他的人身安全受到了威胁，为此狄慈根又一次返回了家乡。这次美国之行并非一无所获，他结识了一批同样因 1848 年欧洲革命失败而流亡美国的共产主义战士，其中就有左尔格、魏德迈、卡姆、康普等人。在和这些坚定的马克思主义者交往过程中，狄慈根感受到了他们的国际共产主义精神并深受触动。这也成为他从革命民主主义向共产主义根本转变的重要因素。

在德国，革命形势短短几年里变化很快，资本主义迅速发展，工人阶级也随之壮大。1857 年经济危机爆发后，欧洲的工人运动情绪高涨，在这一背景下，国际工人协会(第一国际)于 1864 年诞生了。但由于马克思主义还未被工人阶级普遍掌握，形形色色的机会主义派别充斥于工人运动和工人组织内部，马克思也意识到要想全世界无产阶级团结起来就必须更广泛地宣传马克思主义，并坚持同其他错误思想进行彻底斗争。当资产阶级妄图以各种唯心主义、改良主义对马克思主义进行歪曲和取代时，狄慈根把握住了历史的脉搏，在马克思的感召下主动承担起系统阐发无产阶级理论、批判唯心主义不可知论的历史使命。

1864 年，狄慈根受聘到俄国一家皮革工厂做技术经理，举家迁往圣彼得堡。1867 年 9 月 14 日，马克思的《资本论》横空出世，这本巨著的重要意义就像恩格斯所说的那样："自从世界上有资本家和工人以来，没有一本书像我们面前这本书那样，对于工人具有如此重要的意义。"①马克思在书中深刻阐明了剩余价值学说，揭穿了资本家剥削工人的秘密；分析了资本主义生产方式和发展规律，宣告了资本主义必然灭亡；以唯物辩证法作指导，进一步丰富发展了唯物史观。狄慈根在俄国听到《资本论》第一卷在汉堡出版的消息时兴奋极了，很快便弄来一本并手不释卷地读了起来。阅读中，狄慈根受到了莫大的思想冲击，多年以来对马克思这位革命导师的敬仰和热爱之情一直积攒在心中，直到他合上书的那一刻，终于抑制不住了。他怀着一颗热烈无比的心和对工人阶级的真挚感情，提笔向马克思写下了二人间的第一封信。狄慈根给马克思的这封信，正式开启了杰出的自学成才的无产阶级哲学家和科学社会主义创始人之间的友谊。

1867 年 10 月 24 日，这封从圣彼得堡寄往伦敦的信开头是这样写的："我请求您允许我，一个与您素昧平生的人，为了您的研究对于科学、特别是对工人阶级所作出的无可估量的贡献，向您深致钦佩之忱。……您最近在汉堡出版的著作引起我莫大的兴趣，迫使我不揣冒昧，希望向您表达我的赞许、钦佩和谢意。"②信中不仅提到了《资本论》，还提到了狄

---

① 《马克思恩格斯选集》第 2 卷，人民出版社 2012 年版，第 70 页。

② ［苏］瓦·瓦·伏尔科娃：《约瑟夫·狄慈根》，王克千、严涵译，上海人民出版社 1962 年版，第 287 页。

慈根之前刻苦攻读的《政治经济学批判。第一分册》，"我认为没有一本书，不管它是怎样的巨帙厚著，能够比得上这本薄薄的作品，给了我如此丰富的新的真实的知识和教益。……您是第一次用清晰而无可争辩的科学的形式阐明了今后历史发展的已被认清了的趋势，这就是使社会生产过程的至今一直是盲目的自发的力量听从于人类的意识。您解释了这一趋势的实质，帮助我们理解到我们的生产是不自觉的进行的"①。狄慈根还诚挚地向马克思汇报了自己多年学习和研究哲学的收获，请求马克思的指教。马克思接到这封工人的来信后十分重视，不仅很快回了信，还要求狄慈根以"朋友"而不是"尊敬的先生"相称。马克思将信件寄给挚友恩格斯询问他的看法，恩格斯在给马克思的回信中这样说："现在把制革工人的信退还，这是一个道道地地的自修者。但是这并不妨碍这一点：其他民族不能产生这样的制革工人。哲学在雅科布·伯麦的时代还只不过是鞋匠，现在前进了一步，采取了制革工人的形象。"②马克思还把信件寄给库格曼浏览，表达了自己和恩格斯都十分认可狄慈根的思考成果，并将此视为时代进步的表现。

① ［苏］瓦·瓦·伏尔科娃：《约瑟夫·狄慈根》，王克千、严涵译，上海人民出版社 1962 年版，第 287 页。
② 《马克思恩格斯全集》第 31 卷，人民出版社 1972 年版，第 394 页。

马克思

1867 年

　　1868 年 5 月 9 日，马克思致信狄慈根，信中不仅谈及了他的部分写作计划，"一旦我卸下经济负担，我就要写《辩证法》。辩证法的真正规律在黑格尔那里已经有了，当然是具有神秘的形式。必须去除这种形式……"① 并希望狄慈根能为《资本论》第一卷写书评。狄慈根收到回信后十分激动，立马回复道："和最值得尊敬的导师保持亲切的关系怎么能不使门生感到欣喜呢?"② 面对马克思的邀请，狄慈根第一时间就答应下来："我准备接受您要我为您的新著撰写书评的建议"，并表示

---

① 《马克思恩格斯文集》第 10 卷，人民出版社 2009 年版，第 288 页。

② ［苏］瓦·瓦·伏尔科娃：《约瑟夫·狄慈根》，王克千、严涵译，上海人民出版社 1962 年版，第 292 页。

将不怕用真实名字署名。① 原来，《资本论》出版后引得资产
阶级学者们十分憎恶，但又苦于《资本论》科学严密的逻辑体
系而无法从理论上驳倒，于是妄图通过置之不理的方式使其在
"沉默中消失"。而狄慈根是最早能够认识到《资本论》所蕴含
的科学价值的工人之一，他的觉悟不止于此，还希望向广大的
工人阶级传播马克思主义真理。于是狄慈根接着向马克思汇报
了自己准备在《制革工人报》上连载文章，用通俗的语言向工
人宣传《资本论》的打算。

狄慈根的文章对打破资产阶级学术界对《资本论》的恶
意"沉默"作出了很大贡献，并引起了许多人的关注。马克
思在《资本论》第一卷第二版的"跋"中对此评价道："德国
资产阶级的博学的和不学无术的代言人，最初企图像他们在
对付我以前的著作时曾经得逞那样，用沉默置《资本论》于
死地。当这种策略已经不再适合当时形势的时候，他们就借
口批评我的书，开了一些药方来'镇静资产阶级的意识'，但
是他们在工人报刊上（例如约瑟夫·狄慈根在《人民国家报》
上发表的文章）遇到了强有力的对手，至今还没有对这些对
手作出答复。"②

狄慈根在旅居俄国期间，一直钻研认识论的相关内容并多
次写信请教马克思。他在一封信中感激地对马克思说："您允
许我以零乱的哲学思想多多地向您请教，使我颇为欣喜，我想

① ［苏］瓦·瓦·伏尔科娃：《约瑟夫·狄慈根》，王克千、严涵译，上海
人民出版社 1962 年版，第 293 页。
② 《马克思恩格斯文集》第 5 卷，人民出版社 2009 年版，第 18—19 页。

很快会再利用这种机会的。"① 在他本人的努力和马克思的帮助下，研究取得了实质性进展。他把自己的理论成果汇总整理为书稿，取名为《论思维能力》，随信寄给了马克思。马克思对这本工人所作的哲学作品相当重视，不仅亲自审阅做了批点，还征求了恩格斯的意见。马克思甚至在出版问题上也给出了友善的建议："约·狄慈根如能用两印张阐明他的全部思想，亲自署名刊出，强调他是制革工人，那最好不过了。"② 恩格斯收到马克思的来信后同样对样稿做了仔细的审阅，他是这样评价的："这个人不是天生的哲学家，况且是一个一半靠自学出来的人。……术语自然还很混乱，因此缺乏精确性，并且常常用不同的表达方式重复同样的东西。其中也有辩证法，但多半是象火花一样地闪耀，而不是有联系地出现。关于自在之物是想象之物的描述，如果能够肯定这是他自己的创造，那末这种描述应当说是很出色的，甚至是天才的。他这本著作中有许多地方很机智，而且，尽管文法上有缺点，但是表现了出色的写作才能。总的说来，他有一种值得注意的本能，能够在这样缺乏科学修养的情况下得出这样多正确的结论。"③

狄慈根的第一本著作虽然有着逻辑不够系统、语句重复等问题，但并不妨碍他独自得出唯物辩证法的某些基本观点。狄慈根有关唯物辩证法的认识没有完全依靠马克思和恩格斯的现

① ［苏］瓦·瓦·伏尔科娃：《约瑟夫·狄慈根》，王克千、严涵译，上海人民出版社 1962 年版，第 295 页。
② 《马克思恩格斯全集》第 32 卷，人民出版社 1974 年版，第 164 页。
③ 《马克思恩格斯全集》第 32 卷，人民出版社 1974 年版，第 182—183 页。

成结论。当时马克思和恩格斯论述辩证唯物主义和历史唯物主义的主要著作，如《关于费尔巴哈的提纲》《德意志意识形态》等并未公开发表。不过，狄慈根深刻领会了马克思在《共产党宣言》《政治经济学批判》这两本著作字里行间渗透出的新世界观。但狄慈根辩证唯物主义的哲学批判路径和马克思、恩格斯有所不同。马克思和恩格斯在哲学中完成思想变革是通过对德国古典哲学，特别是对黑格尔和费尔巴哈哲学的批判实现的，而狄慈根是以康德的先验哲学为批判对象。尽管如此，狄慈根还是在钻研马克思和恩格斯的政治学、经济学著作中受到了辩证唯物主义和历史唯物主义潜移默化的影响，并自觉地将其同批判新康德主义这一实际任务相结合，最终形成了具有自身特色的唯物辩证法思想。

　　马克思对狄慈根的唯物主义思想十分认可，也为他没有读过黑格尔感到遗憾："狄慈根的论述，除去费尔巴哈等人的东西，一句话，除去他的那些资料之外，我认为完全是他的独立劳动。此外，我完全同意你所说的。关于重复的问题，我将向他提一下。他恰恰没有研究过黑格尔，这是他的不幸。"[1]在1868年12月5日给库格曼的信中，马克思写道："这一部分手稿中虽然有些混乱的概念和过多的重复，但包含着许多卓越的思想，而且作为一个工人的独立思考的产物来说，甚至是令人惊叹的思想。"[2]

---

[1]　《马克思恩格斯文集》第10卷，人民出版社2009年版，第298页。

[2]　《马克思恩格斯全集》第32卷，人民出版社1974年版，第567页。

　　马克思和恩格斯的评价在肯定狄慈根成果的同时也中肯地指出了其中的不足：狄慈根独立发现的辩证唯物主义并不成熟，辩证法和唯物主义尚未完全有机地结合起来，而初步掌握的唯物辩证法也没有得到系统阐述与贯彻。这些问题也为狄慈根展开新的思考提供了方向，并根据马克思和恩格斯的建议着手研究黑格尔哲学。

狄慈根
《人脑活动的本质。一个手艺人的描述》
已在汉堡出版

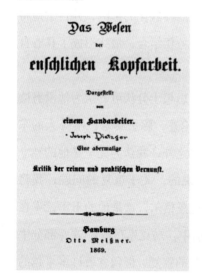

1869 年

　　狄慈根在得到马克思和恩格斯的肯定和意见后认真修改了原稿，并以《人脑活动的本质。一个手艺人的描述》为名出版了。狄慈根在书中运用辩证唯物主义观点着重讨论了思维与存在的关系问题，强调物质是思想的基础，思想以物质为对象。书中还阐述了辩证法的普遍联系、运动发展、矛盾等观点，他提出"手段和目的都是极其相对的概念，一切特殊的目的都是手段，而一切手段又都是目的""一切事物的存在都是相对的""事物只有在其联系中和凭借其联系，才真实的存在着"①等观点。狄慈根一开始受到了费尔巴哈的影响，但很快自觉地接受了马克思和恩格斯的科学世界观，以工人的智慧论述了物质和意识之间存在的辩证统一关系。

值得一提的是，关于"辩证唯物主义"最早的提法便是出自狄慈根的另一部哲学著作——《一个社会主义者在认识论领域中的漫游》。书中这样写道："因为唯心主义的首足倒置最后的著名人物，特别是康德、费希特、谢林和黑格尔等人的唯心主义的首足倒置，完全是德国的，所以这种首足倒置的产物，辩证唯物主义，也主要是德国的产物。"②

狄慈根认为，人的认识在历史上经历了一个"首足倒置"的过程，而"辩证唯物主义"正是这种"倒置之倒置"的产物。物质的第一性被唯心主义的认识论颠倒为思维的第一性，"唯心主义依照宗教的先例，由精神派生物质世界"③。但实际上"精神的思维能力乃是物质的大自然的一个发展产物"④，唯心主义的这一倒置随着社会发展被逐渐克服，物质在认识上重新回到了本原地位，"辩证唯物主义"也就产生了。狄慈根还

---

① ［德］狄慈根:《人脑活动的本质》，杨东莼译，生活·读书·新知三联书店 1958 年版，第 86 页。

② ［德］狄慈根:《狄慈根哲学著作选集》，杨东莼译，生活·读书·新知三联书店 1978 年版，第 241 页。

③ ［德］狄慈根:《狄慈根哲学著作选集》，杨东莼译，生活·读书·新知三联书店 1978 年版，第 241 页。

④ ［德］狄慈根:《狄慈根哲学著作选集》，杨东莼译，生活·读书·新知三联书店 1978 年版，第 242 页。

指出，以往的旧唯物主义过分轻视意识的作用，不懂物质和意识的辩证矛盾关系，并批判了庸俗唯物主义简单地把物质和意识直接等同的错误。

在后续的研究中，狄慈根进一步把唯物主义、辩证法及认识论相结合，始终坚持唯物主义的原则，反对唯心主义在认识论上的片面与夸大，对当时社会上流行的新康德主义和庸俗唯物主义进行了有力的反击，而这正是马克思向所有无产阶级理论家提出的主要任务：用理论武装工人阶级，同资产阶级思想体系进行斗争。对于马克思主义而言，狄慈根的重要性在于否定了把物质视为某种静止不变的庸俗看法，强调了理论应随着社会存在的变化而变化，并由此突出了意识在现实中所发挥的积极作用。

总的来说，狄慈根的哲学是对马克思和恩格斯哲学体系的进一步补充和发展，在 19 世纪后半期德国社会民主主义运动中产生了深刻的影响，在马克思主义哲学史上有着不可取代的特殊地位。此后的时间里，狄慈根以无产阶级理论工作者的身份继续奋斗在革命前线。

三、马克思："这是我们的哲学家"

狄慈根长子欧根在回忆录中写道："1872 年，在海牙召开的第一国际大会上，我的父亲是一个代表；当时卡尔·马克思向与会代表们介绍我父亲时曾说了这样一句话：'这是我们的哲学家'。"①

马克思口中的"我们的哲学家"，便是对狄慈根最好的评价。狄慈根对无产阶级的感情是双重的，既饱含着自己所见所闻所感的共鸣，又在理性上有着最坚固的支撑，这也是他在面对生活的苦痛时依然能下定决心走革命道路的重要原因。狄慈根始终站在马克思身边、站在无产阶级一方，有着冷静的头脑，且满怀赤子之心。恩格斯这样评价狄慈根："不仅我们发现了这个多年来已成为我们最好的工具和最锐利的武器的唯物主义辩证法，而且德国工人约瑟夫·狄慈根不依靠我们，甚至不依靠黑格尔也发现了它"②。列宁更是从他的哲学思想中受益匪浅，高度评价狄慈根是"按照自己的方式发现了辩证唯物主义的工人哲学家"③。

马克思、恩格斯和狄慈根之间既有朋友之谊，也有师生之情。究其根本，还是共同的事业与信念将他们吸引在一起。只有信念与心灵的共同契合，朋友之间才不会因为选择不同最后分道扬镳。在狄慈根的成长经历中，勤奋刻苦是他哲学生涯的起点，他以自己的毅力与智慧向全世界展示了工人如何在阶级斗争中冲破资本主义的文化壁垒，为即将到来的重要历史时刻做好准备。而马克思和恩格斯对无产阶级始终热情的鼓励和关怀则是狄慈根前进路上的灯塔。马克思和恩格斯非常尊重像狄

---

① ［德］狄慈根：《人脑活动的本质》，杨东莼译，生活·读书·新知三联书店1958年版，第111页。
② 《马克思恩格斯全集》第28卷，人民出版社2018年版，第352页。
③ 《列宁全集》第18卷，人民出版社2017年版，第259页。

慈根这样从工人群众中涌现出的优秀理论家，高度肯定了他们为无产阶级解放事业作出的卓越贡献，而狄慈根的成长也恰能体现出马克思和恩格斯二人在面对无产阶级时永远真诚谦逊的高尚品质。

琼斯：
以血为墨，书写战斗人生

厄内斯特·查尔斯·琼斯，杰出的宪章派诗人、政论家、小说家和文艺评论家，是宪章运动最著名的领袖，是现代工人运动的先驱，也是马克思和恩格斯的老朋友。在马克思和琼斯一生的友谊中，他们曾经面临共同的困境与挑战，也曾经因不同的选择而暂时分别，但最终共同的理想使他们又走到了一起，为无产阶级奋斗终身是他们友谊最纯真的底色。

琼斯

一、投身工人运动的贵族青年

琼斯，1819 年 1 月 25 日出生于柏林的贵族家庭。他的父亲英国陆军少校查尔斯·古斯塔夫·琼斯是维多利亚女王的叔叔坎伯兰公爵的侍从。琼斯是一个极具天赋的孩子，在 10 岁时就曾出版了自己的诗集，记录了他从 8 岁到 10 岁独立创作的诗歌，表现出远超同龄人的聪慧。应国王特许，琼斯就读于吕讷贝格的圣迈克尔学院，这是一所专为贵族开设的学院。在离开圣迈克尔学院时，琼斯在贵族们面前用德语发表了告别演说，该演说后来出版并获得了荣誉证书，这是该校有史以来最高的荣誉。琼斯和家人们在 1838 年返回英国，并在 1841 年结识了维多利亚女王，成为了宫廷的常客。这时琼斯的主要精力仍沉浸于文艺爱好之中，他知识渊博，视野广阔，精通德、英、法等数种语言，俨然是位成功的文学青年，但这样的生活并不是琼斯真正的理想。

在 19 世纪三四十年代，随着英国工业革命的完成，无产阶级与资产阶级的斗争日益尖锐。机器的广泛使用和资产阶级的残酷剥削，使得工人生活在水深火热之中，工人阶级反抗资本主义压迫的斗争日益激烈，英国的宪章运动就在这样的背景下轰轰烈烈地展开了。这一运动声势浩大，遍及全英国，各地工人常常举行有几十万人参加的群众大会和示威游行。在工人群众革命热情的影响下，年轻的琼斯开始接触工人运动，关注到工人阶级的生存状态。琼斯深刻同情工人的生活，坚定地选

择与工人阶级站在一边。琼斯选择了属于自己的道路，找寻到
了自己的奋斗方向。

此时年轻的马克思和恩格斯也关注到了现实生活中的物
质利益问题。恩格斯在《伍珀河谷来信》中，对他所观察到
的工人和工厂主之间巨大的贫富分化现象进行了详尽的描述。
马克思则在《摩泽尔记者的辩护》中，对摩泽尔地区的贫困
做了仔细的调查。虽然方法路径不同，但他们都关注到了下
层贫苦人民的生存问题，并且都站在被剥削的劳苦大众一方，
这样的立场为琼斯与马克思、恩格斯的结识奠定了共同的思
想基础。

二、工人运动中诞生的革命友谊

《北极星报》对琼斯加入宪章运动有很大影响。《北极星报》
是奥康瑙尔于 1837 年创立的宪章派机关报，该报对于席卷英
国的宪章运动进行了及时、全面报道。马克思和恩格斯认为，
《北极星报》是真正民主的、同情全世界工人的英国报纸，它
"在所有这些问题上表达了英国工人阶级的意见"，"是真正值
得大陆上的民主主义者阅读的唯一的英国报纸"。① 在《北极
星报》的影响下，琼斯于 1846 年加入宪章运动，同时他与自
己的贵族亲属们断绝了联系。在巡回宣传宪章运动的过程中，

① 《马克思恩格斯全集》第 4 卷，人民出版社 1958 年版，第 29 页。

琼斯成长为一名出色的演说家和宣传家，受到工人群众的热烈欢迎。很快，琼斯就被选为宪章派协会执行委员会委员，开始担任《北极星报》编辑，并在《北极星报》上发表诗歌和政论文章。

恩格斯于 1845 年 9 月至 1848 年 3 月间担任《北极星报》的通讯员，并为其撰写了 40 余篇文章。由此琼斯开始接触到马克思和恩格斯的思想。1848 年《新莱茵报》创立后，《新莱茵报》和《北极星报》之间保持着密切的联系。《新莱茵报》坚决站在工人一边，与英国宪章派团结在一起，维护宪章派的利益。

在为宪章派报刊撰稿的过程中，马克思十分关注英国工人阶级状况和宪章运动的发展，同时也通过像《北极星报》这样的宪章派报刊，认识到工人阶级自己的报刊对工人阶级运动积极的动员和推动作用，在一定程度上促使他认识到工人阶级需要有完全能代表自己声音的报刊。当时几份有影响力的宪章派报刊，都是在英国工业发达、无产阶级比较集中、出版业比较繁荣的城市出版，这也在一定程度上影响了马克思选择德国科隆作为他的活动基地和《新莱茵报》的办报地点，当时的科隆是德国工业发达、无产阶级集中和出版相对自由的城市。马克思与琼斯在行动上达成了默契，并保持着密切联系。

马克思
曼彻斯特的切特姆图书馆，我和恩格斯曾在这里查阅资料和写作

　　1845 年 7—8 月，马克思和恩格斯到伦敦和曼彻斯特进行了 6 周的考察旅行。在这次旅行中，马克思和恩格斯在伦敦会见了宪章派和正义者同盟的领导人，琼斯与马克思第一次相见了。他们积极支持成立一个国际性的革命组织，加强各国民主派的合作。在马克思和恩格斯等人的促成下，1845 年 9 月 22 日民主派兄弟协会在伦敦成立。马克思与民主派兄弟协会保持着经常的联系，并且用无产阶级国际主义和科学共产主义的精神来教育协会会员。在马克思和恩格斯的帮助下，琼斯的幼稚观点也得到了改变。在革命之初，琼斯对彻底改造资本主义社会认识不足，寄希望于保存小私有制的幻想。随着资本主义的发展，资本愈益集中，竞争不断加强。而这种竞争，总是导致小生产的破产和大生产的胜利。这就给予

保存小私有制的幻想以致命打击，使琼斯逐渐认识到马克思学说的正确性，马克思和恩格斯的教育使得琼斯在政治上成熟起来。

1847 年 6 月，共产主义者同盟在伦敦成立，琼斯是其中一员。马克思和恩格斯为共产主义者同盟起草了纲领，《共产党宣言》诞生了。1848 年 3 月初，马克思和恩格斯当选共产主义者同盟中央委员会委员，琼斯开始在马克思的直接领导下开展革命运动。

宪章运动的蓬勃发展迫使统治阶级作出让步。英国议会于 1846 年废除了使广大劳动群众陷于饥饿境地的"谷物法"，并于 1847 年颁布了 10 小时工作日法令和限制剥削工人的工厂法。这些胜利和欧洲革命的高涨，使宪章派大受鼓舞。他们准备掀起一场对资产阶级的决战。宪章派预定于 1848 年 4 月 10 日举行大规模的示威游行，递交要求通过人民宪章的请愿书。在这一行动前夕，琼斯全力倾注于准备工作，并亲赴巴黎同法国无产者建立联系。他在英国一系列工人群众大会上发表演说，号召人民推翻内阁，解散议会，颁布宪章。英国政府禁止工人游行，并调集军队和警察来阻挠这一游行。此时宪章派内部发生了分歧，许多人产生了动摇，奥康瑙尔放弃了领导，导致这次工人游行失败，宪章派队伍陷于分裂。

虽然 4 月 10 日的游行半途而废，但琼斯没有放弃，继续筹备武装起义，直到被逮捕入狱。许多宪章派会议被迫解散，宪章派成员被贴上煽动性的标签，但琼斯继续奋战。英国政府利用游行示威的失败来反对工人运动、镇压宪章派，大量逮捕宪章派成员，约有 500 名最有名、最积极和最激进的成员被捕，其中也包括琼斯。恩格斯在《1845 年和 1885 年的英国》中指出，宪章运动的这次失败使"工人阶级的活动被推到了后台。资本家阶级获得了全线胜利"①。

1848 年 7 月 10 日，琼斯在曼彻斯特以煽动叛乱罪被捕，被判处 2 年单独监禁。琼斯在狱中经受了严峻考验，当局对他进行了残酷迫害。但琼斯的革命信念因此更加坚定，即使在死亡的威胁面前，他也始终保持了对革命的忠忱。他在《牢房的铁栏杆》中写道：

> 怒目而视的铁栏杆，
> 环列在我的四周，
> 我把你铸成枪炮，
> 和外面的世界战斗。
>
> 我的壮志如熔炉，
> 它的热把你烧化；
> 我的决心如铁锤，
> 捶打你一下又一下。
> 我的经验如铁砧，
> 承受灼热的铁料；
> 我的耐心如巨指，
> 精确地塑造弹道。

---

① 《马克思恩格斯全集》第 29 卷，人民出版社 2020 年版，第 319 页。

现代的武器扛上肩，

老伤疤就在下面；

向敌人我奋力冲击，

手持牢房的铁栏杆。

工人阶级的战士身陷囹圄，毫不动摇，誓以牢房的铁栏杆铸成枪炮，进攻敌人，这是何等的气概！在两年监禁期间，琼斯写出了 24 篇诗歌，这些诗篇都成为宪章派诗歌的珍藏。这些不朽诗篇流露了琼斯真实的思想感情，对激发无产阶级的革命斗志起到了积极作用。

三、在重新斗争中升华友谊

1850 年 7 月，琼斯刑满出狱，受到广大工人的热烈迎接。琼斯没有辜负他们的期望，出狱后的第二天就投入了政治斗争。琼斯同乔治·朱利安·哈尼一起积极参加了宪章派革命机关报刊的出版工作。他力图将科学社会主义与英国工人运动相结合，在此基础上建立英国无产阶级政党。1850 年秋天，《共产党宣言》在宪章派周刊《红色共和主义者》上发表，这是《宣言》第一次用英文发表，而且指明了作者是马克思和恩格斯。广大的英国工人第一次有机会读到这个科学社会主义的伟大纲领性文件。

尽管此时宪章运动已进入低潮，但是琼斯竭力激发无产阶级的斗志，积极团结宪章派的力量，力图在新的社会主义基础上复兴宪章运动。他动身前往许多城市进行宣传活动，沿途会见许多宪章派老战士，帮助他们恢复地方组织。得益于琼斯的辛勤工作，全国宪章派代表大会在 1851 年 3 月召开，大会选出了新的执行委员会。这次大会通过了一个新纲领，琼斯是该纲领的主要起草人。新纲领强调了宪章派组织的领导作用，指出要推翻资产阶级的统治，由无产阶级夺取政权，以实现劳动者的社会解放作为宪章派的主要奋斗目标。新纲领还主张，按照工人生产合作社的原则对英国社会经济基础加以改造，取消国债，实现土地国有化。列宁指出："土地国有化不仅是资产阶级革命的'最高成就'，而且是走向社会主义的一个步骤。"①显然，新纲领包含了社会主义政党纲领的特征。虽然它尚未提出大工业及交通运输业的国有化等问题，但是仍然表明，宪章运动在同科学社会主义相结合的道路上前进了一步。

　　琼斯为了宣传新纲领和团结、组织无产阶级的力量，于 1851 年 5 月创办了《寄语人民》周刊。马克思被邀请主编该刊物的经济专栏。这一刊物发表了马克思《论法兰西共和国宪法》等文章。这些文章对促进英国工人革命化起了重大作用。琼斯本人也大力宣传社会主义思想，他认为只有通过根本的政治和社会改革，才能有效地改善无产阶级的状况。在当时欧洲各国工人阶级的党组织和党的机关报刊都被暴力摧毁的情况下，《寄语人民》成为捍卫无产阶级利益的革命刊物。恩格斯写道：琼斯"在这件事上完全站在我们一边，现在他正在英国

---

① 《列宁全集》第 16 卷，人民出版社 2017 年版，第 396 页。

人中间宣传《宣言》"①。琼斯则这样评价自己：

> 至于我个人，我丝毫不在乎他们说些什么，——
> 随便他们说去好了。我进行鼓动就像战士投入战斗一
> 样，——置生死于枪林弹雨之中：或者倒下、牺牲，
> 或者活着、取胜，因为我是一个民主战士。②

在马克思的支持下，从 1851 年 5 月开始，《寄语人民》刊
登了一系列批评英国资产阶级社会改良派的文章。在马克思的
倡议和帮助下，琼斯也投入到了文章的写作当中。

在《合作 它的现状和它应该是什么样的》这篇文章中，
琼斯提出了要通过联合促进劳动解放的观点，他认为只有使
合作团体对每个人都有利，"才是真正的合作"。在《三比一。
或工人阶级的力量》这篇文章中，琼斯引用了大量翔实的数
据，证明了工人阶级的力量在日益壮大，"他们有足够的力量
取胜"，因此目前最重要的任务是通过宣传启蒙无产阶级，让
广大的多数人意识到民主的利益是"他们真正的利益"。在《科
苏特是什么人》中，琼斯揭露了科苏特是"无政府主义的秩序
推销员"的真面目，而"每一个有理性的人的责任"，就是同
无政府主义血战到底。在《即将来临的危机及其原因》中，琼
斯向工人们发出了号召，要为即将到来的"暴风雨"般的经济
危机进行准备。

从琼斯写作的这一系列文章中，我们可以看到马克思的思

① 《马克思恩格斯全集》第 48 卷，人民出版社 2007 年版，第 304 页。
② 《马克思恩格斯全集》第 13 卷，人民出版社 1998 年版，第 466 页。

想对琼斯产生了深刻的影响。与此同时，马克思进一步对琼斯的宪章事业做了正确的指导。马克思指出，在宪章运动进入低潮以后，琼斯坚持正确的道路，在宪章派分崩离析、人才匮乏的时候，琼斯完成了在新的基础上的改组运动，"琼斯走在完全正确的道路上，我们也许可以说，如果没有我们的学说，他不可能走上正确的道路"①。

1852 年 5 月 8 日，琼斯创办了宪章派周报《人民报》。马克思从 6 月开始参与报纸的编辑和出版工作。琼斯对报纸的经营很不在行，经常在同支持报纸的伦敦资金委员会打交道时陷入困境，这时他便找马克思帮助解决问题。马克思对恩格斯说：

> 尽管我自己经济困难，却连续数日同他一起……为他的报纸筹集资金四处奔走。他那可怜的小报所特有的国外消息，全都是我提供的。每当他同自己的委员会、反对者等等打交道而陷于困境时，他就跑来找我，而我的建议一次又一次使他摆脱了困境。最后，当他的报纸困窘不堪的时候，我用了几个星期的时间从编辑上给以帮助，而这个臭报纸确实在伦敦增加了好几百订户。②

1852 年 10 月起，马克思直接为《人民报》撰稿。1853 年 10—12 月，《人民报》分 8 次连载马克思的通讯，总标题为《帕

---

① 《马克思恩格斯全集》第 49 卷，人民出版社 2016 年版，第 83 页。
② 《马克思恩格斯全集》第 49 卷，人民出版社 2016 年版，第 217 页。

麦斯顿勋爵》，全面分析了英国内务大臣亨利·帕麦斯顿的种种政治行为。1856年4月，《人民报》分4次连载马克思的通讯《卡尔斯的陷落》，文章用许多材料揭露了克里木战争中土耳其要塞卡尔斯陷落的内幕，原来这是英国政府为向沙俄妥协而预先安排好的。这件事的揭露在英国引起了轰动，《人民报》声誉大振。设菲尔德外交事务委员会给马克思写信称："博士：您在《人民报》上发表了对卡尔斯文件的卓越叙述，鉴于您对公众的这一巨大贡献……向您表示衷心的感谢。"[1] 马克思为该报撰稿持续到1856年12月，共发表30篇文章。在马克思的参与下，《人民报》成为与资产阶级报刊相对立的"真正的民间刊物"[2]。

马克思经常向住在曼彻斯特的恩格斯通报他参与《人民报》工作的情况。1852年9月他告诉恩格斯，对于琼斯，"虽然我个人并不赞许他，我仍然……在上星期支持了他，就像我们大家一样。另一伙人召开了两三次集会，会上本来要通过这样的决议：'会议认为，不能相信与厄内斯特·琼斯先生有关的任何民主运动会取得成功'。他们被击败了，真是活该。……他们认为必须消灭琼斯。他们大大失算了。他把他的报纸的价格提高了一便士而没有失去一个订户"[3]。1853年5月，马克思又告诉恩格斯："《人民报》销路上升，最近一段时间里物质上有了保障。"[4]

① 《马克思恩格斯全集》第19卷，人民出版社2006年版，第414页。

② 《马克思恩格斯全集》第11卷，人民出版社1962年版，第125页。

③ 《马克思恩格斯全集》第49卷，人民出版社2016年版，第244—245页。

④ 《马克思恩格斯全集》第28卷，人民出版社1973年版，第247页。

马克思不断帮助报纸解决潜在问题。1855 年 2 月，琼斯收到一封资产阶级民主派赫尔岑向宪章派献媚的信，他十分激动地准备发表，马克思写信给恩格斯说："这封信本来准备在《人民报》上发表，以便在公众面前证明他的重要性。但是没有成功，因为我立即从琼斯手里把这份糟糕东西骗了来。"① 马克思批评说：

> 琼斯有充沛的精力，坚强的毅力和主动精神……但是，他大肆喧嚣，毫无章法地借各种理由进行鼓动，不顾时机急躁冒进，会把一切都毁掉。当他不可能进行真正的鼓动时，他就追求表面形式，随意地掀起一个又一个的运动（自然，一切都不会有什么进展），而且使自己周期性地处于一种虚假的兴奋状态中。我警告过他，但是没有用。②

由于英国无产阶级群众性罢工运动的高涨，以琼斯为首的宪章派提出了建立广泛的工人组织"群众运动"的主张，把各个工联与尚未组织起来的工人联合起来，使全国各个不同地区的罢工协调起来。这一组织由定期召开的工人议会领导，而工人议会由尚未组织起来的工人群众大会和参加了"群众运动"的各工联大会选出的代表组成。工人议会于 1854 年 3 月 6—18 日在曼彻斯特召开，讨论并通过了"群众运动"纲领，成立了由 5 人组成的执行委员会，马克思被选为名誉代表。马克

---

① 《马克思恩格斯全集》第 49 卷，人民出版社 2016 年版，第 649—650 页。
② 《马克思恩格斯全集》第 49 卷，人民出版社 2016 年版，第 650 页。

思在《给工人议会的信》中指出，建立独立的无产阶级群众性政党是英国工人运动的首要任务，工人议会的召开"本身就标志着世界历史上的一个新时代"，"大不列颠的工人阶级最先具有足够能力并且最先负有使命来领导最终必然使劳动得到彻底解放的伟大运动"。① 可惜，组织"群众运动"的尝试没有成功，因为工联的大多数领袖都对政治斗争抱否定态度，不支持建立统一的工人群众性组织的主张。

1856 年 4 月，在《人民报》创刊 4 周年的时候，报纸编辑部举行了一个小小的宴会。马克思第一个举杯祝酒并发表演说。他说："英国工人阶级从上世纪中叶以来进行了多么英勇的斗争，这些斗争只是因为资产阶级历史学家把它们掩盖起来和隐瞒不说才不为世人所熟悉。……历史本身就是审判官，而无产阶级就是执刑者。"②

四、友谊的暂别

19 世纪 50 年代后期，英国资本主义发展的新时期代替了长期的经济危机。资产阶级通过收买工人阶级的上层分子来散布阶级合作的幻想。这就导致了工人阶级的分裂，破坏了宪章派的革命传统，使琼斯复兴宪章运动的努力未取得预期的成效。

---

① 《马克思恩格斯全集》第 13 卷，人民出版社 1998 年版，第 133、134 页。
② 《马克思恩格斯选集》第 1 卷，人民出版社 2012 年版，第 776—777 页。

资产阶级的"让步"和工人贵族的出现使英国工人阶级的政治积极性急剧下降，这导致了琼斯领导的复兴宪章运动的失败。这一挫折使琼斯发生了动摇，随着英国宪章运动的衰落，琼斯不顾马克思的多次提醒，日益同资产阶级激进派接近起来。

1857 年 4 月，琼斯提出召开宪章会议，除了宪章派组织的代表外，他还打算让资产阶级激进派也出席会议。琼斯鼓吹联合资产阶级激进派，其目的是共同争取选举改革，并希望在此基础上恢复国内群众性的宪章运动。但是他在制定联合资产阶级激进派的共同纲领时，放弃了人民宪章中的若干要点，向资产阶级激进派作出了重大政治让步。琼斯这种背离革命立场的做法引起了宪章派普通成员的不满，相当大的一部分人起来反对琼斯的妥协政策。

这一举动"既被老朋友遗弃，又被新朋友遗弃"，受到马克思的严厉批评。马克思指出："现在他由于自己的轻率的调和企图而自食恶果。但是，错误是永远不会被无产阶级原谅的。"① 宪章派与资产阶级激进派的联合会议一再延期以后，于 1858 年 2 月 8 日在伦敦召开。马克思指出，琼斯企图同资产阶级激进派订立同盟以争取选举改革的事"是非常令人讨厌的……这件事发生以后，人们也许真的几乎会认为：采取旧的传统的宪章运动形式的英国无产者运动，等不到发展成一种新的、有生命力的形式，就一定要彻底毁灭"②。此外，马克思认

① 《马克思恩格斯全集》第 50 卷，人民出版社 1985 年版，第 354、355 页。
② 《马克思恩格斯书信选集》，人民出版社 1962 年版，第 108 页。

为，琼斯的这一企图表明英国的无产阶级在日益资产阶级化，产生了资产阶级化的贵族和资产阶级化的无产阶级。

马克思和恩格斯认为琼斯对激进派的妥协是他政治动摇的表现，站到了改良主义立场上，所以同他断绝了朋友关系。1858 年 6 月，琼斯将《人民报》卖给了资产阶级《晨星报》，自己只在报上占两栏。马克思获知后气愤地说："我们的朋友琼斯肯定已卖身（而且是以低得不能再低的价格）投靠了布莱特集团。这头蠢驴在政治上毁灭了自己，在商业上也不能挽救自己。……但是这种变节……对他没有多大好处"①。在 1859 年 2 月 1 日致魏德迈的信中，马克思提到：

> 我已经同厄内斯特·琼斯决裂了。尽管我一再提出警告，并对他准确地预先谈到过现在所发生的事情，就是说，他将毁灭自己并搞垮宪章派，他仍然走上了试图同激进资产者达成协议的道路。现在他已经是一个堕落的人，但是他给英国无产阶级带来的危害却非常大。当然，错误将会被纠正，但是大好的行动时机却错过了。你可以想象，一支军队，在会战前夕它的将领投到敌人方面去了，会是什么状况。②

但马克思与琼斯的友谊并未结束，琼斯并非真正投入到改良主义之中，他的行动不过是在革命低潮中为了工人运动的激进表现，他为无产阶级奋斗的理想并未因此改变。

---

① 《马克思恩格斯全集》第 29 卷，人民出版社 1972 年版，第 342 页。
② 《马克思恩格斯全集》第 29 卷，人民出版社 1972 年版，第 551 页。

五、永不放弃的战斗者

1860 年，琼斯对自己的行为感到后悔。他写信对马克思说："您多年来曾经毫无报酬地给我的小杂志《寄语人民》、后来又给《人民报》写过许多文章，这些文章对人民的事业十分重要，对报纸非常宝贵。"①在琼斯重新表现出革命无产阶级精神后，马克思与琼斯的关系逐渐恢复。马克思在 1864 年 5 月 16 日去曼彻斯特看望了琼斯，"恢复了同他的旧日的友谊"②。

1864 年 9 月 28 日，国际工人协会（第一国际）在英国伦敦成立，琼斯加入了国际工人协会，并开始在其中发展工人运动。1865 年 2 月，马克思给琼斯的信中勾画了在总委员会领导下吸引英国广大工人群众参与选举改革运动的要点，琼斯则回信表示完全同意所拟定的办法，并且强调了要用"以成年男子普选权为口号的大规模工人运动"来对抗自由资产阶级联盟的重要性。③马克思坚持为实现英国工人阶级不依赖于统治阶级政党的政策而斗争。由于马克思的坚决主张，改革同盟提出了全国成年男子普选权的要求，琼斯在国际工人协会中重新提出了这个宪章派的口号。这一口号在英国工人中获得广泛响应，并且使同盟获得了工联的支持。琼斯被国际工人协会总委

---

① 《马克思恩格斯全集》第 19 卷，人民出版社 2006 年版，第 422 页。
② 《马克思恩格斯全集》第 30 卷，人民出版社 1975 年版，第 658 页。
③ 《国际共产主义运动历史文献》第 5 卷，中央编译出版社 2011 年版，第 369 页。

员会派去参加曼彻斯特代表会议，并且组织成年男子普选权运
动来支援伦敦的运动。

因为长期从事无产阶级的解放运动，琼斯劳累成疾，于
1869 年 1 月 26 日星期二不幸逝世，年仅 50 岁，1 月 30 日安
葬于曼彻斯特的阿德威克墓地。琼斯的逝世是英国工人运动的
一大损失。琼斯逝世后，恩格斯写信给马克思说"又失去了一
个老朋友!"而马克思则回信表示，琼斯的死"使我们全家极
为震惊，因为他是为数不多的老朋友之一"。① 恩格斯再次写
信给马克思，表达了他的深切怀念。恩格斯写道："这个人死
得真可惜。他的资产阶级词句毕竟只是一种伪装，而在曼彻斯
特这里，没有一个人能够在工人当中代替他。这里的组织又要
重新陷入完全解体的状态，而现在资产阶级恰恰要使工人真的
跟它走了。此外，他是政治家中实际上完全站在我们方面的唯
一有教养的英国人。"② 国际工人协会认为琼斯是"欧洲各国被
压迫者的先锋战士"③，于 1869 年 3 月 26 日在伦敦举行了纪念
琼斯的示威游行活动，英国、法国、德国工人们参加了示威游
行，他们高举"全世界工人阶级，联合起来!"的旗帜，深切
缅怀这位革命战士的逝世。④

回顾琼斯的一生，我们可以看到革命是他最鲜明的底色。

---

① 《马克思恩格斯全集》第 32 卷，人民出版社 1974 年版，第 233 页。
② 《马克思恩格斯全集》第 32 卷，人民出版社 1974 年版，第 237 页。
③ 《国际共产主义运动历史文献》第 6 卷，中央编译出版社 2011 年版，
   第 98 页。
④ 《国际共产主义运动历史文献》第 6 卷，中央编译出版社 2011 年版，
   第 98 页。

为了革命，琼斯放弃了自己的出身，组织了无数的工人运动，是一名优秀的革命战士。琼斯的一生是战斗的一生，是革命的一生，他保持了对无产阶级的忠诚，坚持了共产主义的远大理想。正因如此，马克思和琼斯是革命的老朋友，他们的友谊虽然历经波折与考验，但最终得到了圆满的结果，在英国乃至世界工人运动史上都留下了浓墨重彩的一笔。马克思和琼斯的友谊，无论是高潮还是低谷，都体现了马克思坚持"志同道合"的交友原则。他们的友谊形成于高尚纯洁的道德情感，来源于双方共同的理想信念。基于共产主义的共同理想，马克思和琼斯共同走上革命道路，为革命奉献了自己的一生。马克思和琼斯的故事启示我们，交友要坚持原则，善交益友，乐交净友，这样才能更好地实现理想和人生价值。

肖莱马：一位优秀的共产主义化学家

　　卡尔·肖莱马是 19 世纪杰出的化学家，近代有机化学的奠基人之一。他在有关脂肪烃的研究上成绩斐然，并开创了化学史领域的研究。同时，这位名扬欧美的科学家，也是马克思和恩格斯亲密的朋友与战友。不论是作为马克思的金牌科学顾问，还是作为共产主义的信仰者，抑或是作为马克思、恩格斯及其家人口中亲昵的"肖利迈"，在马克思的朋友圈中，肖莱马的名字，都是格外重要的存在。

肖莱马

一、马克思的金牌科学顾问

整个 19 世纪, 德国化学界人才辈出, 李比希、韦勒两位大师的研究成果使得德国化学水平步入世界前列。1834 年 9 月 30 日, 肖莱马出生在德国中南部的达姆斯塔德城。这一城市孕育了著名化学大师李比希, 是有名的化学家之乡。受家乡氛围影响, 肖莱马自中学时代起就非常喜爱化学, 并于 1859 年考入了基森大学化学系。这里是李比希经营多年的化学大本营, 以高效严谨的学术精神著称。

然而, 家境贫寒的肖莱马只能支付一个学期的学费, 经济问题让他无法在这里继续攻读。正当他走投无路之时, 肖莱马收到了一位朋友从英国曼彻斯特寄来的信件, 信中邀请他到曼彻斯特的欧文斯学院担任助手。由此, 年轻的肖莱马踏上了英国国土并定居在曼彻斯特直到逝世, 也正是在这里, 肖莱马结识了无产阶级伟大导师——马克思与恩格斯, 并在此后的岁月里, 他们成了亲密无间的朋友与战友。

作为一名知识渊博的卓越化学家, 肖莱马的科学知识格外为马克思和恩格斯所看重。从他们的通信中可以看出, 肖莱马堪称马克思和恩格斯的金牌科学顾问, 为马克思和恩格斯的写作提供了丰富的化学例证和科学知识支持。

马克思与恩格斯在通信中首次提到肖莱马, 就是因为讨论自然科学的相关问题。1865 年 1 月到 2 月期间, 马克思写信给恩格斯, 信中两次提到了英国物理学家丁铎尔的科学实验:"丁铎尔教授经过极其巧妙的试验,成功地将日光分解成了甚至能熔解铂的热光和完全没有热的冷光。这是我们时代的最卓越的试验之一。""丁铎尔用简单的机械方法成功地将日光分解为热光和纯光。后者是冷光。你可以用前者直接点着雪茄烟,而它透过凸透镜可以熔化铂等等。"① 同年3月6日,恩格斯给马克思复信说道:"现在我必须去席勒协会主持理事会。附带提一下,那里有一位先生是化学家,不久前他给我讲解了丁铎尔的日光实验。这很妙。"② 这里提到的化学家就是肖莱马,此时他已经在脂肪烃的相关研究上发表了四五篇有机化学史上里程碑式的经典论文,在化学界崭露头角。

1867年,巨著《资本论》第一卷德文版问世。为了《资本论》后续部分的写作,马克思认为自己必须阅读更多农业化学相关的文献,以更加透彻地研究地租问题。为此,马克思于1868年1月3日致信恩格斯,请肖莱马为他提供一些必读书目和对各学派学术观点的看法:

> 我想向肖莱马打听一下,最近出版的有关农业化学的书籍(德文的)哪一本最新最好?此外,矿肥派和氮肥派之争现在进行得怎样了?(从我最近一次研究这个问题以来,德国出版了许多新东西。)他对近来反对李比希的土壤贫瘠论的那些德国作者的情况了

---

① 《马克思恩格斯全集》第31卷,人民出版社1972年版,第46、73页。
② 《马克思恩格斯全集》第31卷,人民出版社1972年版,第92—93页。

解点什么吗？他知道慕尼黑农学家弗腊斯（慕尼黑大
学教授）的冲积土论吗？为了写地租这一章，我至少
要对这个问题的最新资料有所熟悉。肖莱马既是这方
面的专家，他也许可以提供一些情况。……向白恩士
女士、穆尔和肖莱马祝贺新年。①

马克思在信中向肖莱马提出了许多农业化学方面的专业问
题，这些问题正是他写《资本论》中地租一章时必须解决的。
恩格斯收到信件后，立刻把信交给肖莱马看，并于1868年1
月6日复信给马克思说："肖莱马将根据最近几年的年度报告
为你编一个索引。"②这是马克思对肖莱马的高度信任，而肖莱
马也无比尊敬自己的这位朋友，并为他所从事的事业竭诚贡献
自己的力量。

肖莱马和马克思、恩格斯之间，还保持这样一个习惯：他
们会互相将自己的著作签名赠送给彼此。

在肖莱马的私人藏书中，就有马克思、恩格斯亲笔签名赠
送的各种主要著作，如马克思的《资本论》《路易·波拿巴的
雾月十八日》《法兰西内战》和恩格斯的《德国农民战争》《欧
根·杜林先生在科学中实行的变革》《路德维希·费尔巴哈和
德国古典哲学的终结》《社会主义从空想到科学的发展》《家庭、
私有制和国家的起源》等书。肖莱马逝世后，恩格斯在肖莱马
生前住所把他和马克思赠送的这些著作归置在一起，并建议交

---

① 《马克思恩格斯全集》第32卷，人民出版社1974年版，第5—6页。
② 《马克思恩格斯全集》第32卷，人民出版社1974年版，第7页。

给肖莱马的弟弟路德维希。

在马克思、恩格斯的书房里，也藏有肖莱马赠来的各种著作，如《简明化学教程》《有机化学教程》《化学教程大全》《有机化学的产生和发展》等。因此，他们对彼此的著作都很熟悉并相互引证。例如，恩格斯在《反杜林论》的准备材料中，为说明新陈代谢不止存在于有机界，引用了肖莱马改写的《简明化学教程》中关于硫酸制造的例子。

马克思
关于化学的手稿

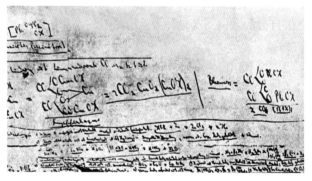

二、共产主义：是心之所向，是共同理想

肖莱马不仅科学知识渊博，在政治上也非常进步，是一位优秀的共产主义者。作为马克思和恩格斯的忠实战友，他是当时自然科学界罕见的优秀共产党人。恩格斯在谈到肖莱马时指出："卡尔在我们中间首先是一个社会民主党人……而社会民

主党人在化学界至今还不常见。"①

　　肖莱马在曼彻斯特与恩格斯相识，后又通过恩格斯介绍与马克思相识并很快成为亲密的朋友。自此，肖莱马开始认真学习马克思主义理论，积极投身国际工人运动。恩格斯在谈到这一点时回忆说："我是在六十年代初同肖莱马认识的（马克思和我很快就跟他成了亲密的朋友）……那时候他已是一个完全成熟的共产主义者，他需要从我们方面接受的只是对他早已理解的信念的经济学上的论证。"②

　　19世纪60年代，国际工人运动在世界范围内轰轰烈烈地展开，各国进步工人纷纷要求在国际上建立有组织的联系。因此，经过一段筹备后，1864年9月28日在伦敦的圣马丁堂齐集了来自英、德、法、意和波兰等国的代表，会上宣布成立国际工人协会，这就是第一国际。肖莱马对此抱有极高的热情，很快成为第一国际的成员。

　　肖莱马自参加国际工人协会后，不断从马克思和恩格斯那里收到各种革命文件并听到国际工人运动各种成就的最新消息。1869年11月18日，马克思致恩格斯的信中说："今天以书籍邮件的形式给你寄去一个邮包，内有：（1）一卷关于爱尔兰的论文集（特别是恩索尔的有些价值）；（2）几号《社会民主党人报》和《人民国家报》；（3）给你、穆尔和肖莱马的三份《关于巴塞尔代表大会的报告》。"③ 肖莱马

---

① 《马克思恩格斯全集》第38卷，人民出版社1972年版，第497页。
② 《马克思恩格斯全集》第22卷，人民出版社1965年版，第364—365页。
③ 《马克思恩格斯全集》第32卷，人民出版社1974年版，第372—273页。

以很大兴趣阅读马克思和恩格斯向他提供的这些文件，并听取恩格斯亲自向他介绍的各种情况。对此，恩格斯在悼念肖莱马的文章中写道："后来，由于通过我们了解了各国工人运动的成就，他就经常怀着很大的兴趣注视着这一运动，特别是克服了起初的纯粹拉萨尔主义的阶段以后的德国工人运动。"①

随着德国工人运动的成熟，1869 年，李卜克内西和倍倍尔在爱森纳赫领导成立了德国社会民主工党。肖莱马正是这个德国工人阶级政党的最早一批党员之一。他成为德国社会民主工党的党员后，一生中一直积极支持党的事业，先后为党完成了许多政治任务。恩格斯在给肖莱马的悼文中写道："在那里安息的大化学家，早在拉萨尔在德国崭露头角之前，就已经是个共产主义者了；他毫不隐瞒自己的信念，直到逝世之前始终是德国社会党的积极的一员，并且按时缴纳党费。"②

肖莱马虽然在职业上是一位大学里的有机化学教授，但是，作为具有共产主义政治信仰的自然科学家，肖莱马在思想上和组织上加入了国际工人协会和德国社会民主工党，这本身就说明他把自己和工人阶级的命运联系在了一起。他从他的朋友马克思和恩格斯开创的革命事业中，找到了自己在政治上的归宿。

---

① 《马克思恩格斯全集》第 22 卷，人民出版社 1965 年版，第 365 页。
② 《马克思恩格斯全集》第 22 卷，人民出版社 1965 年版，第 363 页。

三、生活中的密友：“摩尔”与“肖利迈”

肖莱马比马克思小 16 岁、比恩格斯小 14 岁，他很敬重这两位年长的朋友，马克思和恩格斯也同样喜欢这位幽默乐观的化学家。从他们之间的信件中可以看出，他们的友谊之亲密，已经到了马克思、恩格斯及其家属都把肖莱马当成家人看待的程度。

马克思、恩格斯及其家庭成员见到肖莱马时，既不称他为“Herr Schorlemmer”（肖莱马先生），也不称他为“Carl”（卡尔），而是专门为他取了些绰号。这些绰号是根据肖莱马的性格和职业取的，音义十分巧妙。肖莱马最通用的绰号是“Jollymeier”[肖利迈，由英语“Jolly”（快活的）及德语“Meier”（农夫）二词合成]，意思是“快活的农夫”，读起来发音很近于肖莱马的姓 Schorlemmer。除此之外，马克思由于皮肤黝黑而被称为“摩尔”（Mohr），恩格斯则在这个大家庭中获得了“将军”（General）的称号。①

马克思、恩格斯，还有他们的家属，其中包括孩子们，都是用这些绰号来称呼肖莱马的。1879 年 8 月 27 日那天，马克思带着小外孙琼尼到海滨浴场玩，人群中有人说了一句：这个小孩长得像个王子。琼尼生气地回过头去顶了一句：我像小肖利迈！马克思三岁的小外孙也喜欢肖莱马，并用绰号叫他。

---

① 潘吉星：《卡尔·肖莱马》，辽宁教育出版社 1986 年版，第 133 页。

德国和国际工人运动活动家库诺曾写信问过恩格斯，为什么他总是把马克思称为"摩尔"。恩格斯告诉库诺："凡是了解摩尔的家庭生活和他在亲近朋友中的情况的人都知道，在那里人们都不叫他马克思，甚至也不叫他卡尔，而只叫他摩尔，正如同我们每个人都有自己的绰号一样，而当不再叫绰号的时候，那种极亲密的关系也就停止了。"①

马克思、恩格斯同肖莱马之间，彼此相互关心，共同分担疾苦。1867年末，马克思患了一种很顽固的疾病，直到第二年春天还没有见愈。朋友们都为此很着急。他的医生建议服砒剂治疗，但因马克思在某医学刊物中看到有关文章后，对砒剂疗法怀有疑虑，但在恩格斯、肖莱马、龚佩尔特、库格曼等朋友的坚持下，马克思服用了砒剂，治好了病，于是又投身于《资本论》的写作。在这过程中，肖莱马的现身说法起到了作用。恩格斯在致马克思的信中写道："库格曼也建议服砒剂，但愿这有助于打消你的某些顾虑。肖莱马当时也服过很多砒剂，并没有感到丝毫不良后果。"②

1879年，肖莱马因工作积劳成疾。这段时间里，除了得到恩格斯的亲自照料外，马克思也常常寄信关心肖莱马的病情。那时马克思几乎每次给恩格斯写信，都问到肖莱马的病情，并"希望不幸的肖利迈的健康状况好转。代我向他衷心问好"③。

---

① 《马克思恩格斯全集》第35卷，人民出版社1971年版，第464页。
② 《马克思恩格斯全集》第32卷，人民出版社1974年版，第61页。
③ 《马克思恩格斯全集》第34卷，人民出版社1972年版，第106页。

　　肖莱马将一生都献给了他所钟爱的化学科学研究与共产主义事业，但长期的劳累使他于19世纪80年代末开始疾病缠身，最后甚至到了神志不清、无法写字的地步。1892年6月，恩格斯专程从伦敦赶往曼彻斯特看望肖莱马，并为其安排后事。在返回伦敦后，恩格斯又致信劳拉·拉法格、考茨基、倍倍尔等人，告知了他们肖莱马病情恶化一事。恩格斯在1882年6月11日致考茨基的信中沉痛告知："这样，我们又有一个优秀的同志要离开我们了。"① 仅仅半个多月后，肖莱马便于1892年6月27日与世长辞，享年58岁。

　　马克思与恩格斯曾多次使用极高的评价来赞赏肖莱马，称他是"优秀的共产主义者""我们的优秀的肖莱马""优秀的同志""积极的党员""忠实的朋友和党的同志""第一流的天才"，恩格斯甚至将肖莱马称为"整个欧洲社会主义政党中仅居马克思之下的最著名人物"，并在肖莱马逝世之后亲自撰写

1892年7月3日恩格斯发表在《前进报》上的悼文《卡尔·肖莱马》

① 《马克思恩格斯全集》第38卷，人民出版社1972年，第360页。

了悼文《卡尔·肖莱马》。他们之间在学术上的惺惺相惜、在政治抱负上的共同进退、在生活中的亲密无间，让这段长达30多年的友谊，在百年后仍然感人至深，熠熠生辉。

斐迪南·沃尔弗：
马克思的好同志、好战友、好兄弟

斐迪南·沃尔弗是马克思和恩格斯的忠诚战友，也是早期国际共产主义运动的政论家之一。19 世纪 40 年代布鲁塞尔时期他就与马克思相识相知，此后他和马克思、恩格斯一起同工人运动中的各种错误思潮作斗争。1848 年加入《新莱茵报》编辑部后，沃尔弗正式成为了马克思革命事业的战友。他同马克思不仅是默契的工作伙伴，还是生活中的好兄弟。1848 年欧洲革命失败后，马克思从巴黎辗转伦敦，沃尔弗一直陪伴在他身边。沃尔弗特有的革命热情与乐观精神也一直支持和鼓励着当时生活困窘的马克思，在共产主义同盟分裂时更是坚定地站在马克思一方。在马克思和恩格斯的影响下，沃尔弗逐渐成长为了一名杰出的无产阶级革命家，自觉地在国际共产主义运动中推动马克思主义的广泛传播。

一、共持革命立场——马克思的好同志

1812 年 11 月 7 日，沃尔弗生于德国科隆。青年时代的他于 1831—1835 年先后前往波恩、慕尼黑和布鲁塞尔学习哲学

和医学。如果他按部就班地生活下去，也许就能成为一位老师或者医生。19 世纪 30 年代，民主革命的兴起使得欧洲的政治形势发生了变化，即使在仍然处于封建专制制度下的德国，革命的各种因素已然显现。民主运动的思潮逐渐蔓延开来，青年作为社会中最积极、最有生机的群体，在时代的感召下自发地走上了历史的舞台，其中就有着马克思和沃尔弗的身影。同为进步青年的一分子，他们二人首先在革命民主主义的立场上达成了一致。当然，马克思并没有止步于此，而是以更广阔的视野和更深刻的思考向着新世界观奔赴而去。等到沃尔弗真正以一名共产主义者的身份站在马克思旁边时，时间来到了1846 年。

由于马克思不断在《前进报》上发表进步文章而被法国政府驱逐，于 1845 年 2 月从巴黎来到了布鲁塞尔。在此之前，他在《德法年鉴》上先后发表了《论犹太人问题》和《〈黑格尔法哲学批判〉导言》，并和恩格斯合写了《神圣家族》，初步阐述了唯物史观的一些重要思想，逐步实现了具有革命意义的思想变革。马克思在这个春天所写《关于费尔巴哈的提纲》，也标志着马克思同唯心主义和以费尔巴哈人本主义哲学为代表的旧唯物主义彻底划清了界限，为马克思主义新世界观的创立奠定了理论基础。

当马克思和恩格斯完成了新世界观的转变时，他们的思想就已经具备了指导工人运动的实践意义。马克思和恩格斯之前在报纸上发表的文章效果显著，他们的思想已经引起了很多有志之士的注意，再加上这一时期工人运动发展很快，马克思意识到不能只停留于思想之中，必须把自己创造的理论同工人阶级斗争相结合，才能让工人运动从自发走向自觉。就像《关于费尔巴哈的提纲》中所说的那样："人应该在实践中证明自己思维的真理性"①。然而仅仅依靠个人的力量无法实现这个目的，因此需要使工人阶级中的先进分子能够接受科学理论并和错误思想作斗争，进而更广泛地向群众传播先进理论。于是，马克思和恩格斯在 1846 年初紧张写作《德意志意识形态》的同时，决定成立布鲁塞尔共产主义通讯委员会，使各国的社会主义者相互联系交流，提高思想认识，进一步推动社会主义运动的发展。这也是马克思和恩格斯参与创建的第一个共产主义组织。在马克思和恩格斯广泛接触工人活动家、革命者以及民主进步人士时，沃尔弗出现在马克思的视野中。沃尔弗正是于 1846 年最早加入布鲁塞尔共产主义通讯委员会的第一批成员。他受到马克思主义的感召，并和其他革命者一同团结在马克思周围，从此成为马克思和恩格斯的革命同志。

马克思和恩格斯在同当时工人运动中有一定影响力的魏特林的平均共产主义、蒲鲁东的小资产阶级社会主义以及所谓的"真正的社会主义"做斗争时，沃尔弗始终和马克思保持着相同的立场。克利盖是"真正的社会主义"的代表人物，他在宣传中以"普遍的爱"掩盖了无产阶级和资产阶级间的对立斗争，实质上是一种维护小资产阶级制度的反动理论，但在布鲁塞尔共产主义通讯委员会内部却有着一定影响力。1846 年，马克思

---

① 《马克思恩格斯选集》第 1 卷，人民出版社 2012 年版，第 134 页。

和恩格斯起草了《反克利盖的通告》，而作为这一通讯委员会
成员之一的沃尔弗以署名形式公开表达了自己和马克思、恩格
斯一致的鲜明立场。此外，他还协助马克思建立了布鲁塞尔民
主协会，马克思是协会的副主席，沃尔弗则担任委员会秘书。

　　1847 年，马克思开始为《德意志——布鲁塞尔报》撰稿的
同时，沃尔弗也在该报上发表文章抨击德国商人的粮食投机行
为，他的兄弟正是其中一位粮食商。沃尔弗"大义灭亲"的行
为给马克思留下了深刻的印象，以至于在马克思晚年给恩格斯
的一封信中是这么说的："奇怪的是，现在每当神经受刺激，我
的咽喉就立即被卡住，就象红色沃尔弗卡住自己的兄弟——
粮食投机商一样。"[①] 说起来，马克思身边有两个沃尔弗——威
廉·沃尔弗和斐迪南·沃尔弗，二人是同姓，而"红色沃尔弗"
正是马克思对斐迪南·沃尔弗的亲切称呼。他那爱憎分明，感
性而热烈的鲜明性格也许是马克思称他为"红色"的原因之一吧。

　　在马克思和恩格斯接受了正义者同盟邀请并将其改组为共
产主义者同盟后，沃尔弗跟随着马克思的步伐成为共产主义者
同盟的盟员，在他的见证下，一篇标志着马克思主义诞生的
不朽巨著——《共产党宣言》公开问世了。时间已然来到了
1848 年，在欧洲革命风暴的影响下，马克思和恩格斯回到科
隆亲自参与革命，筹办《新莱茵报》作为指导革命的思想阵地。
而沃尔弗被马克思吸收为《新莱茵报》编辑部的成员。这段和
马克思共事的革命青春就此拉开了帷幕。

---

① 《马克思恩格斯全集》第 35 卷，人民出版社 1971 年版，第 134 页。

二、共赴革命运动——马克思的好战友

　　1848 年欧洲革命不同于以往的民主革命之处正在于，随着资本主义发展而不断壮大的无产阶级队伍已经成为一股新的革命力量。从法国二月革命开始，马克思和恩格斯时刻关注着无产阶级的行动。革命形势的变化使工人阶级有了公开宣传、表达自己立场的可能，马克思意识到原先同盟所进行的秘密活动已经不适应当前形势，且各支部中也普遍存在组织涣散、战斗力不强的问题。要广泛开展民主运动不能拘泥于特定的组织形式，于是马克思产生了筹办一份大型报纸的想法。关于这份报纸，马克思已经有了相当具体的设想：以《共产党宣言》为思想基础，以《共产党在德国的要求》为行动纲领，出于策略上的考虑高举民主旗帜，而目标是成立一个无产阶级性质的大型日报，最后定名为《新莱茵报》。

　　1848 年 4 月，马克思和恩格斯返回德国科隆后立即开展了筹建《新莱茵报》的工作。沃尔弗深刻体会到了马克思为《新莱茵报》不计回报的付出。报纸的资金一开始是来自筹股集资，而当创刊号中显示出其无产阶级的立场时，原先的股东便纷纷退出了。于是在资金短缺的情况下，马克思自掏腰包拿出继承的遗产，一部分之前用来武装了革命中的布鲁塞尔工人，而剩下的钱则全部投入了创办《新莱茵报》。经历了一个多月的紧张筹备，《新莱茵报》第 1 号于 1848 年 6 月 1 日终于得以出版。《"新莱茵报"编辑部的声明》中展示了编辑部的详细名单：总

编辑是卡尔·马克思，编辑有约翰·亨利希·毕尔格尔斯、恩斯特·德朗克、弗里德里希·恩格斯、格奥尔格·维尔特、斐迪南·沃尔弗以及威廉·沃尔弗。1848 年 10 月，诗人弗莱里格拉特也受邀加入，其中除了毕尔格尔斯（之后退出了）外其他人都是共产主义者同盟的成员。他们不仅是各自领域的人才，大多数有着和马克思在报刊或者同盟中共事的经历，且其中不乏著名的政治家、作家以及诗人。这些有着伟大献身精神的共产主义者们为着相同的革命目标团结在一起，以马克思为核心组成了《新莱茵报》编辑部这般卓绝的集体。

随着《共产党宣言》公开问世，马克思此时在理论上已经创立了科学社会主义学说，而实践中也深入参与到了无产阶级革命运动之中。马克思知识渊博且富有洞察力，善于解决问题且平易近人，他的才华和品格赢得了沃尔弗乃至整个编辑部的尊重，大家都乐于接受他的领导。就像恩格斯所说的：

> 编辑部的制度简直是由马克思一人独裁。一家必须在一定时刻出版的大型日报，在任何别的制度下都不能彻底贯彻自己的方针。而在这方面马克思的独裁对我们来说是理所当然和无容置疑的，所以我们大家都乐于接受它。首先是有赖于马克思的洞察力和坚定立场，这家日报成了革命年代德国最著名的报纸。[1]

马克思非常器重编辑们的才华，按照各自的专长和特点科学分工。沃尔弗在马克思的指示下成为驻巴黎的通讯员，既评

---

[1] 《马克思恩格斯全集》第 21 卷，人民出版社 1965 年版，第 21 页。

述一些外交政策问题，也负责一些小品文。他的文笔轻松诙谐，字里行间充斥着一种"法国人的幽默"[1]，他在通讯稿里生动形象地描写了法国阶级斗争的情况。马克思在放手让他们自由发挥的同时，也能冷静地审阅每篇稿件并亲自对文中的不当之处加以修改，以此突出编辑部的立场和观点。就像马克思在《1848年至1850年的法兰西阶级斗争》中评价路易·波拿巴时所引用到的，"这样，正如《新莱茵报》所说的，法国一个最平庸的人获得了最多方面的意义"[2]。马克思采用的这句话正是出自《新莱茵报》第174号上的12月18日巴黎通讯，通讯下面留有沃尔弗的通讯代号，"这句话很可能是马克思本人写的，因为报纸的全部材料都经他缜密地校审过"[3]。

　　马克思、恩格斯以及沃尔弗在内的众成员，以高昂的斗志向着德国乃至整个欧洲的封建制度发起了猛烈进攻，为各国的革命者提供了重要的思想引领，并受到了群众的热烈欢迎，《新莱茵报》发行量达到了约6000份，一跃成了当时德国的第三大报纸。而那时报刊最为盛行的英国，除《泰晤士报》外，订户最多的报纸也不过5000份。在近一年的时间里，马克思和恩格斯竟发表了400多篇文章。而他们不但没感到辛苦，反而乐观地将其视为一种趣味。恩格斯回忆道："这是革命的时期，在这种时候从事办日报的工作真是一种乐趣。你会亲眼看

---

① 中共中央马克思恩格斯列宁斯大林著作编译局编：《回忆马克思》，人民出版社2005年版，第29页。

② 《马克思恩格斯选集》第1卷，人民出版社2012年版，第482页。

③ 《马克思恩格斯文集》第2卷，人民出版社2009年版，第719页。

到每一个字的作用，看到文章怎样简直像榴弹一样击中目标，看到打出去的炮弹怎样爆炸。"① 面对敌人，他们不仅握得住笔，也拿得起枪，"在整个德国，人们感到惊讶的是，我们敢于在普鲁士的头等堡垒里面对着8000驻军和岗哨做出这一切事情；但编辑室内的8支步枪和250发子弹，以及排字工人头上戴着的红色雅各宾帽，使得我们的报馆在军官们眼中也成了一个不能用简单的奇袭来夺取的堡垒"②。而恩格斯后来更是亲自前往埃尔伯费尔德参加了武装起义。革命的年代里，马克思同编辑部成员间的革命友情是在战斗考验下造就的。沃尔弗曾与李卜克内西说起，在《新莱茵报》编辑部时"他们同马克思，也只有同马克思才建立了那种特殊的关系"③。

然而革命运动却逐渐走向低潮，资产阶级借着无产阶级的力量窃取了革命果实后转头开始排挤无产阶级，封建势力也顺势反扑，1848年欧洲革命最终失败。《新莱茵报》作为民主派的机关报，首当其冲受到了清算。即使处境日渐艰难，沃尔弗仍然同马克思战斗到了最后一刻。1849年5月19日，德国反动政府迫使该报停刊。当天发布的最后一期《新莱茵报》是用鲜红色字体印刷的，上面所登载的《告科隆工人》结尾写道："《新莱茵报》的编辑们在向你们告别的时候，对你们给予他们的同情表示衷心的感谢。无论何时何地，他们的最后一句话将

---

① 《马克思恩格斯全集》第29卷，人民出版社2020年版，第88页。

② 《马克思恩格斯全集》第28卷，人民出版社2018年版，第26—27页。

③ 中共中央马克思恩格斯列宁斯大林著作编译局编：《回忆马克思》，人民出版社2005年版，第99页。

始终是：工人阶级的解放！"①

马克思

《新莱茵报》终刊号

1849 年 5 月 19 日

三、共度艰难时光——马克思的患难兄弟

　　1848 年欧洲革命失败后，编辑部的成员无一幸免地受到了反动政府的"特别关照"："恩格斯因在爱北斐特发表的演说而受到刑事追究；马克思、德朗克和维尔特，作为非普鲁士臣民，应该离开普鲁士；斐迪南·沃尔弗和威廉·沃尔弗要受司法追究：前者是因为没有履行军职，后者则是因为仿佛曾在旧

―――――――――

① 《马克思恩格斯全集》第 28 卷，人民出版社 2018 年版，第 27 页。

有各省里犯过政治罪行；今天法院拒绝了把科尔夫交保释放的请求。"① 马克思和沃尔弗一路同行开始了流亡生涯，他们从德国的宾根去往了法国巴黎。在巴黎还有革命的余晖，山岳党和革命工人团体准备发起反对执政的秩序党的群众运动。尽管从整个欧洲来看革命呈现出逐渐减弱的势态，但马克思仍对即将在巴黎展开的行动充满信心。可现实是严酷的，由于山岳党并不同意工人团体在夜间发动武装起义的做法，最后这次行动成为了一次和平示威的游行活动。马克思、沃尔弗和恩·德朗克一起参与了这次游行。不久后巴黎当局也下达了驱逐令，沃尔弗和马克思被迫再次辗转前往伦敦。

1849 年 8 月，沃尔弗和马克思抵达了伦敦。1848 年燃起的革命火光到了 1849 年底逐渐黯淡下来，无产阶级遭受了严重的损失，不少革命者也因此意冷心灰。马克思和他身边的亲

密战友，既没有故作聪明地自我否定，也没有沉湎于悲观难以自拔，他们以洞察时代的目光重新审视眼前的既定事实，在冷静地自我反思、自我批评后依旧有勇气指出——历史发展的客观规律说明现代世界的根本矛盾并没有解决，阶级斗争依然存在，一如他在《共产

巴黎警察当局驱逐马克思的命令

① 《马克思恩格斯全集》第 6 卷，人民出版社 1961 年版，第 705 页。

党宣言》中做出的论断："资产阶级的灭亡和无产阶级的胜利是同样不可避免的。"① 为了吸取革命的经验教训并为下一次革命高潮来临做准备，马克思决定重整共产主义者同盟。马克思和恩格斯共同起草了《共产主义者同盟中央委员会告同盟书》，阐明了无产阶级在未来革命中的纲领和策略。为了团结国际无产阶级，马克思在伦敦德意志工人教育协会亲自为工人讲述《共产党宣言》和政治经济学。1849 年 9 月 18 日，为设法解决流亡者的食宿和生计问题，伦敦德国流亡者救济委员会成立了。马克思入选了委员会，而沃尔弗也在为救济基金会筹措资金。到了 1850 年的夏天，在马克思和沃尔弗等人的努力下，共产主义者同盟重新恢复了组织活力。

然而，共产主义者同盟内部却出现了危机。随着欧洲资本主义工业逐渐繁荣，马克思对革命形势做出了新的预估：在新的经济危机发生之前，革命将处于一个相对的低潮阶段。此时，共产主义者同盟内出现了一个冒险主义的宗派集团，领头的是维利希和沙佩尔。他们由于缺乏科学理论没有正确地认识到当时革命发展的客观形势，提出了立刻在德国重新发动革命的无理要求。1850 年 9 月，在共产主义者同盟中央委员会会议上，马克思在阐述他跟维利希和沙佩尔决裂的原因时说："我们特别向德国工人指出德国无产阶级不够成熟，而你们却非常笨拙地向德国手工业者的民族感情和等级偏见阿谀逢迎，当然这样做是比较受欢迎的……你们像民主派一样，用革命的

---

① 《马克思恩格斯选集》第 1 卷，人民出版社 2012 年版，第 413 页。

空话代替革命的发展"①。然而马克思没能改变维利希、沙佩尔
的一意孤行，他们在同盟中的小团体和以马克思为代表的多数
派公开对立，这就意味着共产主义者同盟内部分裂已成定局。
同盟成员到了需要做出选择的时刻：是立刻再次发动革命，还
是认清革命形势衰微的现实。沃尔弗在长期以来的革命实践中
以及在马克思和恩格斯的培养下，已经具备了优秀的革命者所
需的一切素养。在抉择的关键时刻，他以坚定的革命态度与理
论上的清醒头脑做出了支持马克思、恩格斯的多数派的决定，
并和马克思一起退出了为少数派所把持的伦敦德意志工人教育
协会。

　　在伦敦，马克思常常过着艰难拮据的生活，但他没有放弃
理想，在关心和支持无产阶级的同时潜心研究理论，特别是政
治经济学。很长一段时间里，沃尔弗一直陪伴在马克思身边。
马克思这样说过："这些年来我在这里遇到的许多愉快的事情
中，最使我感到愉快的事总是由所谓党内的朋友做出来的，像
红色沃尔弗、鲁普斯、德朗克等等。"②沃尔弗用自己的乐观和
热情，不仅在革命事业中，还在生活里给马克思带来了不少慰
藉。有一次诗人斐·弗莱里格拉特创作完《致约瑟夫·魏德迈
(诗笺一)》后寄给马克思看，由于原稿已经转寄给恩格斯，马
克思只是凭记忆给沃尔弗朗诵了几个片段，"但是，这已经足
以使他达到他所特有的那种狂喜的状态"③，在给诗人的回信中

---

① 《马克思恩格斯全集》第 11 卷，人民出版社 1995 年版，第 479 页。
② 《马克思恩格斯全集》第 49 卷，人民出版社 2016 年版，第 475—476 页。
③ 《马克思恩格斯全集》第 49 卷，人民出版社 2016 年版，第 28 页。

马克思亲笔记录下了这件趣事。还有之前在巴黎的时候，沃尔弗交到了几个棋艺精湛的朋友，顺便学了几手象棋。在他的带动下，伦敦流亡者之间掀起了一阵下棋的热潮，马克思积极地参与其中。马克思和朋友间的游戏缓和了流亡后的苦闷生活，他们对弈的时候兴之所至甚至会忘记时间而下到半夜。在面对革命低潮与贫困生活时依旧保持着朋友间的乐观活跃，正是因为马克思和沃尔弗这些革命者对共产主义伟大理想抱有必胜的信念，这也是他们永远朝气蓬勃的革命精神写照。

　　1851年，普鲁士反动政府罗织罪名，逮捕了11位共产主义者同盟的成员，意图以公开审判彻底扑灭人民的革命热情。马克思得到消息后立即联系身边的朋友，通过发表声明、搜集材料等一切手段进行营救。沃尔弗积极参与营救工作，在《关于救济科隆被判罪者的呼吁书》以及《关于救济科隆被判罪的无产阶级代表及其家属的呼吁书》上都留下了他四处奔走的历

科隆共产党人案件的审判法庭

史痕迹。即使马克思和沃尔弗花费了大量时间精力，以严谨的
材料证明了被告无罪，但多数人依然被普鲁士反动政府判了
刑。考虑到当时的严峻形势，马克思提议解散了共产主义者同
盟。此后，马克思一心投入理论研究和《资本论》的写作。沃
尔弗也成立家庭逐渐淡出了政治活动，但相信没有人会怀疑，
如果革命再次发生，他一定会立刻回到马克思身边。

　　沃尔弗不仅是国际工人运动的先行者，他对真理的追求、
对社会主义的奉献也推动着马克思主义早期在欧洲各国广泛传
播。他一直坚定地和马克思站在一起，他们是经得起时间考验
的朋友。在马克思最意气风发的革命年代里，有他的身影；在
马克思面对革命失败陷入低谷时，有他的陪伴；马克思在艰难
处境中刻苦钻研各种理论时，也有他的支持；在马克思晚年身
体抱病时，依然能想起他。沃尔弗对于马克思是具有深厚感情
的同伴，而对于整个工人阶级来说，他同样是无产阶级杰出的
革命同志。

哈尼：
与马克思分而复合的"小迷弟"

乔治·朱利安·哈尼是英国宪章运动的杰出领袖，他在这个"世界上第一次广泛的、真正群众性的、政治性的无产阶级革命运动"[①]中起到了重要的推动作用。作为马克思的好友和"迷弟"，他为马克思主义在英国工人中的传播作出了重大贡献。下面，让我们一起了解这位革命民主主义者、宪章派左翼领袖与马克思交往的点点滴滴。

哈尼

[①] 《列宁全集》第29卷，人民出版社1956年版，第276页。

一、与马克思初相见的宪章派杰出领袖

1817 年 2 月 17 日，哈尼出生在英国伦敦附近的一个小镇德特福德。他小时候只接受了几年私立小学教育，11 岁时被作为孤儿送到了格林威治皇家海军学校接受了 3 年训练。毕业后，从轮船服务生到酒店侍从再到印刷所小学徒，这就是哈尼青少年时期的真实写照。现实的生活经历，让尚未成年的哈尼深刻地了解到资产阶级的丑陋嘴脸。

1833 年，年仅 16 岁的哈尼加入了当时英国最大的工人组织——全国工人联合会，他积极参加资产阶级民主派争取出版免税报刊权利的斗争。此后的 3 年里，哈尼因买送各种补缴印花税的报刊"三进宫"，但牢狱生活并没有磨灭他坚强的意志，反倒是进一步坚定了他对革命的信念。1837 年初，哈尼参与创立了由伦敦东部贫苦工人组成的"东伦敦民主协会"，次年改名为"伦敦民主协会"。

英国宪章运动于 1838 年在全国轰轰烈烈地展开了。一开始，哈尼就加入到为争取宪章而斗争的行列，坚决主张实行法国大革命的原则，要求普选权和普遍的社会平等，主张工人宪章派保持政治独立性。在曲折斗争中，哈尼又一次入狱。1840年，哈尼参与了宪章派在伦敦成立的一个全国性组织——宪章派全国协会的创立工作。之后，他开始到苏格兰进行演讲宣传鼓动群众。近一年的时间，哈尼发表了百余次演说。在苏格兰，他遇到了一生的爱人和支持者，当地一位纺织工人的女儿、宪章运动的积极参加者——玛丽·凯麦隆。次年 4 月，两人一起回到伦敦。刚刚踏上伦敦的土地，就有许多宪章派团体邀请他前去做演说，西莱丁区还聘请他做了本区的宪章派宣传员。

哈尼在 1842 年 6 月发表了一篇颇具影响力的长篇演讲，指出："我们的任务是立即行动：全心全意地为推翻这个可怕的制度而努力奋斗"，并发誓"要实现我们的宪章"。① 此时的哈尼，虽然已经没有 3 年前那么激进，但是他还是坚持只有通过武力行动工人阶级才能实现宪章这个观点。次年，在奥康瑙尔的信任和聘请下，哈尼做了《北极星报》的编辑。也就是这一时期，哈尼初次见到了今后让他与马克思相识相知的重要"媒人"　　　弗里德里希·恩格斯。晚年，哈尼在回忆与这位有着 50 多年交情的朋友初次见面时写道："1843 年的时候，恩格斯从布莱得弗德来到里子，上'北极星报'编辑部去找过我。他个子很高，少年英俊，长着一副年轻得几乎像孩子一样的面孔。虽然他出生和受教育都在德国，但是当时已说得一口流利的英语。他告诉我说他常常读'北极星报'，对宪章运动非常关心。五十多年前，我们的友谊就这样开始了。"②

1845 年 7—8 月，马克思和恩格斯一同到伦敦和曼彻斯特考察旅行。在伦敦，通过恩格斯的引荐和推介，哈尼第一

---

① ［英］R.G.甘米奇：《宪章运动史》，苏公隽译，商务印书馆 1979 年版，第 234—235 页。

② 苏共中央马克思列宁主义研究院编：《回忆马克思恩格斯》，人民出版社 1957 年版，第 216 页。

次见到了马克思。马克思和恩格斯一同向哈尼深入了解了宪章运动的情况，同他交换了对工人运动的看法。他们彼此都留下了很好的印象，这为以后三个人的友情深化奠定了基础。

这次相见之后，哈尼开始渐渐接受马克思和恩格斯的思想，与他们同向同行。哈尼被众多思想家冠以"真正的无产者"①、宪章派"最革命的领袖"②的称号。之前，他主张争取"真正的、完全的平等"③，要建立的是"巴贝夫的平等共和国"。然而，在社会主义思想的熏陶下，他深刻明白工人阶级只有取得政权才能改变自己受奴役的地位。

二、从相识同行到若即若离

1845 年，对于哈尼和宪章运动来说都是有着重要意义的一年。在马克思和恩格斯的支持推动下，哈尼与其他宪章派成员、正义者同盟盟员以及各国革命流亡者携手建立了被誉为"第一个国际革命民主主义的组织"④——民主派兄弟协会。这个组织是在庆祝法兰西共和国建立 53 周年大会上光荣成立的。

---

① 《马克思恩格斯全集》第 2 卷，人民出版社 1957 年版，第 668 页。
② 《马克思恩格斯全集》第 6 卷，人民出版社 1961 年版，第 695 页。
③ 《马克思恩格斯全集》第 2 卷，人民出版社 1957 年版，第 670 页。
④ 《马列著作编译资料》第 16 辑，人民出版社 1981 年版，第 191 页。

哈尼
民主派兄弟协会会员证

哈尼积极参加了民主派兄弟协会的创建和运营工作，在日常生活中他是一位非常积极的活动家，他不遗余力地促使各民族民主派彼此接近。由于他的努力，宪章派中的许多人改变了自己在民主派兄弟协会成立初期所持的不信任态度，转而参加协会的活动。虽然，在民主派兄弟协会成立之初其所宣传和主张的基本上都是正义者同盟的思想，所采用的是同盟"人人皆兄弟"的口号，但马克思和恩格斯对它的评价还是相当高的。

为了使英国的宪章运动和民主派兄弟协会的活动成为真正的无产阶级的革命运动，马克思、恩格斯通过哈尼与这两个组织保持了相当密切的联系。其间，他们经常应邀或主动在《北极星报》上发表文章，阐述他们的科学共产主义理论，介绍和评论大陆上的民主运动，积极宣传无产阶级国际团结的思想，批评一些会员不成熟的理论观点。1847年，协会里的部分领导人加入了共产主义者同盟，协会对于促进无产阶级的国际团结起到了重大作用。

在马克思和恩格斯的影响下，哈尼在思想上逐步向他们接近。1845年底，哈尼出于对巴贝夫平均共产主义的信仰，加入了具有共和民主主义倾向的第一个秘密组织人民同盟——正义者同盟。1847年6月，在马克思和恩格斯领导下，正义者同盟改组成世界上第一个无产阶级的国际共产主义组织——共产主义者同盟。同年11月，哈尼与马克思、恩格斯在共产主义者同盟第二次代表大会再次相会。其间，哈尼对马克思和恩格斯发出邀请，让二人在民主派兄弟协会召开的纪念1830年波兰革命的群众大会上发表演说，进一步阐释他们关于无产阶级革命和无产阶级国际主义的思想。马克思与恩格斯欣然接受了邀请。

以此为新的起点，马克思和恩格斯对哈尼的影响日益显现。哈尼开始放弃脑袋里不甚清晰的"民主词句"，逐渐接受了马克思和恩格斯关于无产阶级社会革命的一些观点和看法。

1848年法国革命爆发后，英国的工人阶级掀起了第三次宪章运动的高潮。哈尼认为法国的七月王朝被推翻代表着工人革命的胜利，资产阶级统治的灭亡已经注定。1848年3月，哈尼作为代表前往巴黎向法国的临时政府递交贺信。在巴黎，哈尼见到了马克思，也参加了共产主义者同盟的一些重要活动，选举成立了以马克思为首的同盟新的中央委员会。从巴黎返回的哈尼，被当时英国集会和游行沸腾的景象深深震惊了，在那个斗争形势面前，他的情绪也异常高涨，夜以继日工作、连续发表演说。

　　哈尼等宪章派的革命活动引起了资产阶级的憎恨，1848年5月13日，英国政府下令要求解散宪章派组织。[1] 这一切使得他进一步认识到马克思和恩格斯关于无产阶级革命学说的正确性，也使得他更加清楚地认识到只靠请愿无法达到目的，最终是竹篮打水一场空，资产阶级民主共和国绝对不可能给工人阶级平等的政治权利。与此同时，宪章派内部发生分化，奥康瑙尔等人倒戈转向了资产阶级激进派，哈尼和琼斯则在马克思和恩格斯的影响下，更加坚定地在原有革命的基础上继续进行宪章运动。他们同马克思和恩格斯思想上的日益趋近、同向同行，同奥康瑙尔等人在思想方面的分歧逐渐扩大，最终导致了哈尼与奥康瑙尔等人在一场激烈的争论之后愤然说了拜拜。

　　在与奥康瑙尔出现分歧的日子里，哈尼的《北极星报》编辑工作在奥康瑙尔的干涉和阻挠下受到了严重影响。1849年3月，哈尼致信恩格斯请求其帮忙创办一份"不仅仅是宪章派的报纸"，还是"欧洲民主派的机关报"。[2] 于是，在马克思和恩格斯的鼎力支持和帮助下，哈尼主导的《不列颠和外国政治、历史和文学民主评论》于1849年6月正式创刊。这份刊物仅维持了15个月，在伦敦共出版了16期，在这一年零三个月的时间里，马克思和恩格斯也为这份刊物写了诸多文章。在某种程度上，它几乎是同一时期马克思和恩格斯主办的《新莱茵报。

---

[1]　周仲秋、钟义凡：《恩格斯的政党观》，解放军出版社2014年版，第68—69页。

[2]　《马克思恩格斯和哈尼通信集（1846—1895）》，人民出版社1984年版，第19页。

政治经济评论》杂志所表达观点的英文简译本。1850 年 5 月，
哈尼彻底离开了他陪伴和爱护了 7 年之久的《北极星报》。为
了加强宪章派的宣传工作，哈尼于次月创办了周刊《红色共和
党人》。在反动势力笼罩整个欧洲的情况下，革命报刊几乎均
被取缔，只有哈尼能够在自己创办的宪章派报刊上继续宣传科
学社会主义思想，宣传建立民主社会共和国的主张。

　　1850 年 11 月 9 日，《共产党宣言》的第一个英译本正式
在《红色共和党人》上刊登，这使得英国工人能够直接阅读
科学社会主义的纲领性文件，并且哈尼也以编辑部的名义高
度评价了《共产党宣言》，称赞它是德国革命者最先进政党的
卓越文件。1848 年欧洲革命以及后来的两年是哈尼最接近、
最靠近马克思和恩格斯，在思想上也是最倾向于他们的科学
社会主义的时期。然而，作为宪章派左翼的一位著名领袖人
物，哈尼虽然很有组织和活动能力，并且很会撰写文章，也
颇有演讲口才，但他的思想观点常常表现出极大的矛盾性和
不一致性，这种情况即便在他最接近马克思和恩格斯的时期
也很明显。

　　作为马克思的"迷弟"，哈尼在下定决心要实现宪章、号
召工人阶级开展独立斗争争取解放的同时，仍和小资产阶级
民主派交流甚多、联系密切，甚至不惜牺牲原则去联合他们。
1848 年欧洲革命后，虽然哈尼为马克思和恩格斯的思想在英
国的传播做了很多工作，还同他们两人逐渐发展成了挚友，但
哈尼也是"花心"的，他并没有始终如一地对待这份友情，在
他和马克思、恩格斯保持好关系的同时，也同路易·勃朗、赖

德律·洛兰、马志尼等这些被马克思称为"渺小的大人物"①来往甚为密切。哈尼也将路易·勃朗当作是他自己尊敬的朋友，甚至还以极其谦卑的态度对马志尼的观点和看法表示尊重和支持。

在哈尼心中，马克思、恩格斯的科学社会主义和巴贝夫的平均共产主义及勃朗的小资产阶级社会主义都是工人阶级解放的理论，无产阶级暴力革命与密谋行动都是争取解放的道路。对于哈尼这种行动上看似不偏不倚、理论上糊里糊涂，以及崇拜大人物、喜欢热烈场面和漂亮革命辞藻等的表现，马克思和恩格斯早有警觉，并一直想帮助他克服这些缺点，脱离这些小资产阶级派别的影响，使他走上正路，没有别的目的。可是他们的努力最终还是没能奏效，在小资产阶级"大人物"的拉拢下，哈尼成了他们手中的一个"普通的阴谋的工具"②。这也为哈尼和马克思、恩格斯的渐行渐远埋下了伏笔。

1851 年 2 月，哈尼及夫人出席了追悼波兰民族解放运动的领袖贝姆将军的集会，并"发表了长篇的，据说是成功的说教，在结尾时把布朗基、巴尔贝斯，最后还有路易·勃朗吹捧为社会主义救世主"③。此后的十几天里哈尼整天为完成路易·勃朗的委托而奔走，帮助召集并同维利希、沙佩尔、路易·勃朗、奥康瑙尔、雷诺等人一起参加了 1851 年 2 月 24 日举行的纪念法国 1848 年二月革命 3 周年的宴会。这一系列的

---

① 《马克思恩格斯全集》第 27 卷，人民出版社 1972 年版，第 205 页。
② 《马克思恩格斯全集》第 27 卷，人民出版社 1972 年版，第 213 页。
③ 《马克思恩格斯全集》第 48 卷，人民出版社 2007 年版，第 189 页。

行为、这种公开接近维利希—沙佩尔集团的做法，违背了他在
共产主义者同盟中央委员会分裂之初所采取的支持马克思和恩
格斯的立场。

马克思在 1851 年 2 月 23 日给恩格斯的信中指责哈尼背
信弃义，提出他"不应该使自己成为矮子或半打蠢人的垫脚
石"①。恩格斯在信中也对哈尼不倦地向"渺小的大人物"们表
示的这种公开的阿谀奉承感到厌恶，并且表示要停止给已经陷
入民主派泥坑的哈尼撰稿，同他划清界限。此时的哈尼，站到
了马克思和恩格斯的对立面，倒向了小资产阶级民主派一边，
从而与马克思、恩格斯在政治上分手了。此后，他便沿着斜坡
迅速滑下去，以致逐渐演变到攻击起了宪章派，最后慢慢地在
英国的政治舞台上销声匿迹。

三、分道扬镳后的重归于好

1853 年 2 月，哈尼的首任妻子病逝了，他失去了他的挚
爱，这个一直以来在政治上为他出谋划策的"家神，可尊敬的
夫人"②，哈尼的这位妻子并没有在其与马克思、恩格斯的交往
中起到很好的作用。在哈尼的心里，妻子的病逝是对他政治热
情的一个极其沉重的打击。之后的两年时间里，哈尼没有了这

---

① 《马克思恩格斯全集》第 27 卷，人民出版社 1972 年版，第 215 页。

② 参见《马克思恩格斯全集》第 27 卷，人民出版社 1972 年版，第
216 页。

位"家神"妻子的帮助，似乎失去了胳臂一般，在政治活动上并不顺意。1855 年，英国政府按照法国政府的要求驱逐在泽稷岛避难的法国流亡者时，哈尼趁着这个机会来到了泽稷岛。自此，他便在这里定居了下来。但是，出于自身的同情心，他仍旧为抗议英国政府的驱逐决定和部分做法而奔走，并担任了《泽稷独立报》的编辑。

1857 年 10 月，恩格斯到泽稷岛休养时见到了哈尼。在给马克思的信中，恩格斯这样形容哈尼，"目前看来他很高兴离开伟大的政治而退居他那渺小的盲人国。作为独眼，他在这里成了反对派之王"①。

1862 年底，哈尼在对美国南北战争中的共和派的态度上与《泽稷独立报》的所有人发生了冲突，他也被迫辞去编辑职务，并在次年 5 月与全家人移居美国。踏上美国的土地后，哈尼对亲眼看到的美国民主事业感到失望，拒绝参加他们的任何政治活动，又再一次过上了近似隐士般的生活。尽管哈尼努力地避开政治活动，但他并未放弃对美国的政治和社会情况的观察，更未停止对欧洲大陆及英国革命运动的关注。

1864 年，第一国际的成立使得哈尼感到异常高兴。1869 年，他从美国给第一国际总委员会写了一封信，表示赞成国际工人协会的纲领和原则，申请加入国际，并且寄去了会费。1871 年巴黎公社失败后，他对此极其痛心，致信马克思表示他完全支持第一国际的立场。1871 年 7 月，马克思致信哈尼，

---

① 《马克思恩格斯全集》第 29 卷，人民出版社 1972 年版，第 185 页。

向其索要有关美国公有土地问题的材料，哈尼及时将材料找到汇总后立即给马克思寄去。至此，中断了十几年联络的两人以通信的方式又再次走到了一起，这在某种程度上标志着哈尼与马克思重归于好。

1878 年 7 月，阔别了祖国 15 年之久的哈尼终于又回到了深爱着的故乡，两个多月的时间里他见到了很多熟悉的老朋友。同年 8 月，在马克思给恩格斯的信中，马克思也提到了"从伦敦出发时，我们在滑铁卢码头遇到了哈尼"①，这是哈尼时隔 20 余年再次见到了那位熟悉又陌生的马克思，这也是两人的最后一次见面。

晚年的哈尼一直同马克思和恩格斯保持着通信，他十分珍视同马克思和恩格斯的友情。在马克思逝世时，他给恩格斯发了唁电和唁信，要为其"分担痛苦"。他希望恩格斯尽快写出马克思的传记，使世人深入了解这位心地最善良、最天才和最富有吸引力的伟人。1897 年 12 月 9 日，哈尼逝世，终年 80 岁。

哈尼从最初信仰和思想上追随马克思，到被部分小资产阶级者带入歧途，再到经历世间沧桑的幡然醒悟，他一生的思想发展演变十分曲折，其中大部分都与马克思、恩格斯有着或多或少的关联。或许，思想家们之间的碰撞正是这样，总少不了"相爱相杀"。但是，正确的思想终究会被大家接受，思想家之间也会像平常人一样有着朋友间的惺惺相惜。

---

① 《马克思恩格斯全集》第 34 卷，人民出版社 1972 年版，第 88 页。

左尔格:
志同道合的"老"朋友

在马克思的一生中，与他志同道合的朋友不少。有一位朋友和他的友谊，特别之处在于一个"老"字：一是因为马克思与他的密切交往发生在晚年；二是因为历经岁月洗涤，这份友情愈加厚重绵长。由于承担的职责有别，他俩虽长期身处不同的地方，但心中燃烧着同一种希冀与理想，这促使他们在思想上聚成一团火，一生不渝为同一个目标奔走辛劳。马克思的这位朋友，就是弗里德里希·阿道夫·左尔格。他本是德国人，却为马克思主义在美国的发展作出了极大的贡献，这究竟是怎样一回事呢？让我们一起看看马克思与他的交往历程吧。

左尔格

一、是相遇，还是错过？

1828 年 11 月 9 日，左尔格出生于德国萨克森州的托尔高城，他的父亲是一名崇尚自由思考的牧师。1848 年，欧洲平民与贵族之间爆发了一系列武装革命，左尔格顺势加入了萨克森州的革命者小组，但起义很快就被政府军队镇压，促使他被迫前往瑞士避难。回到德国后，他重新加入卡尔斯鲁艾志愿军团，参加了巴登起义。他所在的部队与普鲁士军队在巴登和普法尔茨两次交火中均败北，1849 年 6 月，左尔格再次逃往瑞士避难。

由于官方掌握到他在这场席卷欧洲的革命活动中发挥了举足轻重的作用，左尔格于 1851 年被瑞士驱逐。之后他来到比利时，1852 年 3 月，左尔格又被比利时政府驱逐，于是前往伦敦。但到了伦敦他才发现自己在这里待不下去，便打算前往澳大利亚，可因为生病错上了开往纽约的船只。1852 年 6 月，左尔格到达纽约后定居在新泽西州的霍博肯市，成了一名音乐老师。

1852 年，左尔格曾旅居伦敦。而马克思自 1849 年 8 月来到伦敦后，一直待在这里。这本是一个难得的相见机会，但遗憾的是，马克思和左尔格在此期间并未谋面。之后几十年的时间里，马克思长居伦敦，左尔格远在美国，二人仅在 1872 年海牙代表大会期间，有过正式会面。不过，这丝毫未影响左尔格与马克思、恩格斯在 19 世纪 70 年代至 90 年代长达 20 多年的时间里，为争取工人阶级的伟大解放共同奋斗，为实现共产主义的远大目标携手前行。

二、大洋彼岸的社会主义之声

因为"巧合"成就一段历史。左尔格之所以被誉为"美国现代社会主义之父"，不仅因为他始终捍卫正统马克思主义的地位，还在于他为马克思主义在美国的传播作出了巨大贡献。有心人，事成愿遂；实干者，所向披靡。左尔格是一名当之无愧的共产主义战士。

1867 年，恩格斯在《国际工人协会总委员会向 1867 年洛桑代表大会的报告》中指出："本月初公民马克思把弗·阿·左尔格的一封信交给我，信中说在新泽西州的霍博肯成立了我们协会的支部。"[①]分部的建立，意味着捍卫和传播马克思主义的阵地已经具备。此后的一段时间，左尔格频繁活跃在美国的社会主义者中间，并逐渐成为马克思主义的主要倡导者，为第一国际继续在大洋彼岸发出自己的声音坚强奋斗。

第一国际内部的共同行动推动了左尔格同马克思本人产生了交集，这在 1870 年 9 月马克思写给他的信中可以见得。马克思先是说明了自己没能及时回信的缘由："先是太忙，后来又病得很厉害。……坐骨神经痛剧烈发作，弄得我几个星期都直不

---

① 《马克思恩格斯全集》第 21 卷，人民出版社 2003 年版，第 573 页。

了腰。昨天我才又回到伦敦，但是还远未痊愈"①，后又感谢了左尔格寄来的珍贵文件，特别是那份对马克思来说非常珍贵的劳动问题统计资料，马克思还在信中阐明了自己对普法战争的看法，深切地表达了对法国人民现实境遇的同情与关怀。诸事缠身的马克思，疾痛未愈就再度投入革命的事业，这种珍重事业、珍视朋友的品质，使得他的光辉形象更加生动，也更为具体。

1871 年 11 月 9 日，马克思在写给左尔格的信中谈到，由于第一国际总委员会要求 1871 年法国人支部修改它的章程，为此，这个支部同总委员会发生争执，事态甚至可能发展到分裂的地步。而 1871 年法国人支部是由伦敦的法国流亡者组建的，他们的成员不断同瑞士的法国流亡者共同行动，后者又时常同被国际解散的社会主义民主同盟派密切联系，这些人攻击的对象，"不是那些联合起来反对我们的欧洲各国政府和统治阶级，而是伦敦的总委员会，特别是鄙人"②。11 月 21 日，左尔格回信马克思："这些阴谋分子和饶舌的人面对着世界竟然肆无忌惮地发表一些错误的、虚假的和侮辱性的言论，使得我们无法与他们继续共事。"③左尔格在信中对第十二支部（即前文提到的 1871 年法国人支部）恶劣行径的披露反映了左尔格坚决地站在马克思主义一边，始终不渝同错误思潮展开斗争的鲜明立场。

---

① 《马克思恩格斯全集》第 33 卷，人民出版社 1973 年版，第 147 页。
② 《马克思恩格斯全集》第 33 卷，人民出版社 1973 年版，第 321 页。
③ 《国际共产主义运动历史文献》第 11 卷，中央编译出版社 2017 年版，第 583 页。

马克思

1872 年

　　1872 年 9 月，海牙代表大会召开。在 9 月 7 日的会议上，恩格斯就总委员会驻地问题作了发言，阐述将总委员会迁至纽约的必要性："因为纽约是除了伦敦以外唯一具备能够保证档案安全并使总委员会的组成具有国际性质这两个基本条件的地方。"① 对于恩格斯关于改变总委员会驻地的建议，左尔格投出了赞成票，但在表决驻地迁往纽约时，他弃权了，因为他此时还坚持认为纽约没有能承担重任的合适人选。

　　9 月 21 日，左尔格和库诺一起回到纽约。在紧接着召开的北美联合会会议上，左尔格作了关于海牙代表大会的报告。他在报告中强烈批判了巴枯宁主义者针对第一国际的分裂活

① 《马克思恩格斯全集》第 18 卷，人民出版社 1964 年版，第 187 页。

动，同时也谈到总委员会驻地迁来纽约和选举北美联合会一些委员为新的总委员会委员的决议。对这一决议，与会者感到吃惊，因为大家都和左尔格有着相同的隐忧——担心完不成总委员会的繁重任务。

10月3日，新的第一国际总委员会第一次会议召开。左尔格也出席了这次会议，并提议自己的朋友卡·施佩耶尔为总书记的候选人。但在10月11日召开的总委员会会议上，左尔格被选举为总书记。左尔格认为自己无法承担此项重任，多次推脱。经过反复考虑，联想到同志们的嘱托，尤其是马克思和恩格斯对自己的期望，他终于接受了这一任命。12月30日，左尔格签署给马克思的委托书，授权马克思负责收集和保管国际工人协会前总委员会的各种财物。次年1月5日，他签署了新的总委员会发给恩格斯的委托书，委派恩格斯为国际工人协会总委员会负责意大利事务的临时代表，授权并责成他根据随时接到的指示代表总委员会进行活动。

新的第一国际总委员会终于顺利诞生，但它却面临着诸多困难：一是纽约远离欧洲工人运动中心，不利于发挥指导作用；二是巴枯宁主义者的分裂活动对总委员会的各项工作产生干扰；三是布朗基分子因总委员会驻地迁往纽约而退出国际，还发表小册子污蔑国际"逃避革命"；四是马克思在海牙代表大会上的发言刺痛了英国的工联主义首领，总委员会驻地的变更导致国际领导层的更新，昔日旧友心怀不满，走上了反对马克思的大合唱队伍；五是在无政府主义的影响下，比利时联合会宣称拒绝接受海牙代表大会决议；六是法、德工人协会情况也不太妙，前者的工作基本上处于瘫痪状态，后者则因为拉萨尔分子的投机活动受到打击。此外，总委员会的经费状况也十分不好，几乎无法支持活动的开展。

如此艰难的境遇之下，同巴枯宁分子的分裂破坏活动作斗争成为总委员会的当务之急。不优先破解这一困局，就无法贯彻执行海牙代表大会的决议。这对于捍卫马克思主义在协会内部的指导地位具有强烈的现实紧迫性。

1872年10月末，左尔格从恩格斯的来信中，得知巴枯宁分子曾在圣伊米耶召开反权威主义者代表大会的消息。恩格斯提醒左尔格重视这场大会所产生的"反叛的决议"，总委员会必须想办法尽快对此采取有效措施。11月3日，在总委员会会议上，左尔格提议把巴枯宁派控制的汝拉联合会开除出国际，但遭到波尔特的反对，以至于总委员会只通过了一项无力的决议：宣布圣伊米耶决议无效，责令他们从11月8日起，40天内废除这些决议。后来，因这项决议未得到对方的答复，总委员会才在左尔格的要求下，于1873年1月5日通过新的决议，将汝拉联合会开除出国际直到下届代表大会为止。但这仅仅意味着暂时开除。因为海牙代表大会通过的章程第六条规定："总委员会也有权将国际的分部、支部、联合会委员会以及联合会暂时开除，直到应届代表大会为止"①。相较其他国家的分裂活动，1月5日的决议还是滞后了。1872年底至1873年初，比利时、西班牙、英国等国的

---

① 《马克思恩格斯全集》第18卷，人民出版社1964年版，第186页。

分裂主义者已先后召开代表大会，拒不承认海牙代表大会的
决议。

在这种情况下，马克思和恩格斯认为暂时开除不是解决
办法，必须使巴枯宁分子和改良主义分子不能再打着"国际"
的旗号继续展开活动。左尔格按照马克思和恩格斯的意见，1
月 26 日召集总委员会举行会议，通过了一项重要决议："凡是
拒绝承认代表大会决议或故意逃避履行章程和组织条例所规
定的义务的团体和个人，就是把自己置于国际工人协会的队
伍之外，并且不再是协会的会员"①。这个决议受到恩格斯的赞
许，他在 1873 年 3 月 20 日给左尔格的信中指出："1 月 26 日
的决议很好。现在只要你们在 3 月份召开的汝拉、意大利和其
他的代表大会后作出一项决定，说明 1 月 26 日的决议适用于
西班牙、比利时、英国的分裂主义者，特别是汝拉的分裂主义
者，那末事情就结束了。"②根据这一建议，总委员会于 5 月 30
日通过决议指出，参加了"布鲁塞尔、哥多瓦和伦敦的代表大
会和会议或者承认它们的各项决议的一切全国性或地方性联合
会、支部和个人，已经自己把自己置于国际工人协会的队伍之
外，并且不再是协会的会员"③。

紧接着，在巴枯宁主义的煽动下，罗曼语区联合会向总委
员会发动了攻击，对此，左尔格依旧坚决站在国际一边，保卫
协会的纯洁性。1873 年 8 月，马克思致信恩格斯谈到了这一点：

---

① 《马克思恩格斯全集》第 18 卷，人民出版社 1964 年版，第 737 页。
② 《马克思恩格斯全集》第 33 卷，人民出版社 1973 年版，第 574—575 页。
③ 《马克思恩格斯全集》第 18 卷，人民出版社 1964 年版，第 738 页。

"左尔格来信还说（也许，你已经知道），荷兰人已通知他们，还要派自己的代表去参加汝拉的代表大会，左尔格要求赛拉叶作为他们的代表，坚决不让荷兰人参加我们的(!)代表大会。"①

其实，在首届代表大会上，第一国际就确立了马克思主义的组织路线。但几年来，在巴枯宁主义的影响下，日内瓦支部"把第一次日内瓦代表大会以来所做的一切都化为乌有了，甚至还搞了许多同那次代表大会的决议背道而驰的名堂"②，并且打算召开新的代表大会。此外，当时欧洲各支部还是无法接受总委员会驻地迁往纽约的事实，竭力把新的总委员会说成是受人操纵的角色。

在这样的背景下，马克思于1873年9月致信左尔格，他在分析各国具体实际的基础上，提醒左尔格，根本不要去考虑地方性的日内瓦决议，干脆不要去理会它，并且指出，"鉴于欧洲的形势，我认为，暂时让国际这一形式上的组织退到后台去，是绝对有利的，但是，如果可能的话，不要因此就放弃纽约的中心点……在目前，只要同各个国家中最能干的人物不完全失去联系就够了"③。左尔格听取了马克思的建议，在后来的活动中继续发挥着总书记的作用，不断同各个国家的主要人物保持联络，以求国际重新归来。

但是紧接着，情况发生了不妙的转变。1874年9月，恩格斯致信马克思指出，"在纽约，阴谋家和吹牛家在总委员会

① 《马克思恩格斯全集》第33卷，人民出版社1973年版，第91页。
② 《马克思恩格斯全集》第33卷，人民出版社1973年版，第608页。
③ 《马克思恩格斯文集》第10卷，人民出版社2009年版，第396—397页。

中获得了多数，左尔格已辞职"①。这也意味着，自 1871 年巴黎公社之后逐渐艰难的国际，越来越走向陨落的命运。

随着总委员会内部分歧和斗争的严重扩大化，同时国际这一旧的组织形式已不再适应新形势和新任务的变化，1876 年 7月，第一国际在美国费城举行最后一次代表大会，宣告解散。但左尔格并没有就此放弃，国际解散后，他便立即领导马克思主义者在纽瓦克成立了美国社会劳工党，并领导和组织美国工人运动。次年，左尔格发表了《社会主义与工人》，他在书中深刻地批判了那些企图攻击和诽谤马克思主义的论调，继续坚持科学社会主义的基本观点。

1877 年 10 月，马克思致信左尔格，描述并驳斥了当时德国党内流行的妥协风气和形式主义，警醒工人不应该沉溺于"正义、自由、平等和博爱的女神的现代神话"②，而应该坚定马克思主义基本理论，积极投身工人阶级争夺实际利益的行动中去。左尔格铭记马克思的劝诫，始终奔走在工人运动的具体实践中，凭借实干成就了"美国社会主义运动先驱"的美誉。

三、由来道同相为谋

左尔格既是马克思和恩格斯晚年最亲密的朋友之一，也是

---

① 《马克思恩格斯全集》第 33 卷，人民出版社 1973 年版，第 127 页。
② 《马克思恩格斯文集》第 10 卷，人民出版社 2009 年版，第 420 页。

马克思逝世后，恩格斯"在 80—90 年代批判美国社会主义工党内的教条主义和宗派主义的错误倾向的得力助手"①。由于马克思和恩格斯晚年都在英国，而左尔格远在美国，因此，他们之间的交往更多呈现在书信中。

1880 年 11 月，马克思致信左尔格，高度评价《法国工人党纲领》，说它是"把法国工人从空话的云雾中拉回现实的土地上来的一个强有力的步骤"②，尤其是纲领在导言中用短短几句话就说明了共产主义的目的，这对于工人运动的实际开展无疑是大有裨益的。由此我们可以联想到，年少立志并一生奔赴的左尔格，同马克思、恩格斯有着共同的理想追求，也许正是基于共产主义的共同愿景，才铸就了这一段坚贞的友谊。

马克思在 1881 年 6 月写给左尔格的信中，揭露了其他形形色色"社会主义者"狡猾的，同时也是愚蠢的用心："不触动雇佣劳动，也就是不触动资本主义生产……把地租变成交给国家的赋税，资本主义生产的一切弊端就一定会自行消灭"，阐述了这些论调的本质"无非是企图在社会主义的伪装下挽救资本家的统治，并且实际上是要在比现在更广泛的基础上来重新巩固资本家的统治"③。马克思在这里再一次指出工人阶级斗争的核心在于消灭雇佣劳动，消灭资本主义生产，由此才能推

---

① 许征帆等编著:《马克思主义学说史》第 3 卷，吉林人民出版社 1987 年版，第 497 页。

② 《马克思恩格斯文集》第 10 卷，人民出版社 2009 年版，第 453 页。

③ 《马克思恩格斯文集》第 10 卷，人民出版社 2009 年版，第 463 页。

翻资产阶级的统治。而这一点深刻体现在左尔格为美国社会劳工党起草的建党纲领中，并且至少在建党后的前几年得到了实际贯彻。

1883 年 3 月 14 日，马克思与世长辞。恩格斯在书信中向左尔格详细描述了马克思生前最后一段时光，并谈到马克思的逝世让人类失去了一个头脑，而且是人类在当代所拥有的最重要的头脑，虽然"无产阶级运动在沿着自己的道路继续前进"，但是无产阶级"在紧要关头都自然地去请教的中心点没有了，他们过去每次都从这里得到只有天才和造诣极深的人才能作出的明确而无可反驳的忠告"①，对马克思本人作出了高度的评价，还在最后鼓励左尔格，不能因马克思的逝去丧失勇气，而要振作起来共同克服"那些土名人和小天才"的障碍。这为后来左尔格组织国际工会，继续实践马克思主义理论，注入了极大动力。

此外，恩格斯还在 1886 年 11 月《资本论》第一卷的英文版序言中指出："这份手稿是由我们的老朋友，新泽西州霍博肯的弗·阿·左尔格提供给我们的。"②可见，马克思晚年与左尔格交情之深，以及左尔格对于《资本论》第一卷得以整理并出版，起到了至关重要的作用。同时，正是在左尔格的提议下，美国出版了英文版的《资本论》（简述本）。

终止了自己的政治活动之后，左尔格在恩格斯的鼓励下，

---

① 《马克思恩格斯文集》第 10 卷，人民出版社 2009 年版，第 505 页。
② 《马克思恩格斯文集》第 5 卷，人民出版社 2009 年版，第 32 页。

于 1891 年至 1895 年在德国社会民主党的理论刊物《新时代》
上发表了一系列关于美国马克思主义者及美国工人运动史的文
章。他所写的《美国工人运动》是第一次用马克思主义观点分
析美国工人运动发展历史进程的杰出著作。

　　左尔格晚年还收集整理了有关第一国际的历史文件和
文献资料，在 1906 年以《约·菲·贝克尔、约·狄慈根、
弗·恩格斯、卡·马克思等致弗·阿·左尔格等书信集》为
书名出版。1907 年，列宁在为此书俄译本写的序言中指出，
这部书信集，对先进的马克思主义文献是一种必不可少的补
充，高度评价了它在马克思主义发展史和社会主义运动史上
的特殊地位。马克思和恩格斯在这些书信中谈到英美社会主
义运动时，特别尖锐地批评它脱离了工人运动，正如恩格斯
1886 年 11 月致信左尔格时所指出的那样："德国人一点不懂
得把他们的理论变成推动美国群众的杠杆……认为只要把它
背得烂熟，就足以满足一切需要。对他们来说，这是教条，
而不是行动的指南。"①

　　左尔格是一位伟大的共产主义者，是美国社会主义运动
的先驱，为捍卫马克思主义的正统地位，为马克思主义在美
国的传播与发展，作出了不可磨灭的贡献。同时，他作为马
克思晚年联系最为紧密的朋友之一，他们之间每一次观点的
交流，每一次意见的交换，都饱含着对工人运动、对共产主
义的关切。马克思之所以珍视这位战友的意见，不仅在于他

----

① 《马克思恩格斯选集》第 4 卷，人民出版社 2012 年版，第 583 页。

们年轻时便想法相近、志趣相投，更在于他们一直以来都通过实际行动追求理想、捍卫理想。这份赤诚与坚贞，才最为难能可贵。

梅林：
愿意并善于当马克思主义者的人

　　弗兰茨·梅林，是德国和国际工人运动的著名活动家，德国共产党创始人之一，也是杰出的马克思主义学者、理论家、历史学家和文艺评论家。列宁曾评论梅林"不仅是一个愿意当马克思主义者的人，而且是一个善于当马克思主义者的人"①。

梅林

　　梅林早年是一位著名的自由派新闻记者，作为一个民主主义者活跃于新闻工作的舞台上，希望以改良的道路让专制德国变为民主德国，但是俾斯麦政府对无产阶级和革命者的残酷镇压，让他认识到改良的道路行不通。梅林在现实的残酷斗争中，在马克思和恩格斯的影响下，从追求改良主义的道

---

① 《列宁全集》第18卷，人民出版社2017年版，第372页。

路转向马克思主义道路，从旧我到新我不断革新。可以说，梅林从最初与马克思素不相识，到受马克思思想的指引，再到最后一路"追星"马克思，成为一名社会主义者，为捍卫和传承马克思主义作出了自己的贡献。

一、改良好像不太行

1846 年 2 月 27 日，梅林在普鲁士波美拉尼亚的施拉维呱呱坠地的时候，马克思和恩格斯已经是 28 岁和 26 岁。同为普鲁士人，大概就是他们的交集了。此时，马克思和恩格斯这两位有为青年正忙着在布鲁塞尔创立共产主义通讯委员会，去巴黎向正义者同盟巴黎各支部的成员宣传共产主义，并同魏特林主义、蒲鲁东主义、"真正的社会主义"进行激烈的斗争。在两年后的 1848 年 2 月《共产党宣言》横空出世时，小梅林还在咿呀学语、蹒跚学步。他不会想到，马克思和恩格斯的思想观点，会怎样影响他的人生。

梅林的父亲在普鲁士是有身份、有编制的体制内公务员。他有参军履历，后转业到普鲁士政府做高级税务官。成长于这样官宦家庭的孩子自不必为稻粱谋。但像多数有些叛逆的男孩子一样，梅林于 1870 年大学毕业后，既没有参军，也没有走仕途，而是跑到一家民主报纸《展望》编辑部工作，成为了一名新闻记者。天生的叛逆精神，自然使他成为了一个自由派。

　　1875 年，29 岁的梅林和年近 60 岁的马克思产生了学术交集。当时，马克思和恩格斯正忙着指导德国社会主义工人党的斗争。在梅林这个年轻人眼里，年龄差距较大、观点还不太一致的马克思也许算是老师，但还算不上引路人。同年，梅林写了第一本小册子《歼灭社会主义者的冯·特莱奇克先生和自由主义的最终目的，社会主义者的反驳》，他在文中对德国反动历史学家特莱奇克的观点进行了驳斥。梅林幻想通过改良的道路把专制制度的德国变成民主主义共和国，德国社会民主党并没有支持梅林的做法，而梅林也同样对一些社会民主党的领导人有看法，甚至可以说是敌对情绪，他没有加入德国社会民主党。马克思看到这本小册子后指出"它写得枯燥、肤浅，但在某些方面还有点意思"①。多年之后，梅林说自己当时写的这本册子，还没有触及社会主义思想。

　　梅林最初对社会发展道路的认识不同于马克思。马克思以共产主义为最高理想，而梅林的社会理想并不否认资本主义制度。梅林幻想无产阶级与资产阶级之间的矛盾可以通过调和来解决，对一些根本性矛盾和问题没有看透彻。1877年，梅林发表《德国社会民主党史·历史探索》一文，表达了对德国社会民主党的看法以及他自己对于改良主义的观点。他还对马克思和恩格斯散布了一些不实之词，受到了马克思和恩格斯的严厉批评。恩格斯说："梅林散布了关于我

---

① 《马克思恩格斯全集》第 34 卷，人民出版社 1972 年版，第 65 页。

们的大量谎言，如果我们只反驳某一点，那就会间接地承认
其余的一切都是正确的。我们已经多年没有理采任何谎言，
除非万不得已非要我们回击不可"，并指出，"马克思和我对
我们的公开行动总是预先互相商量好的"①，说明马克思和恩
格斯此时的想法是一致的，恩格斯的想法也代表着马克思的
想法。

　　1878 年，俾斯麦政府对德国社会民主党进行了残酷镇压，
对无产阶级和革命者进行了残酷迫害。严酷的斗争事实打破了
梅林对改良主义的幻想。与此同时，社会民主党人顽强斗争的
精神使梅林认识到，马克思主义指导下的无产阶级政党具有强
大的生命力。此时，30 岁出头的梅林才开始接受马克思和恩
格斯的思想。

二、转向马克思主义后的忘我工作

　　梅林意识到走改良主义道路是行不通的，于是开始接受马
克思和恩格斯的思想，逐渐从一位民主主义者转变为一位社会
主义者。他开始认识到德国社会民主党的本来面貌，并在加入
德国社会民主党后做了很多工作。这些工作，反映了梅林对这
份事业的投入和用心，以及对马克思思想的认可。

　　梅林为德国工人阶级在受到迫害镇压时表现出的英勇气

---

① 《马克思恩格斯全集》第 35 卷，人民出版社 1971 年版，第 338 页。

概所折服。1883—1884 年，梅林的文章主要是同俾斯麦政府的反动政策作斗争。1885—1889 年，梅林重新接近德国社会民主党，并公开发表德国社会民主党人的文章，赞赏德国社会民主党人的英勇和坚定。后来因为梅林对俾斯麦政府的严厉抨击，加上支持矿工大罢工事件和 1890 年发生的抨击资产阶级的"林达乌事件"，使自己陷入了窘境，最后是在德国社会民主党的帮助和支持下才渡过了难关。

1891 年，年近 50 岁的梅林加入德国社会民主党，一直为其理论刊物《新时代》撰文，并受到了恩格斯的称赞："他为《新时代》撰写的社论确实是十分精彩的，我们每次都以迫不及待的心情等待这些社论。"①1893 年，《论历史唯物主义》问世，此文是梅林在担任《新时代》杂志的编辑时，为答复读者提出的疑难问题而写成的一篇捍卫历史唯物主义的重要文章。梅林用自己独特的方式表述了精神与生产的关系，指出："人类精神是依靠物质生产方式……这种关系当然在人类的原始社会里最清楚地呈现出来"②，这里面透露着梅林对历史唯物主义学说的理解。恩格斯对梅林这篇文章评价很高，认为："在这里主要的东西您都论述得很出色，对每一个没有成见的人都是有说服力的。"③梅林在《新时代》上发表的《莱辛传奇》也受到了恩格斯的表扬："这的确是 篇出色的作品……终于开始得到

---

① 《马克思恩格斯全集》第 38 卷，人民出版社 1972 年版，第 297 页。

② ［德］梅林：《保卫马克思主义》，吉洪译，人民出版社 1982 年版，第 29 页。

③ 《马克思恩格斯选集》第 4 卷，人民出版社 2012 年版，第 641 页。

恰当的应用。"①

1897—1898 年出版的《德国社会民主党史》四卷本中，梅林运用历史唯物主义观点叙述工人运动，对德国工人运动和德国社会民主党的产生、发展及党内各派力量的激烈斗争，作了详尽的论述。梅林对不懂历史唯物主义的人批判道：他们甚至不会正确地分辨哲学概念……正因为他们根本不懂唯心主义，所以他们也不会打中宗教的要害。他们在思维上栽了跟斗，正如唯心主义在存在上栽了跟斗一样。

19 世纪末 20 世纪初，由于修正主义在德国社会民主党内横行。梅林在此期间发表了许多文章反击修正主义者对马克思主义的攻击。1913 年 12 月，梅林同卢森堡一起创办《社会民主党通讯》，同考茨基主义进行斗争。1919 年 1 月 29 日，梅林因肺炎医治无效逝世，他的最后一部著作《马克思传》是在其逝世后出版的。梅林写这本书时说道：

> 我的赞美，正和我的批评一样，——在一本好的
> 传记中，这两者需要有同等分量——是针对着一位伟
> 大人物而言的，这个人在讲到他自己时常常喜欢说：
> 人所固有的我无不具有。②

---

① 《马克思恩格斯全集》第 28 卷，人民出版社 1972 年版，第 314 页。
② [德] 梅林：《马克思传》，樊集译，生活·读书·新知三联书店 1965 年版，第 3 页。

三、捍卫、传承马克思主义

　　1883 年 3 月 14 日,65 岁的马克思逝世。1895 年 8 月 5 日,75 岁的恩格斯逝世。但他们不是一个人在战斗。梅林在马克思和恩格斯逝世后，依然追随马克思和恩格斯思想的足迹，为捍卫、传承马克思主义作出了巨大贡献。

　　首先是对历史唯物主义思想的阐释。在此方面，虽然梅林没有写专门的著作，但是在其历史著作中运用了历史唯物主义。梅林针对历史唯物主义的产生说道："唯物的历史观是服从于它本身所建立的那个历史的运动规律的。它是历史发展的产物；在过去的时代就是最天才的头脑也不能把它硬想出来。只有在人类历史的一定高点上才能揭穿它的秘密"，同时梅林也充分认识到了历史唯物主义的重要性，他说："马克思和恩格斯的终身事业完全以历史唯物主义为根据；他们的所有著作都建立在这个基础上面。"①

　　其次是对第二国际修正主义的批判。当时很多党内人士受到修正主义的影响，远离了马克思主义的正确道路，但是梅林为维护马克思主义坚持斗争，捍卫历史唯物主义和马克思主义的革命原则，对党内代表人物伯恩施坦和考茨基的修正主义思想进行了批判。

----

① 　[德] 梅林:《论历史唯物主义》，李康译，生活·读书·新知三联书店1958 年版，第 1、2 页。

另外，梅林对马克思主义形成史进行了梳理和研究。梅林作为第一批马克思主义史学家，他充分利用自己已有的资源整理马克思和恩格斯的相关著作，分析他们思想的形成过程，对马克思主义的三个组成部分所经历的发展阶段进行了比较系统、全面的概括，并论证了马克思和恩格斯是科学共产主义的创始人。《马克思和恩格斯是科学共产主义的创始人》一文是集中体现梅林这一论证的著作。比如梅林评价马克思发表在《莱茵报》上的《评普鲁士最近的书报检查令》一文说："在这篇文章中……摧毁着今日的反对工人阶级的强制法令"①，包括后来马克思在《德法年鉴》上发表的文章，以及《哲学的贫困》《共产党宣言》等一系列文献中的思想，呈现着历史唯物主义不断形成的过程，梅林对这个过程做了翔实梳理。

在最后阶段撰写《马克思传》时，梅林力求还原马克思真实的一生，不管是对马克思的赞扬还是批评，都尽可能还原史实，把马克思的伟大形象不加修饰地重新塑造出来。但由于自身思想的局限性和历史的局限性，文中对马克思和恩格斯的诸多著作和活动评价有一些偏颇，文中梅林提到："对于拉萨尔的真正的博学的这种评论是不公平的"②，也同时指出："拉萨尔的名字虽然在德国社会民主党的历史上将永远同马克思与恩格斯的名字并列，但马克思仍然始终未能完全克服自己对拉萨

---

① ［德］梅林：《马克思和恩格斯是科学共产主义的创始人》，何清新译，生活·读书·新知三联书店1962年版，第27页。

② ［德］梅林：《马克思传》，樊集译，生活·读书·新知三联书店1965年版，第325页。

尔的偏见。"①而且书中梅林将拉萨尔与马克思、恩格斯相提并论，夸大了拉萨尔的功绩，忽视了拉萨尔的错误和拉萨尔与马克思、恩格斯之间的本质区别。这是其论述有失偏颇和认识不足的地方。可见梅林对拉萨尔和马克思之间的区别理解得还不够深。但从整体而言，不可否认的是，梅林为捍卫、传播马克思主义作出了巨大贡献。

《马克思传》历经30年左右的时间才得以完成，梅林耗费了极大的心血。梅林在《马克思传》中说道："我比别人更了解他的为人，因而也就能够在这方面描写得更为真实"②。梅林并不一味地神化马克思，他既能看到马克思作为思想巨人和革命导师的卓越性、引领性，又能看到马克思身上血肉丰富的人的维度。马克思专注于人类的忧患，为人类的苦难和幸福而工作，马克思不吝啬自己的时间和智慧，在命途多舛的日子里坚守着那份初心。《马克思传》凝结着梅林研究马克思主义的思想结晶，这不仅仅是一本人物传记，更是一部浓缩的

1072年出版的《马克思传》

———————————

① ［德］梅林：《马克思传》，樊集译，生活·读书·新知三联书店1965年版，第399页。

② ［德］梅林：《马克思传》，樊集译，生活·读书·新知三联书店1965年版，第1页。

早期马克思主义发展史。传记里面，梅林对马克思的相关重要
著作都做了精要的论述，也是最早对马克思青年时期的思想转
变有完整全面论述的人，并且能够把马克思和恩格斯的思想
观点融入其中。梅林在最后的日子里顶住了以考茨基为首的
机会主义分子的破坏和压力，并以顽强的毅力同病魔进行斗
争。1918 年，在他生命里程的最后一年终于完成了《马克思
传》这部 50 万字的巨著。梅林"追星"几十年，知错就改，
勇担重任。列宁曾评论梅林，"梅林不仅是一个愿意当马克思
主义者的人，而且是一个善于当马克思主义者的人"①，是当之
无愧的。

在学术上，马克思和恩格斯对人类社会未来的发展进行科
学论证，产生了伟大的理性认识，这就是马克思在《共产党宣
言》中所论述的："资产阶级的灭亡和无产阶级的胜利是同样
不可避免的"②。梅林坚持了马克思主义的立场、观点和方法，
尤其是坚持了历史唯物主义。在社会理想上，马克思和恩格斯
是共产主义社会的首倡者和实践者，梅林受他们影响和感召而
成为共产主义理想的奋斗者。在捍卫、传承马克思主义上，梅
林用自己的实际行动作出了巨大贡献。

梅林和马克思之间，看似他们的直接往来并不多，但是梅
林从最初认识到改良主义是一种幻想，是不可行的，到最后转
向马克思主义，这一过程中，马克思起到的是人生导师般的思

---

① 《列宁全集》第 18 卷，人民出版社 2017 年版，第 372 页。
② 《马克思恩格斯选集》第 1 卷，人民出版社 2012 年版，第 413 页。

想指引作用。在梅林看到德国社会民主党人的顽强斗争精神时，在他学习马克思主义的一本本著作时，在他转向马克思主义忘我工作时，梅林的思想正在悄然地发生着改变。虽然这一过程中少不了曲折和对马克思主义不够全面的理解，但不可否认的是，梅林在帝国主义时代坚定地捍卫、传承马克思主义，揭露帝国主义列强的本质，反对伯恩施坦和考茨基的修正主义，成为卓越的马克思主义战士。

穆尔：
剑桥学子的马克思主义之路

有这样一个人，他出身显赫，家境富裕，毕业于顶尖学府剑桥大学，本可以在资本主义的温柔乡中朝歌夜弦、醉生梦死，却选择"离经叛道"，追随马克思主义的思想旗帜，以惊人的决心与毅力投身无产阶级解放事业。

有这样一个人，他悉心钻研并翻译了《资本论》《共产党宣言》这些无产者认识过去、现在、未来的锁钥，推动马克思主义的代表性著作以完整面貌流传四方。

而他的名字，鲜有人知，他就是——赛米尔·穆尔。

出身富裕家庭的贵公子穆尔在马克思和恩格斯的影响下，毅然选择投身共产主义事业，并凭借自己渊博的学识，为马克思在新的历史条件下深化政治经济学研究提供了理论素材，为马克思主义经典著作的翻译、编辑与传播作出了卓越贡献。

一、贵公子缘何选择马克思主义？

1838 年 12 月 1 日，穆尔出生于英国小镇班福德，是威廉·卡梅伦·穆尔和伊莱扎·路易莎·穆尔夫妇的长子，他

还有 3 个妹妹和 5 个弟弟。穆
尔的出生地班福德距离当时首
屈一指的工业化城市曼彻斯特
仅 25 英里，这里风景优美，
当地著名的德文特河就流经
小镇。

　今天，班福德运营的网站
记录着这样一段历史：1780 年
左右，班福德的一家玉米磨坊
意外烧毁并被出售，穆尔家族

穆尔

将其改建为水力棉纺厂，从此"工业革命"来到了这个村庄。
穆尔的父亲威廉·穆尔是一位仁慈的雇主，他不仅为工人提供
良好的住房与医疗条件，还为村庄修建了学校与教堂。用后人
的话来说，"工厂的条件在当时很不寻常"，"威廉·穆尔比他
那个时代的大多数雇主都仁慈得多"。当地居民为了纪念与缅
怀威廉·穆尔的功绩，在 20 世纪 30 年代修建了以"穆尔"命
名的纪念馆。直至今日，小镇居民依然夸赞其"慷慨奉献"。
父亲的仁慈情操赢得了班福德人民的尊重和爱戴，也对从小亲
历这一切的穆尔产生了潜移默化的影响。

　1852—1858 年，也就是穆尔 14 岁到 20 岁期间，他就读
于具有 300 年历史传统的施鲁斯伯里"皇家自由文法学校"
（Royal Free Grammar School）。在学期间，穆尔最突出的学
科是数学，而且他曾在 1857 年和 1858 年的夏天获得该校的
数学头等奖。1858 年秋，穆尔开启了他在剑桥大学"三一

穆尔纪念馆

学院"（Trinity College，Cambridge）为期四年的数学专业学习，对此，恩格斯就曾开玩笑般地称呼他为"剑桥的一位老数学家"①。

从剑桥大学毕业后，他便在曼彻斯特的赛米尔·梅纳德·穆尔父子公司工作，该公司是穆尔一家的家族企业，由穆尔的祖父赛米尔·梅纳德·穆尔创建。曼彻斯特是一个工业化的大都市，这里不再是穆尔所熟悉的那个祥和且颇具空想社会主义色彩的小镇班福德。在这里，资本家对工人剥削压迫极为深重而又十分普遍，社会矛盾已然十分尖锐，而父亲对工人的慷慨与其他资本家奴役剥削工人的黑暗现实形成了强烈的反差，"谁养活谁"的问题开始在穆尔的脑中萦绕。对这一问

---

① 《马克思恩格斯文集》第 7 卷，人民出版社 2009 年版，第 8 页。

题的回答，想必正是他选择投身革命、力求改变世界的重要
原因。

　　知识分子容易产生救世济民的热忱，却往往难以逃脱阶级
的局限性。穆尔之所以能够摆脱这种局限性，成为一名马克思
主义者，与先后结识恩格斯、马克思有着直接关系。1863 年，
25 岁的穆尔遇见了同在曼彻斯特的恩格斯，共同的兴趣与志
向使二人成为终身挚友，这也成为穆尔人生的一个重要转折
点。恩格斯就像穆尔在黑暗中迷茫顿足时的一束光，为穆尔指
明了前进的方向，使其找到了马克思主义这一思想武器。在恩
格斯的影响下，穆尔成为国际工人协会在曼彻斯特的第一批会
员。一位本能过着富足生活的年轻贵公子，最终同马克思、恩
格斯一样，选择要将自己的才干奉献给共产主义事业。

二、数学：连接真理的桥梁

　　通过恩格斯，穆尔结识了马克思，但记录穆尔和马克思
线下交往的文字很少，这些资料主要集中在 1873 年。1873
年，此时的马克思已经 55 岁了，身体日渐衰弱，多种疾病
接踵而来。与此同时，1873 年还发生了在资本主义发展史上
具有标志性意义的世界经济危机，这也是马克思生前经历的
最后一次经济危机，这个有史以来"最大的一次"[1] 经济危机

---

① 《马克思恩格斯全集》第 34 卷，人民出版社 1972 年版，第 438 页。

给马克思晚年思想的转变带来了巨大影响。马克思认为："目前某些经济现象进入了新的发展阶段，因而需要重新加以研究。"① 在马克思深化政治经济学研究的过程中，穆尔发挥了重要作用。

马克思
我列的部分数学算式

　　恩格斯曾说道，"马克思在他所研究的每一个领域（甚至在数学领域）都有独到的发现"②。马克思认为数学可以放松他的大脑，帮助他厘清思路，因此他在写作疲惫之时便会做一些数学题来使头脑清醒。而穆尔恰好又是从剑桥大学毕业的数学高才生，对数学算得上是精通，这就为马克思的政治经济学研究提供了助力。1873 年 5 月中下旬，马克思为了请爱德华·龚

---

① 《马克思恩格斯文集》第 10 卷，人民出版社 2009 年版，第 449 页。
② 《马克思恩格斯全集》第 19 卷，人民出版社 1963 年版，第 375 页。

佩尔特为其诊病，前往曼彻斯特。在此期间，马克思和穆尔在多维尔街 25 号共同生活了两个星期之久。在这里，马克思向穆尔提出他所遇到的问题，在给恩格斯的一封信中，他说："我在这里向穆尔讲了一件我私下为之忙了好久的事。然而，他认为这个问题无法解决，或者由于涉及这一问题的因素很多，而大部分还有待于发现，所以问题至少暂时无法解决。事情是这样的：你知道那些统计表，在表上，价格、贴现率等等在一年内的变动是以上升和下降的曲线来表示的。为了分析危机，我不止一次地想计算出这些作为不规则曲线的升和降，并曾想用数学方式从中得出危机的主要规律（而且现在我还认为，如有足够的经过检验的材料，这是可能的）。如上所说，穆尔认为这个课题暂时不能解决，我也就决定暂且把它搁下。"① 事实上，马克思和恩格斯十分赞赏穆尔的数学功底，常常就研究中出现的数学问题咨询穆尔，并把穆尔对他们构想的评价（通常是怀疑的）作为问题的最终结论。②

　　除了请教数学问题，穆尔一直以来还被马克思和恩格斯当成了解英国工业状况的"顾问"。马克思在《资本论》的理论阐述上主要用英国作为例证，而穆尔长期生活在世界工业革命的故乡曼彻斯特，在企业经营中早已对国内外经济政治状况了然于胸，马克思就曾在给恩格斯的信中称穆尔为"白菜大王"和"煤炭大王"。面临这场前所未有的经济危机，穆尔提供的

① 《马克思恩格斯全集》第 33 卷，人民出版社 1973 年版，第 87 页。

② Leon Smolinski, "Karl Marx and Mathematical Economics", *Journal of Political Economy*, Vol.81, No.5, p. 1194.

"第一手"信息与帮助对于马克思正确分析和把握资本主义的新变化具有重要价值。

三、英国"陈望道"：真理的味道非常甜

1865 年 7 月，马克思正在从事《资本论》第一卷的写作，但已有出版英译本的打算，于是他请求恩格斯协助他完成这项工作。1867 年 6 月 23 日，恩格斯将《资本论》第一卷的第二章（《货币转化为资本》）和第三章（《绝对剩余价值的生产》）译给穆尔听，穆尔正确领悟了相关内容，深深地被这本书所吸引，并"对于这种简单的取得结果的方法非常惊异"[1]。恩格斯立刻向马克思作了推荐，他认为以穆尔的能力完全可以胜任这项工作，此后马克思也在回信中同意了恩格斯的建议。虽然当时穆尔还没有完全掌握马克思的文章风格，并且自己也有着繁重的工作，只能利用业余时间进行翻译，但他还是为完成这一任务投入了极大的热情与精力。

为了能够更好地推动翻译工作，穆尔在 1867 年的秋天去了爱森纳赫，在那里学习了 7 个星期德语。经此学习，穆尔的德语水平有了很大提高。很快，穆尔就开始潜心钻研《资本论》，正如恩格斯在给马克思的书信中所说的："赛姆·穆尔是你的书（《资本论》第一卷——编者注）的最热心的读者；他

---

[1] 《马克思恩格斯全集》第 31 卷，人民出版社 1972 年版，第 314 页。

确实已经认认真真地读了六百多页，并且还在孜孜不倦地往下攻读哩。"①"赛姆·穆尔现在正热心研究敦克尔出版的你的著作的第一分册（《政治经济学批判》——编者注），他对一切理解得很好。他完全领会了货币理论等等当中的辩证的东西，并说，就理论而言，这是全书中最好的部分。"②

但一直到 1883 年，马克思和恩格斯的书信中再也没有提及让穆尔翻译《资本论》英译本的事。这背后的原因十分复杂。一方面，早在 1867 年马克思就想在伦敦找一个能付给优厚稿酬的人，这样可使穆尔作为译者、马克思作为作者共分这笔稿酬，可这样的书商并不好找。此后，英国书商曾多次在不经马克思允许、也不支付稿费的情况下试图出版《资本论》英译本，但都被马克思制止了，这使马克思认为英国是"贪财的国家"③，所以决意不让英国的书商翻译出版《资本论》。另一方面，《资本论》法译本的出版在马克思心中有着极高的优先级，早在 1862 年马克思还未完成《资本论》时，他就提出"德文版一问世，法文版也会在巴黎准备好"④。他还认为只要有了《资本论》法文版，英文版就完全不成问题了，并提出如果到时候找不到十分内行的英译者，就亲自进行这一工作。但是法译本一直到 1875 年才问世，翻译、校对与修改工作消耗了马克思大量的精力，使马克思的身体每况愈下，也影响到了《资

① 《马克思恩格斯全集》第 32 卷，人民出版社 1974 年版，第 49 页。
② 《马克思恩格斯全集》第 32 卷，人民出版社 1974 年版，第 236 页。
③ 《马克思恩格斯全集》第 34 卷，人民出版社 1972 年版，第 280 页。
④ 《马克思恩格斯文集》第 10 卷，人民出版社 2009 年版，第 197 页。

本论》第二卷的写作。此后，心力交瘁的马克思明确表示"将
永远不再参加任何翻译"①。因此，马克思亲自翻译英文版已成
为不可能之事。1877 年 9 月，马克思在左尔格的建议下同意
杜埃将《资本论》翻译成英文，但是很快马克思和左尔格又认
为杜埃无法胜任翻译工作，英译本的事情被再次搁置。

　　马克思逝世以后，翻译出版《资本论》第一卷英译本这件
事又被重新提上了议程。恩格斯还是坚持认为穆尔是做这件事
情的不二人选，并再次邀请他参与翻译工作。穆尔欣然同意。
1883 年 8 月下旬，恩格斯拿到了穆尔的试译稿，他在给劳
拉·拉法格的信中表示："我还看了赛姆·穆尔的试译稿，大
部分都译得很好、很活；开头部分需要特别'注意'，因为术
语穆尔译得不够确切，不过这容易改正。根据我所看过的，我
肯定，他会很好地完成这项工作。"②

　　此时，穆尔已成为一名律师，大量工作缠身导致《资本
论》第一卷的翻译进度被严重拖缓。1884 年 3 月，恩格斯在
给劳拉的信中表示："赛姆要做的法律工作太多，他又非常认
真，不会'不顾质量'而去赶速度。"③ 但一个人翻译着实有些
慢了，于是从 1884 年 4 月开始，马克思小女儿爱琳娜的丈夫
爱德华·艾威林也参与到了翻译工作中。可是，恩格斯对艾威
林译出的稿子感到不太满意，"我看了他的译稿，认为根本不
能用。但是他非常热心，因此，上星期他在这里见到赛姆·穆

---

① 《马克思恩格斯全集》第 34 卷，人民出版社 1972 年版，第 273 页。
② 《马克思恩格斯全集》第 36 卷，人民出版社 1975 年版，第 64 页。
③ 《马克思恩格斯全集》第 36 卷，人民出版社 1975 年版，第 134 页。

尔时，商定让他试译《工作日》这一章，因为这一章主要是叙述性的，困难的理论性的段落比较少，而要翻译这种段落，艾威林在目前还没有仔细研究和弄懂全书的情况下，是完全不能胜任的"①。因此，翻译的主要工作最终还是由穆尔来承担。后来，马克思的小女儿爱琳娜也参与其中，协助进行了英文版的修订工作。1887 年 1 月，《资本论》第一卷的英译本问世。没过多久，首印的 500 册书就销售一空。

穆尔
《资本论》第一卷英文版扉页

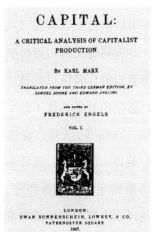

1887 年

翻译完《资本论》没多久，穆尔又投入到了翻译《共产党宣言》的工作中。《共产党宣言》的英文首译本于 1850 年问世，

---

① 《马克思恩格斯全集》第 36 卷，人民出版社 1975 年版，第 140 页。

译者为海伦·麦克法林女士，该译本忠实原意、用词准确，获得了马克思和恩格斯的认可。但该译本有所删减，没能呈现这一重要著作的全貌，因此亟待补充完善。此后亦有多个英译本，要么是麦克法林译文的重印版，要么多有纰漏。马克思和恩格斯很久之前就试图出版一本完整权威的英文版《共产党宣言》，但一直没有合适的翻译人选。19世纪80年代末，国际工人运动出现了新的高涨，而美国工人在理论方面又特别落后，人们对英文版著作的需求日益突出，翻译工作迫在眉睫。穆尔在翻译《资本论》第一卷时的出色表现让恩格斯坚信，只有一个人能做这件事，就是赛米尔·穆尔。

1887年5月4日，恩格斯在致左尔格的信中告诉他《共产党宣言》已经译好。恰巧此时英国出版商里夫斯向恩格斯

1920年8月出版的《共产党宣言》中译本（书名错印为《共党产宣言》）

打听有没有作者认可的翻译稿，恩格斯赶紧抓住了这个时机。1888年，《共产党宣言》英译本问世了。该译本由恩格斯亲自审定并作序，是英译本中极具权威性和影响力的版本。幸德秋水和堺利彦就曾在日文版"序言"中表示："英译本乃作为马克思之朋友，翻译《资本论》大部分内容的萨缪尔·穆尔之笔译。若加上经原著者恩

格斯的校订本，则成为最可信之依据。"①1920 年 8 月，陈望道译的《共产党宣言》中文全译本问世，这本有着"红色中华第一书"美称且对中国共产党的创建产生了直接影响的小册子，也参考了穆尔译的英译本。

四、马克思的"第二个'我'"与法学家穆尔

马克思逝世以后，恩格斯担负起了整理和发表马克思的文献遗产以及领导国际工人运动的重任，马克思的战友们继续团结在了恩格斯周围。用今天的话说，马克思逝世后，马克思的朋友圈并未解散，他的账号被马克思的"第二个'我'"——恩格斯继承了。对于穆尔来说，恩格斯就像伯乐。正因为遇到了恩格斯，穆尔才能结识马克思这样伟大的共产主义者；正因为有了恩格斯，他才能接触马克思当时尚未问世的手稿，才能参与到人类光辉巨著的编译工作中；正因为有了恩格斯，他才能在马克思逝世后继续追随恩格斯的脚步，朝着马克思主义指明的方向接续奋斗。

1879 年，穆尔退出赛米尔·梅纳德·穆尔父子公司，并加入了一个名为"林肯法学协会名誉学会"的伦敦律师团体。1882 年，穆尔正式成为律师。恩格斯十分信赖穆尔的能力，并把他作为自己在英国法律问题上的顾问，此后又将其指定

① 许晓光：《〈共产党宣言〉日文版的诞生》，《光明日报》2021 年 7 月 12 日。

为自己遗嘱的执行人。1889 年，穆尔前往非洲尼日尔河畔担任首席法官，对此，恩格斯既感到十分不舍，又非常赞赏他的选择，认为："他找到这个工作，不仅仅是因为他有司法方面的资历，更重要的是因为他是一个有才干的地质学家、植物学家和前志愿兵军官——所有这些条件在一个新的国家里是很可贵的。"①

在尼日尔做法官期间，穆尔所做的一项重要工作就是协助恩格斯进行《资本论》第三卷的整理工作。1885 年，恩格斯开始根据马克思的手稿整理和编辑《资本论》第三卷。事实上，第三卷只有一个初稿，而且极不完整。为了完成这部著作，恩格斯殚精竭虑、废寝忘食，进行了近十年的编辑整理工作。恩格斯在第三卷"序言"中回忆道："可用于第三章的有一系列未完成的数学计算，此外还有写于 70 年代的整整一个几乎写满了的笔记本，用方程式来说明剩余价值率和利润率的关系。把第一册的大部分译成英文的我的朋友赛米尔·穆尔，为我整理了这个笔记，他作为剑桥的一位老数学家，担任这项工作是更合适得多的。"②正是有了穆尔的悉心帮助，恩格斯才顺利编成第三章。此外，恩格斯原计划让穆尔在非洲将《资本论》第三卷翻译成英文，他曾在 1889 年 10 月给左尔格的信中提到："《资本论》第三卷看来要在非洲译成英文。"③可是一直到 1894 年底，第三卷德文版才终于出版面世，此时恩格斯已没有多余

---

① 《马克思恩格斯全集》第 37 卷，人民出版社 1971 年版，第 225 页。
② 《马克思恩格斯文集》第 7 卷，人民出版社 2009 年版，第 8 页。
③ 《马克思恩格斯全集》第 37 卷，人民出版社 1971 年版，第 280 页。

的时间和精力再去谋划第三卷英译本的事情了。

　　春秋轮回，时间来到了 1895 年，他们最后一次相聚时，恩格斯患了重病。穆尔在 7 月 21 日写给爱琳娜·马克思的信中写道："因为我很想知道将军（恩格斯的绰号——编者注）的健康状况，所以我今晚曾去维多利亚车站等候晚七点十五分从伊斯特勃恩到达的火车，弗赖贝格尔大夫通常乘此次火车回来。我接着他了，很遗憾，应该说他带来的消息没有一点令人鼓舞的东西。他说，考虑到将军的年龄，他的病情已发展到十分危险的地步。"[①] 穆尔悲伤地说道："这是令人伤心的消息，我希望，也许是医生们弄错了。要知道，还有那么多只有将军一人才能做的工作。因此，他的逝世从社会角度来看将是不可弥补的损失，而对他的朋友们来说也是巨大的不幸。"[②]8 月 5 日，恩格斯逝世，五天后举行了葬礼，穆尔挥泪告别了恩格斯的遗体。作为遗嘱的执行人，他在之后的日子里完成了善后工作。结束在非洲的工作后，穆尔回到了英国。他没有选择在曼彻斯特定居，或许那里承载了太多他与马克思、恩格斯这些挚友的回忆。斯人已逝，这只会徒增他的伤心。最终，他选择在离自己出生地不远的卡斯尔顿定居，并终老于斯。

　　恩格斯曾这样赞扬穆尔，"他是一个具有本民族的一切优点而没有其任何一点缺点的典型的英国人"[③]，"赛姆·穆尔是我所

---

① 《马克思恩格斯全集》第 39 卷，人民出版社 1974 年版，第 493 页。
② 《马克思恩格斯全集》第 39 卷，人民出版社 1974 年版，第 493—494 页。
③ 《马克思恩格斯全集》第 35 卷，人民出版社 1971 年版，第 347 页。

认识的最好的翻译"①。纵观穆尔的一生，商人、数学家、法学家、地质学家、植物学家、翻译家、军官、律师、法官、社会民主党人、"煤炭大王"、"白菜大王"，他就像玩角色扮演游戏般收集了各种标签与头衔，这些头衔有的来自马克思和恩格斯的冠名，有的是受到社会公认的，而无论扮演哪种角色，从事何种工作，追名逐利的个人打算从不是他人生轨迹的行动指南，追寻真理、忠于真理才是他生命的主旋律。作为马克思和恩格斯的亲密战友，穆尔在今天并不知名，但他为人们理解马克思主义的瑰宝所作出的卓越功绩，历史不会遗忘，他所翻译、整理的经典文字，也将继续哺育千百万无产阶级的精神世界。②

① 《马克思恩格斯全集》第 37 卷，人民出版社 1971 年版，第 25 页。

② 班福德历史保护小组成员 Jennifer Fox 为本篇提供了宝贵的文献资料，在此谨致谢忱。

拉法格：第二代革命者

　　沙尔·龙格、保尔·拉法格和爱德华·艾威林分别是马克思的大女儿燕妮·马克思、次女劳拉·马克思和小女儿爱琳娜·马克思的丈夫。在马克思的影响下，"他们在政治、社会和经济革命中吃饭、睡觉、呼吸"①。在这三位女婿中，拉法格为无产阶级革命事业所付出的最为突出、所作出的贡献最大。如果说马克思是第一代革命者的话，那么第二代革命者的称号理应颁给马克思的二女婿　　拉法格，让我们来聊聊这位优秀的女婿。

拉法格

---

① ［美］玛丽·加布里埃尔：《爱与资本：马克思家事》，朱艳辉译，湖南人民出版社 2018 年版，第 5 页。

一、初识马克思

1842 年 1 月 15 日，拉法格出生于古巴圣地亚哥的一个法国移民家庭。他的父亲弗朗斯瓦·拉法格是一个箍桶匠，后来经营一个面积不大的种植园，然后又从事葡萄酒买卖，母亲安娜·维吉妮亚·阿尔马雅克出生于一个小种植园主家庭。拉法格有黑人、犹太人和印第安人的血统，"血管里混合着三个被压迫种族的血液"①，皮肤黝黑而略带橄榄色，被马克思开玩笑地称为"克里奥洛人"。

1865 年初，拉法格参加了第一国际巴黎支部。2 月，受巴黎支部的委托，拉法格到伦敦向国际总委员会报告法国工人运动的状况，这是拉法格和马克思的第一次见面。初次会面给拉法格留下了深刻的印象，成为他从蒲鲁东主义者转向马克思主义者、开启革命人生的起点。他在回忆马克思的文章中写道："我那时二十四岁。我一生将永远不会忘记这第一次的会见所给我的印象。"② 当时的马克思正在潜心写作《资本论》第一卷，他呕心沥血的精神、严谨的治学态度以及超人的工作热情深刻影响了拉法格。拉法格回忆说："马克思永远是非常认真慎重地工作。他所引证的任何一件事实或任何一个数字都是得到最有威信的权威人士的实证的。他从不满足于间接得来的材料，

① 李兴耕：《拉法格传》，人民出版社 1987 年版，第 2 页。
② 苏共中央马克思列宁主义研究院编：《回忆马克思恩格斯》，人民出版社 1957 年版，第 68 页。

总要找原著寻根究底，不管这样做有多麻烦。"①

1865 年 10 月，拉法格参加在比利时列日城召开的第一次国际大学生代表大会，因为在发言中主张法国建立民主共和国，他被巴黎大学开除学籍，他与马克思的交往也更加密切了起来。拉法格经常到马克思家做客，直接聆听马克思的教诲。傍晚时分，拉法格常常陪着马克思散步。在一起沿着草地行走的时候，马克思把《资本论》第一卷的内容详细地解释给他听，使他获得了丰富的经济学知识。拉法格回到家里，就立即把刚才听到的东西记录下来。拉法格回忆说，"最初我追随马克思那深湛浩繁的思想进程非常困难"②。但是，在马克思的耐心帮助和拉法格自己的努力下，他逐渐掌握了马克思学说的基本内容。拉法格写道："马克思以他特有的渊博的见解向我讲解了他的人类社会发展的辉煌理论。就象在我眼前揭开了一道帷幕一样，我生平第一次清楚地看到了世界历史的逻辑，在社会发展和思想发展表面上如此矛盾的现象中，找到了它们的物质原因。"③拉法格还在马克思工作时作速记，把他口述的内容记录下来，这使拉法格有机会观察马克思是怎样思索和写作的。

与此同时，拉法格认真阅读了马克思的《哲学的贫困》《资本论》以及马克思、恩格斯的《共产党宣言》。1867 年在马克

---

① 苏共中央马克思列宁主义研究院编：《回忆马克思恩格斯》，人民出版社 1957 年版，第 77 页。

② 苏共中央马克思列宁主义研究院编：《回忆马克思恩格斯》，人民出版社 1957 年版，第 74 页。

③ 李兴耕：《拉法格传》，人民出版社 1987 年版，第 13 页。

思的介绍下，拉法格认识了恩格斯。此后他用通信的方式和恩格斯交流并建立了诚挚的友谊。在两位革命导师的影响下，拉法格的世界观发生了大的转折。他逐渐摆脱了蒲鲁东主义和布朗基主义的影响转向马克思主义，接受科学社会主义，从他最初的资产阶级民主主义立场转向科学社会主义立场，成为一名坚强的理论战士。

马克思
我的二女儿劳拉与拉法格结婚啦

1868 年

二、笔枪纸弹的马克思主义者

在马克思的深刻影响下，拉法格的思想进一步深化。恩格斯曾在给劳拉的信中写道："只要他（拉法格——编者注）更加注意一些理论上的问题（主要是对一些细节），那他就会成为巴黎这个光明之城的一盏明灯。"① 列宁也称赞拉法格是"马克思主义思想的最有才能的、最渊博的传播者之一"②。

1. 在马克思的指导下成为无产阶级革命理论家

19世纪六七十年代，拉法格在马克思的指导下，开始投入到法国工人阶级的革命斗争中，积极团结法国的革命力量。马克思曾交给拉法格夫妇一份完整的国际法国各支部附有地址的名单，并同他们分析了法国工人运动的状况和发展前景。马克思还建议拉法格在法国不要急于进行公开的鼓动工作，而首先要对法国各方面的情况进行认真的调查研究，并促使法国工人运动中的两个主要派别——蒲鲁东派和布朗基派联合起来。拉法格遵循马克思的这些指示，把主要注意力放在切实的组织工作上，以便广泛地聚集和团结法国的革命力量。

拉法格在法国巴黎为马克思寻找《资本论》写作所需的各种书籍，还将各种报刊寄给马克思。为了马克思主义在法国的传播，拉法格将马克思、恩格斯的著作译成法文出版，这也为国际工人协会法国支部的斗争提供了理论支持。为声援巴黎公社的斗争，他在《国防报》上对国防政府当时做出的卖国行为进行痛斥，并且大力宣传人们要通过革命方式将战争进行下去。马克思得到消息后非常重视，亲自将拉法格寄给他的报纸

---

① 《马克思恩格斯全集》第36卷，人民出版社1975年版，第117—118页。
② 《列宁全集》第20卷，人民出版社2017年版，第386页。

转寄给英国的比斯利教授等人，使其影响更大。

拉法格也是马克思获取法国形势重要信息的来源。拉法格经常写信把法国的政治局势和工人运动进展情况告知马克思。马克思曾在国际总委员会的会议上宣读拉法格信中的一些内容，并且转告恩格斯以及德国和美国的一些同志。这些都对马克思及时给工人运动提供建议和指导有莫大的帮助。

2. 在马克思的批评下为法国工人党作出贡献

1879 年 10 月，法国工人党正式创立，法国的工人运动翻开了崭新的一页。1880 年 5 月，拉法格和盖得在恩格斯家中共同商讨工人党的纲领，马克思当场口授了党纲的导言。1880 年 11 月，纲领在法国工人党勒·阿费尔代表大会上通过，但却遭到了可能派的攻击和反对，拉法格立即投入到与可能派的斗争中。

在同法国可能派的论战中，拉法格勇敢地捍卫马克思主义的基本原则，但是有时也会犯一些错误。比如，拉法格曾在《平等报》上发表文章，为里昂的一家被查封的《革命旗帜报》辩护，而这一报刊是宣传无政府主义的。马克思批评拉法格"总是在增加新的不必要的事端，而且细节可能和实际情况差得很远"①。恩格斯也批评拉法格："我们的法国朋友们近两年来由于过分热心、有小组习气、喜欢夸夸其谈等等，干了许许多多蠢事，但他们还以为干得太少。"② 马克思和恩格斯对拉法

---

① 《马克思恩格斯全集》第 35 卷，人民出版社 1971 年版，第 38 页。
② 《马克思恩格斯全集》第 35 卷，人民出版社 1971 年版，第 216 页。

格的这些批评，完全是为了帮助拉法格更好地成长。他们认为，拉法格之所以犯错误，"多半是由于无知和想'走得尽可能远'的幼稚愿望造成的"①。对待这些批评，拉法格十分虚心接受并努力改正。终于，他发表在《平等报》上的《我们的一个候选人》一文得到了马克思的表扬。马克思说："最近一个时期以来，保尔写出了自己最好的作品，既幽默又泼辣，既扎实又生动，而在这以前往往出现一些极端革命的词句，使我看了生气，因为我始终把它们看作'夸夸其谈'。"②

在马克思和恩格斯的批评指导下，拉法格的理论水平不断提高，并将理论运用于实践，为法国工人党的思想建设和组织建设持续作出贡献。最终，法国工人党与走机会主义路线的可能派彻底决裂，并迅速扩大了影响，成为法国第一个拥有地方组织、全国领导机构和全国性纲领的现代型政党和法国当时最强大的社会主义派别。恩格斯评价道："在法国，一个了不起的运动又在飞速发展着，而最好不过的是，我们的人——盖得、拉法格、杰维尔——是这一运动的理论上的领导人。"③法国学者克洛德·维拉尔曾这样评价拉法格："盖得分子——其中首先是拉法格——虽然有他们的局限性和犯有一些错误（鉴于他们的时代和战斗环境，这些错误大部分都是可以理解的），他们基本上起了积极的作用。他们为法国工人运动和社会主义运动介绍了马克思主义，开辟了革命的前景，并培育了阶级政

---

① 《马克思恩格斯全集》第 35 卷，人民出版社 1971 年版，第 319 页。
② 《马克思恩格斯全集》第 35 卷，人民出版社 1971 年版，第 406 页。
③ 《马克思恩格斯全集》第 36 卷，人民出版社 1975 年版，第 471 页。

党的萌芽,即法国近代的第一个工人政党。"①

3.在传播马克思主义过程中积极捍卫马克思主义

拉法格的一生也致力于马克思主义的传播,他曾致信恩格斯说:"原理已由你和马克思创立,现在必须找到一些宣传鼓动家把它传播开来。"② 早在 19 世纪 60 年代中期,拉法格就开始在法国传播马克思主义,他在发表于《左岸》上的《社会革命》等文章中介绍马克思的学说,成为法国宣传马克思主义的开端。1867 年,拉法格和劳拉把马克思《资本论》第一卷序言的一部分发表在《法兰西信使报》上,促进《资本论》的传播。同时,拉法格还积极捍卫马克思的学说。《资本论》法文版在法国取得了很大的影响后,法国资产阶级经济学家开始在报刊上撰文歪曲《资本论》的内容,对它进行攻击,甚至宣传马克思关于价值的定义是虚构的。拉法格积极撰文捍卫马克思主义,他将手稿寄给恩格斯审阅,恩格斯提出了很多详细的修改建议。恩格斯还建议拉法格从头到尾精心重读《资本论》。拉法格遵照恩格斯的意见对文章进行了仔细的修改,于 1884 年在《经济学家杂志》上发表了《卡尔·马克思的剩余价值理论和保尔·勒卢阿—博利约先生对它的批判》一文。文章发表后就遭到资产阶级经济学家莫·布洛克的攻击。布洛克对马克思

---

① [法]克洛德·维拉尔:《保尔·拉法格和他对资产阶级社会的批判》,《当代世界与社会主义》1982 年第 2 期。

② 《恩格斯与保尔·拉法格、劳拉·拉法格通信集》第 1 卷,人民出版社 1979 年版,第 273 页。

经济学进行歪曲，说马克思主义是先验论原则，攻击马克思的剩余价值学说。拉法格又写了《卡尔·马克思的〈资本论〉和布洛克先生对它的批判》一文捍卫马克思主义。恩格斯十分赞赏拉法格的文章，他在给劳拉的信中写道："保尔对布洛克的答辩，不仅文笔非常好，而且内容也非常好。"①

此外，拉法格还积极阐述和宣传马克思主义基本原理，他一生写了大量论文和著作，例如，在《财产及其起源》（1895年）中，他运用历史唯物主义的观点对私有财产的起源及其在人类社会各个历史阶段的演变进行了深入细致的研究，恩格斯评价道：文笔漂亮，历史事例非常鲜明，见解正确并有独到之处。在《美国托拉斯及其经济、社会和政治意义》（1903年）中，他以美国为典型，对资本主义垄断阶段的特征进行深入剖析，论证了社会主义革命的必然性。在《思想起源论》（1909年）中，他研究分析了各种思想信仰的起源，全面而深刻地揭露了资产阶级道德观的本质。梅林认为这些著作全部都属于那些有永久意义的马克思主义的文献之列。

三、"怀着无限欢乐的心情离开人世"

1911 年 11 月 25 日，一个稀松平常的星期六。拉法格和劳拉到巴黎拜访了一些老朋友，并到电影院看了一场电影，

_____

① 《马克思恩格斯全集》第 36 卷，人民出版社 1975 年版，第 242 页。

然后回到住所。11 月 26 日上午 10 点左右，拉法格夫妇还没有起床，园丁厄内斯特·杜塞心里有些不安，因为二人通常习惯早起。于是，杜塞上楼敲了敲拉法格夫妇的房门，无人应答，杜塞遂开门进去，发现房间里的一切同往常并无不同，但拉法格和劳拉已经平静地与世长辞了。拉法格留下了一封遗书：

> 我的身体和精神都还很健康，我不愿忍受无情的垂暮之年接连夺去我的生活乐趣，削弱我的体力和智力，耗尽我的精力，摧折我的意志，使我成为自己和别人的累赘。在这样的时刻到来之前，我先行结束自己的生命。
>
> 多年以来，我就决心不逾越七十岁这个期限；我确定了自己离开人世的时间并准备了把我的决定付诸实行的办法：皮下注射氢氰酸。
>
> 我怀着无限欢乐的心情离开人世，深信我为之奋斗了四十五年的事业在不久的将来就会取得胜利。
>
> 共产主义万岁！
>
> 国际社会主义万岁！ ①

拉法格和劳拉这两位无产阶级的战士就这样以自杀的方式与世长辞了。

1911 年 12 月 3 日，拉法格和劳拉的葬礼在巴黎举行。法国和其他国家的十多名代表在葬礼上发表了演说，所有的演说

---

① 李兴耕：《拉法格传》，人民出版社 1987 年版，第 236 页。

者都对拉法格及其一生的活动和功绩作了很高的评价，并对他们的去世表示深切的哀悼和惋惜。

拉法格的遗书表明夫妻二人自杀的原因是不愿因为年老而失去战斗的力量，从而成为"累赘"。这是一种多么大无畏的牺牲精神！然而，从另一方面来看，拉法格和劳拉采取自杀的方式来结束生命是不可取的。列宁认为："一个社会党人不是属于自己的，而是属于党的。如果他还能为工人阶级做哪怕一点点有益的事，哪怕是写一篇文章或一份呼吁书，他就没有权利自杀。"[1]梅林也认为："为自由服务是一项严肃的任务，对于无产阶级解放斗争来说更是如此，即使是享有盛誉的老战士，只要他一息尚存，就无权放弃自己的岗位。何况在这位生气勃勃的老人身上，还有多么充沛的力量，多么无穷无尽的、旺盛的精力！"[2]

回顾拉法格的一生，他在马克思的深刻影响和不断指引下，终于成长为一名坚强的马克思主义理论战士，成为19世纪末20世纪初法国和国际工人运动的著名活动家，他的《财富及其起源》《思想起源论》等著作更是在传承、发展马克思主义相关理论方面作出了突出贡献，为无产阶级伟大的革命事业贡献了自己的力量。他没有辜负马克思的教导，是名副其实的"第二代革命者"。

---

① 《回忆列宁》第2卷，上海外国语学院列宁著作翻译研究室译，人民出版社1982年版，第370页。

② 《马列著作编译资料》第11辑，人民出版社1980年版，第97页。

蒲鲁东

无政府主义创始人
比马克思大 9 岁

青年黑格尔派代表人物
比马克思大 9 岁

鲍威尔

马克思

拉萨尔主义创始人
比马克思小 7 岁

拉萨尔

无政府主义主要代表人物
比马克思大 4 岁

巴枯宁

青年黑格尔派代表人物
比马克思大 16 岁

卢格

蒲鲁东：道不同，不相与谋

有这样一个人，人们听到他的名字或许如雷贯耳，或许知之甚少，或许他的名字已经被湮没在历史的长河之中，但是思想界对这个人的看法却历来众说纷纭。

他希望充当科学泰斗，凌驾于资产者和无产者之上，结果却只是个"杂拌"的小资产者，经常在资本和劳动、政治经济学和共产主义之间摇摆不定。

他虽出身贫苦，但上天却开启了他自学成才的天赋之门，才华横溢的他一生著作等身，他的学说和政治活动对法国工人运动产生了重要影响，马克思曾一度还将其著作视为"法国无产阶级的科学宣言"[1]。无奈，共产主义和资本主义两种思想体系捏合嫁接的"杂交物"不合乎历史发展规律，终被历史的车轮碾碎。

这个人就是皮埃尔·约瑟夫·蒲鲁东。蒲鲁东作为马克思的理论对手之一，在马克思主义形成过程中留下了不可磨灭的印记。自 1844 年相识以来，马克思一直关注着蒲鲁东的

---

① 《马克思恩格斯文集》第 1 卷，人民出版社 2009 年版，第 267 页。

蒲鲁东

一言一行，从与蒲鲁东彻夜争论到深度交流再到正面交锋，马克思深感蒲鲁东与自己的思想存在不可弥合的"鸿沟"。特别是蒲鲁东《经济矛盾的体系，或贫困的哲学》一书发表以后，更是将其狭隘的理论观点和改良主义主张暴露无遗。蒲鲁东主义产生的消极影响以及革命对科学理论的迫切需要，都呼唤着马克思对此作出回应，他在深入批判蒲鲁东主义的过程中，形成和发展了自己的理论。下面就让我们一起去探寻马克思与蒲鲁东之间笔锋纠缠的历史。

一、友谊的小船扬帆起航

1809 年 1 月 15 日，蒲鲁东诞生于法国贝桑松市郊的一个半农民半手工业者家庭。童年时的蒲鲁东经历了家庭的变故，生活十分窘迫。但他并没有因自己的坎坷命运而感到沮丧，相反他对自己贫穷的出身感到十分自豪。他曾说过，他的父母都是农民、手工业者，他自己也是在无产阶级的道德与思想浸染中长大的。他将自己看作是农民和手工业者的代表和发言人。

　　早期的颠沛流离让蒲鲁东更加向往校园宁静的时光。1838年，怀揣着对知识的向往，蒲鲁东用《论通用文法的小册子》向贝桑松大学提出申请，希望能够获得该校为经济困难毕业生颁发的"苏阿尔奖学金"。他在信中自称是工人阶级的儿子和保卫者，非常了解工人阶级生活的酸甜苦辣，工人阶级生活的环境构成了他全部的成长环境。实际上蒲鲁东所关注的是资本主义制度下受大资产阶级和高利贷盘剥的小所有者，这与蒲鲁东本人成长经历有着千丝万缕的联系。马克思曾评论蒲鲁东的这部著作是"'世界语言'的幼稚著作，表明他是多么狂妄地敢于解决那些他缺少最基本的知识而不能解决的问题"[①]。虽然蒲鲁东在信中的有些话过于偏激，但最终他还是如愿获得了"苏阿尔奖学金"，进入大学继续深造。

　　1840 年他的第一部著作《什么是所有权，或对权利和政治的原理的研究》问世，这部著作轰动一时。在文中蒲鲁东宣称："所有权就是盗窃"[②]。虽然这里蒲鲁东提出的"所有权"是资产阶级的财产所有权，作为小资产阶级的他又极力为小资产阶级辩护，但是在当时社会背景下能够看到资产阶级的剥削本质已经难能可贵。马克思认为书中喊出响亮的"所有权就是盗窃"的口号，是向资产阶级政治经济学发出的强烈挑战，这对于当时痴迷于研究"物质利益"的马克思来说可谓是清晨的一缕阳光，拨开黑夜的迷雾送来了光明。

---

① 《马克思恩格斯选集》第 3 卷，人民出版社 2012 年版，第 12 页。

② ［法］蒲鲁东：《什么是所有权》，孙署冰译，商务印书馆 1963 年版，第 41 页。

马克思最初了解蒲鲁东是在《莱茵报》工作期间。1842年 10 月，就莱茵省关于林木盗窃案的讨论，官方和《莱茵报》展开了激烈的论战。作为《莱茵报》主编的马克思，第一次遇到要对所谓物质利益发表意见的难事。此时的马克思正处在如何解决"物质利益"这一"苦恼的疑问"之中。他批判脱离实际、崇尚抽象思辨的德国古典哲学的缺点，极其厌恶青年黑格尔派回避现实、用"纯粹的批判"去改变现实世界，马克思对"物质利益"问题的关注，直接导致了马克思同黑格尔哲学的决裂。因此，在 1843 年夏天，马克思撰写了《黑格尔法哲学批判》，掷地有声地表达了对黑格尔哲学的不满情绪。

而蒲鲁东《什么是所有权》一书，从社会现实问题出发，站在小生产者的角度，用清晰明了的笔墨来批判资本主义的罪恶，这引起了同样具有敏锐现实问题意识的马克思的好感。马克思曾评价道："这一著作如果不是由于内容新颖，至少是由于论述旧东西的那种新的和大胆的风格而起了划时代的作用。"①较早地进行法的批判和政治经济学批判的蒲鲁东在一定程度上启发了马克思。马克思还称赞《什么是所有权》一书无疑是蒲鲁东最好的著作。

虽然马克思和蒲鲁东最初在思想上存在很多共鸣，但是二人一直未谋面。直到 1844 年冬天，蒲鲁东离开里昂来到国际大都市巴黎。在这里，蒲鲁东与当时旅居巴黎的马克思相遇，二

① 《马克思恩格斯文集》第 3 卷，人民出版社 2009 年版，第 16 页。

人相见恨晚，经常秉烛夜谈。二人默契得如手掌和手套，给寒冷的冬日增添了不少暖意。马克思给蒲鲁东讲解黑格尔辩证法，还把他列入外国杰出的社会主义者行列，把他视为法国最大的社会主义者，二人就很多社会问题进行了深入的交流。

马克思在给友人信中回忆与蒲鲁东的这段交往岁月时，写道："1844 年我居住在巴黎的时候，曾经和蒲鲁东有过私人的交往。我在这里提起这件事，是因为我对他的'sophistication'（英国人这样称呼伪造商品的行为）在某种程度上也有一部分责任。在长时间的、往往是整夜的争论中，我使他感染了黑格尔主义，这对他是非常有害的，因为他不懂德文，不能认真地研究黑格尔主义。"① 尤其是在蒲鲁东后期写作《贫困的哲学》时，他企图通过辩证的观点说明经济范畴的体系，他用预先存在的永恒观念代替自然规律的运行，这都使得他又回到资产阶级经济学立场上了。这时的蒲鲁东已经显露出与马克思不同的阶级立场，虽然马克思竭力扭转蒲鲁东的观念，无奈小资产阶级思想与无产阶级思想注定是一场有缘无分的邂逅。

二、不可逾越的思想"鸿沟"

马克思在巴黎主编《德法年鉴》时期，结识了包括蒲鲁东在内的一些社会主义者，并且也接触了被称为"正义者同

---

① 《马克思恩格斯选集》第 3 卷，人民出版社 2012 年版，第 15 页。

盟"的工人团体。随着《德法年鉴》第一、二期合刊号出版和《1844年经济学哲学手稿》写作，马克思也开始了对资产阶级政治经济学的研究之旅。同时，在费尔巴哈唯物主义的熏陶下，马克思渐渐看到蒲鲁东空想主义和教条主义的弊端，并且对蒲鲁东进行善意规劝，希望他能迷途知返摆脱私有制的桎梏加入到社会主义的阵营。但是，正当马克思大步向前时，蒲鲁东却不进则退，二人之间的思想"鸿沟"愈发不可弥合。

《1844年经济学哲学手稿》开启了马克思对政治经济学的研究。在马克思对政治经济学进行深入研究之后，他愈发发现蒲鲁东的经济思想是经不起推敲的。由于马克思与蒲鲁东在一些根本问题上产生了分歧，预示着二人思想上出现了裂痕，距离分道扬镳的日子越发近了。

在《神圣家族》一书中，马克思和恩格斯彻底批判了青年黑格尔派的思辨唯心主义，对唯物史观的基本原理作了初步阐述。马克思始终致力于找到共产主义运动的现实基础，而蒲鲁东却痴迷于空想社会主义和空想共产主义的实现。同时，马克思也不认同蒲鲁东的社会改良主义。马克思认为蒲鲁东用付给工人平等的工资去实现工人解放的设想，与异化劳动下工资的实质不符，和平改良的方式是行不通的。

随着《德意志意识形态》的完成，马克思和恩格斯彻底与过去的哲学信仰分道扬镳，这也意味着与蒲鲁东的思想渐行渐远。这为后来二人走向决裂埋下伏笔。

三、《贫困的哲学》VS《哲学的贫困》

1846 年初，为建立一个国际的无产阶级政党，马克思和恩格斯在布鲁塞尔创立了共产主义通讯委员会。鉴于蒲鲁东在法国社会主义者中的重要地位，马克思搁置之前的理论分歧，并且怀着非常真诚的态度写信邀请蒲鲁东作为巴黎通讯委员会的通信员。在信中马克思阐明了要从思想上团结社会主义者和先进工人，从而使无产阶级革命能够坚决行动起来。但是蒲鲁东却写信谢绝马克思的热情邀请，并且指出马克思这种团结工人迫使他们信奉共产主义的做法是多此一举的，他认为实现社会变革的最好最正确的做法是："通过经济的组合把原先由于另一种经济组合而溢出社会的那些财富归还给社会……用文火把私财烧掉总比对它施加新的力量实行大屠杀要好些。"[①]这封信让马克思意识到同蒲鲁东思想的分歧已经无法弥补，他必须采取必要行动去遏制蒲鲁东这种小资产阶级狭隘见识带来的后果。

1846 年 10 月，蒲鲁东出版的《经济矛盾的体系，或贫困的哲学》一书，在社会上引起广泛关注，并且为他赢得了数量庞大的崇拜者和信仰者，就连深受马克思思想影响的安年科夫也被蒲鲁东的观点迷惑。安年科夫写信向马克思表达自己的矛

---

① 转引自［苏］卢森贝：《政治经济学史》第 3 卷，郭从周、北京编译社译，生活·读书·新知三联书店 1960 年版，第 219 页。

盾心理，一方面他认为虽然蒲鲁东在关于上帝、天命等思想方面表现得混乱，但是在经济学研究方面还是很有造诣的；另一方面安年科夫又批判蒲鲁东排斥救治社会弊病的任何"药方"，妄图用他心中装着的那一剂救世的"和平药方"去迷惑工人运动。

由于当时马克思还没有阅读蒲鲁东的"大作"，所以没有立刻回信给安年科夫，当他在大体浏览该书之后，便立刻回信给安年科夫，在信中马克思谈道："我必须坦白地对您说，我认为它整个说来是一本坏书，是一本很坏的书。"[①]他指出，蒲鲁东对人类社会发展规律缺乏正确理解，在其书中寻找到的历史规律不过是唯心主义历史观下不符合历史事实的"虚构"。马克思运用刚刚在《德意志意识形态》中形成的历史唯物主义原理，对蒲鲁东的唯心主义历史观、庸俗经济学思想和改良主义思想作了无情的揭露和批判。

马克思把蒲鲁东的这部书看作是"小资产者社会主义的法典"。马克思指出，蒲鲁东一方面"对科学辩证法的秘密了解得多么肤浅，另一方面他又是多么赞同思辨哲学的幻想，因为他不是把经济范畴看做历史的、与物质生产的一定发展阶段相适应的生产关系的理论表现，而是荒谬地把它看做预先存在的、永恒的观念，并且指出了，他是如何通过这种迂回的道路又回到资产阶级经济学的立场上去"[②]。马克思认为，在这

---

① 《马克思恩格斯选集》第 4 卷，人民出版社 2012 年版，第 407 页。
② 《马克思恩格斯选集》第 3 卷，人民出版社 2012 年版，第 16 页。

部著作中蒲鲁东把一切叙述方法上的缺点都暴露无遗，他文笔浮夸，那种德国傲慢的思辨的胡言乱语取代了高卢人的敏锐智慧。

但这只是向蒲鲁东政治经济学理论和唯心主义历史哲学发起进攻的前奏，真正的"总攻"是马克思随后写作的《哲学的贫困——答蒲鲁东先生的〈贫困的哲学〉》。马克思在这部著作中从两个部分对蒲鲁东进行了深入批判，第一章揭示了蒲鲁东为"工资平等"社会主义所作的经济学论证，未达到李嘉图经济理论的水准；第二章在批判蒲鲁东经济学理论的哲学基础上，正面阐发了历史唯物主义基本原理，与之前的《德意志意识形态》相比，这里的表述更加深刻。《哲学的贫困》标志着马克思在政治经济学研究中迈出里程碑式的一步，为"第二个伟大发现"——剩余价值理论开辟了广阔的道路。马克思正是在批判蒲鲁东经济思想的基础上，初步揭示出剩余价值的理论。虽然"剩余价值"的概念最早是在 1859 年《政治经济学批判》中出现的，在《哲学的贫困》中还没有完全以理论形式出现，但是马克思基本找到了"剩余价值"的来源，为进一步提出剩余价值理论奠定了基础。

人民出版社 1961 年出版的《哲学的贫困》

19 世纪 50 年代初，马克思

和恩格斯还批判过蒲鲁东的著作《十九世纪革命的总观念》。马克思认为这本书中有很多错误的地方，并且决定将这本书寄给恩格斯阅读，期望恩格斯对这部著作的观点谈谈想法。恩格斯一连写了好几封信回复马克思，并且提出自己的看法。恩格斯认为，蒲鲁东关于革命的措施是不切实际的"纯粹的思辨"，"是想从理论上拯救资产阶级的最后的尝试；我们关于物质生产是决定性的历史动因、关于阶级斗争等等的论点，有很大一部分被他接受了，但大多数都被歪曲了，他在这个基础上，利用假黑格尔主义的魔术，制造了把无产阶级反过来纳入到资产阶级中去的假象"①。恩格斯的这些看法实际上与马克思的观点是完全一致的。

1858年，蒲鲁东因抨击天主教会，揭露教会愚昧、专横而被判处3年徒刑。为躲避牢狱之灾，蒲鲁东流亡到比利时，直到1861年才返回法国，但此时的蒲鲁东已疾病缠身、身体每况愈下，并于1865年与世长辞。在蒲鲁东去世之后，马克思在给施韦泽的信《论蒲鲁东》中对蒲鲁东作出客观评价，他说："蒲鲁东是天生地倾向于辩证法的。但是他从来也不懂得真正科学的辩证法，所以他陷入了诡辩的泥坑。实际上这是和他的小资产阶级观点有联系的。""也许后人在评论法国历史的最近这一阶段时会说，路易·波拿巴是这一阶段的拿破仑，而蒲鲁东是这一阶段的卢梭兼伏尔泰。"②马克思还开玩笑说，对于刚去世不久的蒲鲁东，如果非要盖棺论定来评价他，那么这件事情就得由您（约·巴·施韦泽）来负责了。

马克思
我给施韦泽的信《论蒲鲁东》

1865 年

四、蒲鲁东主义为什么不可行？

蒲鲁东虽然去世了，但他的思想和主张，即蒲鲁东主义，却对工人运动产生了重大负面影响，以至于马克思和恩格斯在指导工人运动过程中不得不反复与其作斗争。

蒲鲁东主义形成于19世纪40—50年代，在第一国际初期，是对当时社会产生较大影响的小资产阶级社会主义思潮。蒲鲁东主义认为共产主义和资本主义都有弊病，在经济上主张建立小私有制的互助制社会，认为以"个人占有"为基础的"互助制"社会是最好的社会模式；在政治上设想建立无政府的社会，幻想着用和平改良的办法，实现小资产阶级的社会主义。这在马克思和恩格斯看来是工人阶级利益的最大桎梏，必须同蒲鲁东主义进行坚决的斗争。

早在 19 世纪 40 年代末，马克思在《哲学的贫困》《共产党宣言》等著作中对蒲鲁东主义进行了无情的批判和揭露。特别是 1865 年 2 月，马克思在《论蒲鲁东》一文中对蒲鲁东主义在理论上的矛盾进行了揭露和批判。他指出："蒲鲁东一方面以法国小农的(后来是小资产者的) 立场和眼光来批判社会，另一方面他又用社会主义者流传给他的尺度来衡量社会。"[1] 恩格斯也曾指出："整个蒲鲁东主义都渗透着一种反动的特性：厌恶工业革命，时而公开时而隐蔽地表示希望把全部现代工业、蒸汽机、纺纱机以及其他一切坏东西统统抛弃，而返回到旧日的规规矩矩的手工劳动。"[2]

到 19 世纪 60 年代，蒲鲁东主义在国际工人运动中仍然存在着重要影响，成为误导国际工人运动最主要的机会主义流派。不久，这一流派分类为两支，其一是以瓦尔兰为首的左派蒲鲁东主义者，他们逐渐摆脱蒲鲁东主义的影响，靠近科学社会主义，参加第一国际，在巴黎公社革命爆发后，积极投身革命事业；其二是以托伦为首的右派蒲鲁东主义者，他们全盘继

---

[1] 《马克思恩格斯选集》第 3 卷，人民出版社 2012 年版，第 14 页。

[2] 《马克思恩格斯选集》第 3 卷，人民出版社 2012 年版，第 200 页。

承蒲鲁东学说，在巴黎公社革命时，公开投靠凡尔赛政府。在当时，同蒲鲁东主义作斗争成为巩固马克思主义在第一国际指导地位的关键环节。第一国际在伦敦召开的代表会议上，马克思主义者和蒲鲁东主义者就波兰起义问题进行了激烈争论，蒲鲁东主义者公开反对支持波兰人民争取民族独立的斗争，认为民族解放运动是同无产阶级根本无关的"纯粹政治问题"，无产阶级的"社会革命"不应该涉及民族问题和挑起政治斗争，支持波兰民族解放是一种倒退。这一争论以蒲鲁东主义者失败告终，这无疑给当时盛行的蒲鲁东主义当头一棒。但同时也反映出马克思主义和蒲鲁东主义在民族问题和无产阶级革命关系上的尖锐对立。

 马克思

1866 年

不甘失败的蒲鲁东主义者，在后来的 1866 年第一国际召开的日内瓦代表大会上竭力推行自己的路线。由于当时马克思身体状况不佳并且忙于写作《资本论》，所以没有出席这次大会，但是他深知蒲鲁东主义者的狡黠和不好对付，有先见之明的他提前替总委会写了《给代表们的指示》来指导大会工作，代表们在会上以《给代表们的指示》为武器，驳斥了蒲鲁东主义者的反动谬论，揭露了他们机会主义的丑恶嘴脸。这场同蒲鲁东主义争取国际领导权的大会最终以马克思主义者的胜利而告终。

1868 年，在布鲁塞尔代表大会上，马克思总结了在1867—1868 年期间反对资本主义制度斗争中取得的重要进展，强调第一国际坚持"正确的道路"的必要性，从而为这次代表大会最终战胜蒲鲁东主义奠定了理论基础。马克思指出："国际工人协会并不是某一个宗派或某一种理论的温室中的产物。……国际工人协会深知自己所负使命的伟大意义，它既不容许别人恫吓自己，也不容许别人把自己引入歧途。"[①] 同时，马克思主义者就蒲鲁东主义者提出的土地所有制问题也展开了激烈的讨论，未雨绸缪的马克思早在大会之前就向总委员会做过一次关于土地问题的报告，马克思的观点得到大多数委员的认可，同时也赢得了许多工人的热情拥护。布鲁塞尔大会是马克思主义批判蒲鲁东主义彻底的胜利，给予蒲鲁东主义沉重一击，在这次大会后蒲鲁东主义内部开始四分五裂。

1868—1869 年国际工人运动此起彼伏，法国、比利时、英国和瑞士大罢工浪潮也席卷而来，这进一步提高了国际的威望和在广大工人群众中的影响。巴黎公社之后，蒲鲁东主义在国际工人运动中的影响基本消失殆尽，正如马克思和恩格斯所

---

① 《马克思恩格斯全集》第 21 卷，人民出版社 2003 年版，第 466 页。

指出的："公社同时是蒲鲁东社会主义学派的坟墓。"① 人们逐渐认清蒲鲁东的理论存在较大的局限性，这主要体现在，首先，蒲鲁东主义者对国家政权带有强烈的仇恨，反对以立法形式限制自由的工作时间；其次，蒲鲁东主义反对工人阶级的政治斗争，认为工人争取自身解放的斗争是有害的；最后，在家庭和妇女问题上，蒲鲁东主义者的小资产阶级思想变得更加反动，甚至将妇女看成家庭的附属品。这些都充分展示了蒲鲁东主义所代表的小资产阶级的保守和落后本质，所以它被无产阶级抛弃是历史的必然。

蒲鲁东主义退出历史舞台，也就意味着蒲鲁东传奇一生真正落下帷幕。回看蒲鲁东与马克思的交往历程，由一开始的相见甚欢、秉烛夜谈，到思想出现分歧渐行渐远，再到最后出现不可逾越的思想鸿沟之后分道扬镳，可以看出，蒲鲁东无论是作为马克思的朋友，还是作为马克思的"敌人"，都在激发马克思的思想发展上发挥了重要作用。在批判蒲鲁东的过程中，马克思不断建构、完善自己的思想架构。与蒲鲁东主义的斗争充分证明，马克思主义才是实现社会主义理想的科学指南。任何开历史倒车，妄图使历史车轮倒转的行为终将湮没在历史的长河中。

---

① 《马克思恩格斯全集》第 22 卷，人民出版社 1965 年版，第 226 页。

鲍威尔：
更适合做对手的神圣家族代言人

　　从好友到论敌，从并肩同行到彻底决裂，一个为贫苦大众发声，一个为"神圣家族"代言，在现实斗争的旋涡中，旧日的友谊无法阻挡马克思和布鲁诺·鲍威尔这对曾经共同战斗的朋友分道扬镳、渐行渐远的步伐。也许当马克思看到一群年轻的面孔在咖啡馆举办沙龙的时候，或者当他回忆起柏林大学那个繁忙的毕业季的时候，又或者当他与人谈起《论犹太人问题》和《神圣家族》的时候，那些关于鲍威尔的往事会如潮水一般涌入他的脑海。

一、我在柏林大学等待与你不期而遇

　　1809 年 9 月 6 日，鲍威尔出生在德国东南部图林根州的艾森贝格镇。1815 年，年幼的鲍威尔随家人迁居柏林，虽然他不是土生土长的柏林人，但他一生的大部分岁月都是在柏林度过的。鲍威尔的父亲是夏洛滕堡一家皇家瓷器厂的画匠，有着相当可观的收入，所以鲍威尔从不需要为温饱问题发愁，他可以尽情做自己喜欢的事。

虽然家境优渥，但
鲍威尔并没有变成一个
只知道贪玩享乐、不思
进取的公子哥，和马克
思一样，鲍威尔从小就
聪颖好学，喜欢研究和
思考各种历史、文学及
哲学问题。

鲍威尔

1829 年，鲍威尔如
愿成为一名柏林大学的
学生，在学校里鲍威尔是不折不扣的青年才俊，他曾跟随黑格
尔学习神学，并在黑格尔的指导下完成了自己的博士论文《论
康德哲学的原则》。1834 年，年轻的鲍威尔登上了柏林大学的讲
台，带着对宗教、历史和哲学独到、深刻的见解，等待着与马
克思不期而遇。

二、那些一起携手的日子

1.博士俱乐部里的双子星

1836 年，从波恩大学转到柏林大学的马克思告别了过去
浑浑噩噩的生活，在柏林大学这座充满哲学氛围的学术殿堂
里，马克思摇身一变从"热血男孩"变成了"学术青年"，马
克思和鲍威尔的故事就是从这里开始的。

鲍威尔
柏林大学

　　柏林大学是一个文化氛围十分浓郁的学府，年轻的马克思非常希望能够在这里找到与自己志趣相投的伙伴，但是对马克思来说，只有志趣相投的伙伴似乎还不够，他还需要一个能够自由表达和交流的平台，于是一个名叫"博士俱乐部"的组织吸引了马克思的目光。博士俱乐部是由一群具有高度文化修养的年轻学者组建的团体，俱乐部成员都是黑格尔的"粉丝"，他们经常在柏林大学附近的施特黑利咖啡馆聚会，就哲学问题和普鲁士现实展开辩论。受德意志民族擅长思辨的文化传统影响，俱乐部的辩论总是非常激烈，这种朝气蓬勃、真诚热烈的辩论氛围，正是马克思所喜爱和追求的。于是从1837年秋天起，马克思就开始参加博士俱乐部的活动，直到1841年结束大学生活之前，马克思始终是博士俱乐部的成员。在青年马克思哲学思想形成的初期，正是通过这种沟通、交往的活动，博士俱乐部的成员们对马克思产生了很大影响。虽然俱乐部的成员大都是大学讲师、学者或作家，但马克思在这些前辈面前也毫不逊色，在博士俱乐部的活动中马克思以渊博的知识和雄辩的口才，受到了大家的赞扬，很快成为俱乐部中具有最强大思想推动力的几个成员之一，并与俱乐部的几个杰出人物成了朋友，其中对马克思影响最大、与马克思关系最密切的就是鲍威尔。

鲍威尔当时是柏林大学的神学讲师，也是"青年黑格尔派"公认的最有才华的人，他比马克思年长9岁，是马克思的老师，也是马克思在1837年下半年至1841年期间最亲密的朋友。马克思曾在写给父亲的信中称鲍威尔是"在黑格尔学派著名美学家中起重大作用"①的人物，要知道一个人能获得马克思的肯定并不容易。鲍威尔也非常欣赏才华横溢的马克思，他很快就看出马克思是一个在才智上同他旗鼓相当的伙伴，他不仅可以与马克思探讨当代的一切问题，而且在个人琐事方面他也愿意敞开心扉同马克思谈心求教。在柏林期间马克思是鲍威尔家的常客，他经常登门拜访鲍威尔，与鲍威尔畅谈哲学、宗教、政治、法律、历史、艺术、美学、自然科学……有时他们还一起在柏林街头漫步，或是到郊外山间远足，两人就像一对双子星在柏林的夜空中交相辉映。后来鲍威尔离开柏林去往波恩，常常回忆起与马克思在柏林的那些日子，他在1841年4月致马克思的信中写道："玫瑰花还在那个地方，只有你到你

---

① 《马克思恩格斯全集》第40卷，人民出版社1982年版，第17页。

的布·鲍威尔这儿来，它们才会对我重新开放。我在这里饱享着愉快、欢乐等等，我也饱享着快乐，可是象在柏林我同你即使只是漫步街头的情景再也没有了。"①

2. 彷徨中的引路人

轻松愉悦的校园时光总是短暂的，和所有大学生一样，马克思在面对毕业论文、求职问题的时候也发愁，他急需一个过来人引引路、支支招。这时马克思的老师兼好友鲍威尔向马克思伸出了援助之手，他作为过来人，在学业和职业规划上给予了马克思很多帮助。

首先马克思要想获得哲学博士学位，就必须完成一篇优秀的博士论文，但完成一篇优秀的哲学博士论文谈何容易，选题要新颖，内容还要具有说服力，这对于马克思来说也是个不小的考验。在鲍威尔的指导和鼓励下，1839 年初马克思开始撰写他的博士论文，从琢磨选题，到阅读和研究文献，再到反复地斟酌和修改文字，马克思终于在 1841 年 3 月完成了他的博士论文《德谟克利特的自然哲学和伊壁鸠鲁的自然哲学的差别》。

在博士论文中，马克思深入研究了德谟克利特和伊壁鸠鲁这两位持有唯物主义世界观的希腊哲学家，并为公开反对信仰上帝的伊壁鸠鲁辩护，表明自己信奉无神论，而这就等同于间接地向普鲁士国家和封建制度宣战。按照博士学位培养程序，马克思必须通过论文答辩才能拿到哲学博士学位证书，但是对

---

① 《马列著作编译资料》第 12 辑，人民出版社 1980 年版，第 115 页。

于日趋保守的柏林大学来说，马克思论文里充满自由和战斗精神的观点，很难征服柏林大学的专家，所以只能寻找一所能够认可他的学术观点的大学去答辩。于是马克思再次求助鲍威尔，在鲍威尔的建议下，马克思满怀期待地将自己的博士论文寄给了学风自由开明的耶拿大学。

1841 年 4 月 15 日，在耶拿大学哲学系的博士论文答辩会上，专家们看完马克思的博士论文后，都认为这篇论文非常出色，所以即使在马克思本人未到场答辩的情况下，他们还是一致决定授予马克思耶拿大学哲学博士学位。

马克思
我的博士学位证书

1841 年

顺利拿到博士学位后，为了寻找一种可靠的谋生手段，马克思开始在特里尔、波恩、科隆之间辗转。而此时的鲍威尔已经"跳槽"到了波恩大学，致力于在大学讲坛上传播自己的主张，以理论为武器同专制和宗教势力作斗争，所以鲍威尔希望马克思也能来到波恩和他共同战斗。于是 1841 年夏天，马克思听从鲍威尔的建议前往波恩，踌躇满志地准备在大学讲台上大展身

手。然而，马克思的职场初体验并不美好，随着鲍威尔等人的
批判越来越激进、影响越来越大，普鲁士当局开始制裁他们。
1842 年 3 月，普鲁士当局宣布，撤销鲍威尔的教职，马克思
在大学任教的计划也随之破灭了。虽然社会现实对马克思一点
都不友好，但马克思并没有灰心，他依然是那个在阳光下风驰
电掣的特里尔之子，他很快便将自己的精力转向了新闻出版事
业。在特里尔住了一段时间后，马克思重返波恩和鲍威尔合写
了一些文章，来揭露普鲁士政府实行的野蛮的书报检查制度，
争取言论自由和新闻出版自由。1841 年 9 月至 12 月，马克思
参加了《莱茵报》的筹办工作，1842 年 3 月马克思开始为《莱
茵报》撰稿，以这份报纸为阵地同反动势力搏斗。

　　鲍威尔人生中这段惨淡而波折的时光，也因为有马克思的
陪伴变得充实和快乐起来。鲍威尔在 1842 年 4 月写信给他的弟
弟埃德加尔说："马克思现在又来到这里。最近我和他到处纵情
漫游，为的是再次享受一下所有的美景。这次旅游真是妙不可
言。我们又像往常一样异常兴高采烈。在哥特斯堡，我们租了
两头驴子，骑着它们环山飞跑，驰过村庄。波恩的社会人士又
像过去一样以惊奇的眼光注视着我们。我们欢呼，驴子齐鸣。"①
对于马克思而言，失败的求职经历也许根本不值一提，重要的
是在这段时间内，现实生活的经验使马克思越来越清楚地认识
到，仅仅用哲学领域的批判来反对普鲁士国家是远远不够的，

---

① 《布鲁诺·鲍威尔和埃德加尔·鲍威尔 1839—1842 年间波恩柏林两地
　　通信集》，1844 年沙洛滕堡德文版，第 192 页。

必须把哲学同政治现实紧密地结合起来，从而摒弃抽象的批判，但这就势必会与以鲍威尔为代表的只把哲学批判作为目的、反对投身公开政治斗争的青年黑格尔派产生矛盾。

三、从旧友到论敌

1. 决裂在酝酿

虽然马克思早期的思想深受鲍威尔影响，但擅长独立思考的马克思从不会亦步亦趋，他从来没有全盘地毫无保留地接受鲍威尔的所有观点。随着深入实际生活，马克思通过自己的政治斗争实践，在思想发展上已经远远超过了自己曾经的朋友。特别是在《莱茵报》工作的这段时间，马克思接触到大量社会现实问题，目睹了劳动群众贫困悲惨的生活，他的思想感情也日益同劳动人民融为一体，因此他逐渐把立足点转向劳苦大众，决定为这些劳苦大众的利益而斗争。鲍威尔则不同，随着工人运动的深入发展，他却站在封建统治阶级的立场，逐渐沦为了软弱的、妥协的资产阶级代言人，并且逃避和恐惧任何真实的斗争和现实的改变。鲍威尔等人还创建了一个叫"自由人"的学术组织，这个组织完全不关注现实生活，不考察人们的实际生活状况，只是沉醉于抽象的哲学论证。

马克思因卓越领导才能和应对普鲁士书报检查制度的高超技巧使《莱茵报》销量激增，1842年10月15日升任该报主编，随后便开始了与"自由人"的斗争。这段时期，马克思批判了鲍威尔理论脱离实际的错误，要求鲍威尔等人"少发些不着边际的空论，少唱些高调，少来些自我欣赏，多说些明确的意见，多注意一些具体的事实，多提供一些实际的知识"①。为了制止鲍威尔等人在报纸上胡言乱语扰乱人们的思想，马克思拒绝了他们寄来的一大堆空洞无物、毫无意义的稿件，并且对他们作品中的错误观点进行了尖锐批评。此时的马克思立足于社会现实，开始有了向唯物主义和共产主义转变的倾向，而鲍威尔却仍然停留在他那虚幻的思辨唯心主义的理论王国之中。

2. 在"犹太人问题"背后

从深受青年黑格尔派影响到与之产生分歧、彻底剥离，马克思逐渐实现了其哲学思想的变革。在马克思思想变革和转换的过程中，"犹太人问题"就像一条导火索，正是在对这一复杂的社会历史事件的认识和评论中，马克思与他旧日的朋友、青年黑格尔派的领袖鲍威尔首次展开了论争。1843 年，鲍威尔发表了《犹太人问题》，在这篇文章中，鲍威尔对犹太人争取民族权力的斗争持否定态度，他认为犹太人问题是一个宗教问题，犹太人要获得解放，就必须先解放自己，即先要放弃自己的宗教信仰。在马克思看来，鲍威尔把犹太人解放这一政治问题归结为纯粹的宗教问题，无疑是将政治解放这一社会问题宗教化。马克思指出，鲍威尔主张通过废除宗教来消灭宗教国

---

① 《马克思恩格斯选集》第 4 卷，人民出版社 2012 年版，第 403 页。

家，由此消灭由宗教对立引起的政治压迫的解决方法，从根本
上是本末倒置的。

马克思
我在《德法年鉴》上发表的
《论犹太人问题》

> ## ZUR JUDENFRAGE.
>
> 1) *Bruno Bauer : Die Judenfrage, Braunschweig 1843.* —
> 2) *Bruno Bauer : Die Fähigkeit der heutigen Juden
> und Christen frei zu werden. Ein und zwanzig Bogen aus
> der Schweiz. Herausgegeben von Georg Herwegh. Zürich und Win-
> terthur. 1843. S. 56—71.* —
>
> Von
>
> KARL MARX.
>
> I.
>
> *Bruno Bauer : Die Judenfrage, Braunschweig 1843.*
>
> Die deutschen Juden begehren die Emancipation. Welche Emanci-
> pation begehren sie? Die staatsbürgerliche, die politische
> Emancipation.
> Bruno Bauer antwortet ihnen : Niemand in Deutschland ist poli-
> tisch-emancipirt. Wir selbst sind unfrei. Wie sollen wir euch be-
> freien? Ihr Juden seid Egoisten, wenn ihr eine besondere Emanci-
> pation für euch als Juden verlangt. Ihr müsstet als Deutsche an der
> politischen Emancipation Deutschlands, als Menschen an der mensch-
> lichen Emancipation arbeiten und die besondere Art eures Drucks
> und eurer Schmach nicht als Ausnahme von der Regel, sondern
> vielmehr als Bestätigung der Regel empfinden.
> Oder verlangen die Juden Gleichstellung mit den christlichen
> Unterthanen? So erkennen sie den christlichen Staat als
> berechtigt an, so erkennen sie das Regiment der allgemeinen Unter-
> jochung an. Warum missfällt ihnen ihr specielles Joch, wenn ihnen
> das allgemeine Joch gefällt? Warum soll der Deutsche sich für die
> Befreiung der Juden interessiren, wenn der Jude sich nicht für die
> Befreiung des Deutschen interessirt?
> Der christliche Staat kennt nur Privilegien. Der Jude be-
> sitzt in ihm das Privilegium, Jude zu sein. Er hat als Jude Rechte,

1844 年

　　为了批驳鲍威尔的错误观点，1844 年马克思在《德法年鉴》
上发表了《论犹太人问题》。在《论犹太人问题》中，通过对
市民社会与宗教关系的分析，马克思指出宗教并不是政治压迫
的原因，而是政治压迫的表现。因此，只有消除政治压迫，才
能克服宗教的狭隘性，而政治解放只是把宗教从国家向市民社
会转移，并不要求绝对地废除宗教，鲍威尔的观点显然是"毫
无批判地把政治解放和普遍的人的解放混为一谈"①。由此，马

---

① 《马克思恩格斯文集》第 1 卷，人民出版社 2009 年版，第 25—26 页。

克思在批驳中进一步阐明了政治解放和人的解放的关系。马克思认为资产阶级的政治革命把市民社会从封建主义桎梏下解放出来，消除封建等级制和封建特权，这是历史的进步，但是这种政治解放只是市民社会的革命，实现的只是资产阶级的民主自由，还远远不是人的解放。要实现人的解放，就必须突破资产阶级政治解放的历史局限性，对社会进行革命改造，消灭私有制，消除人的生活本身的异化，使人认识到"自身'固有的力量'是社会力量，并把这种力量组织起来因而不再把社会力量以政治力量的形式同自身分离的时候，只有到了那个时候，人的解放才能完成"①。《论犹太人问题》宣告了马克思与鲍威尔分道扬镳，自此这对曾经并肩战斗的好友就成为论战场上互不相让的对手了。

3. 拨开自我意识的迷雾

"自我意识"是鲍威尔整个哲学发展过程的核心，他的思想体系建构就是从"自我意识"向外展开的，因此要想彻底击垮鲍威尔的思想体系，就必须拨开自我意识的迷雾。"自我意识"是黑格尔哲学的产物，鲍威尔割裂了黑格尔哲学中自我意识与实体这两大板块，并用"自我意识"代替了黑格尔体系中"绝对精神"的位置，用意识去反对实体，用精神去反对世界，把自我意识作为一种实在、一种抽象，把历史说成是自我意识的创造。在鲍威尔的自我意识哲学中，任何历史活动的成功都

---

① 《马克思恩格斯文集》第 1 卷，人民出版社 2009 年版，第 46 页。

是与群众无关的，只有哲学家等少数人才是历史活动的真正主体，而群众则是"精神的敌人"、是消极被动的"群氓"。此时马克思与鲍威尔之间的对立，已经不仅仅是现实性和思辨性的对立，更是被压迫的劳苦大众和高高在上的统治者之间的对立了。1843 年 12 月，鲍威尔及其伙伴创办了《文学总汇报》，鼓吹以自我意识为基础的主观唯心主义，宣称世界历史进程中唯一积极因素是他们的理论活动，并把这种活动称为"批判的批判"。对此，马克思曾失望地写道："对于德国人来说，要摆脱对立的片面性是很困难的，我多年的朋友（但现在同我越来越疏远了）布鲁诺·鲍威尔在他的柏林出版的批判性报纸《文学报》中重新证明了这一点。"①

当鲍威尔在自己的理论批判中不能自拔时，马克思已经意识到理论要对实际发生作用就必须放下这种纯思辨批判的武器，应当同实际结合起来。为了彻底批判鲍威尔，使广大读者识破思辨哲学的幻想，1845 年马克思和恩格斯合著的《神圣家族》问世。《神圣家族》完整的名称叫作《神圣家族，或对批判的批判所做的批判。驳布鲁诺·鲍威尔及其伙伴》，这个名字非常长，特别是对"批判的批判"所做的批判，简直如同绕口令一般。但马克思也没有办法，因为他们所批判的对象，那些在德国近代思想史上被称为青年黑格尔派的一群人将自己的哲学叫作"批判的批判"，所以对这群人进行的批判自然就成了对"批判的批判"所做的批判。而我们所熟知

_____

① 《马克思恩格斯文集》第 10 卷，人民出版社 2009 年版，第 15 页。

人民出版社 1958 年出版的《神圣家族》

的《神圣家族》这个名字也十分生动，马克思和恩格斯就是借用这个题目来讽喻鲍威尔和他的伙伴，就像耶稣及其门徒，自以为超乎群众之上，自以为他们的话天经地义、不容争辩，而事实上在现实生活中，鲍威尔及其伙伴和他们的批判一样无用。

在《神圣家族》中，马克思和恩格斯批判了鲍威尔等人把"精神"和"群众"绝对对立起来的错误观点，指出在历史发展进程中起决定作用的是社会的物质生产而不是自我意识。针对鲍威尔等人将自我意识夸大为不受任何现实社会关系制约的东西的错误观点，马克思和恩格斯对思想的作用作了唯物主义的说明，指出思想的能动作用是受物质的社会关系、需要和利益所制约的，思想只有反映社会的现实需要、反映广大群众的利益，才能成为有助于社会发展的力量。在《神圣家族》中，马克思和恩格斯还论证了人民群众在历史发展中的伟大作用，指出"历史活动是群众的活动，随着历史活动的深入，必将是群众队伍的扩大"①。

从并肩同行的良师益友到分道扬镳的理论对手，对马克思而言，与鲍威尔斗争也是在与过去的自己斗争，因为他正是在批判

① 《马克思恩格斯文集》第 1 卷，人民出版社 2009 年版，第 287 页。

鲍威尔的过程中，逐步完成了对自己曾经信仰的彻底清算。在破除"旧我"、开创"新我"的道路上，马克思与苦难大众站在一起的立场从未改变，即使身在逆境也从不妥协，自始至终秉持着"为人类而工作"的理想信念。所以，从鲍威尔选择站在苦难大众对立面的那一刻起，他与马克思的友谊就永远结束了。

拉萨尔：一个很不可靠的朋友

　　斐迪南·拉萨尔以唐璜自诩，为爱身亡。他短暂的一生如一道闪电般划破天空的寂静，疾如雷电，而转瞬间便天昏地暗，永远沉寂。他是一个极具传奇色彩的人物，在 19 世纪欧洲的工人运动中承担着十分重要的角色甚至一度成为德国工人运动的领袖；他曾是马克思的朋友，却是"一个很不可靠的朋友"①；他是马克思的敌人，也是马克思"敌人的敌人"②。

拉萨尔

　　由于拉萨尔"出色的才能"和在革命运动中的影响力，马克思很快就关注到了他，并把他作为"党的朋友"纳入反封建的统一战线组织中。虽然两人在思想观点上存在很大分歧，但是一直保持密切的通信往来。然而，他们的友谊却

---

① 《马克思恩格斯全集》第 30 卷，人民出版社 1975 年版，第 419 页。
② 《马克思恩格斯全集》第 30 卷，人民出版社 1975 年版，第 422 页。

在 1862 年彻底决裂，原因何在？拉萨尔去世后，马克思才恍然大悟：拉萨尔就是一个"背叛者"，他们曾经的友谊也不过是被拉萨尔这个精致利己主义者利用的工具而已。他们之间到底发生了什么？拉萨尔的行为为什么会让马克思如此愤慨？让我们一起来回顾一下两人的交往，一探究竟。

一、一起肮脏案件引发的相识

1825 年 4 月 11 日，拉萨尔出生在德国普鲁士布勒斯劳城一个犹太富商家庭，比马克思小 7 岁，是家庭的独子，和马克思一样极具天赋才能，是一个妥妥的"神童"，很受父亲的宠爱。不同的是，拉萨尔比马克思更富激情，爱搞怪和恶作剧，身上集中了富二代自命不凡、桀骜不驯、放荡不羁等特点。在普鲁士，与封建贵族相比，资产阶级不仅社会地位很低，也没有任何政治势力。拉萨尔的家庭，不仅作为一个资产阶级"暴发户"受到封建专制制度的压制，而且作为一个犹太人家庭也受到了基督教世界臣民的鄙视。因此，殷实家庭出身的犹太人身份，使这位"阔少"同时继承了德国小资产阶级的庸俗性和犹太人的利己主义精神。

在德国的特殊历史发展及当时社会上小市民的鄙俗气息影响下，拉萨尔成长为一个矛盾的结合体：一方面，在他走上人生征途时，曾立志要改造德国的落后制度，帮助工人一起为摧毁封建制度而斗争；另一方面，但凡遇到能在名利上有所收获

的机会，他将立刻抛下工人的利益，甚至与压迫工人的反动
派狼狈为奸。青年拉萨尔曾写道："为把自己人民从现在的痛
苦状况中解放出来，我不惜牺牲自己的姓名"[1]，"我向人民宣
告自由，尽管我会因为这种尝试而牺牲。我面对星空向上帝起
誓，有朝一日我若背弃了誓言，那就诅咒我吧"，"我不惧怕王
公们的威胁眼光，财产和爵位也不能诱惑我……不，我绝不停
息，直到把他们吓得面色如土"[2]。当然，从他此后的人生选择
来看，这是一份不可信的自白，更不可能证明拉萨尔在后来所
说的"我从 1840 年起就已经是一个革命者了"[3]。用现在的话
来讲，拉萨尔就是一个纯粹的"饼王"！恶劣的成长环境大大
束缚了拉萨尔天赋与才能的发挥，但饱读各类书籍的他却不肯
低头。拉萨尔秉持着"坚信自己"的人生信条，不肯向厄运低
头，勤奋上进，但同时他也藐视一切、目中无人，不达目的誓
不罢休，逐渐成为一个精致的利己主义者。

1848 年是欧洲革命的年代。在 1848 年以前，拉萨尔还不
是一个政治人物，仅仅由于充当哈茨费尔特伯爵夫人离婚案的
律师而出名。但也正是因为这个案子，马克思和拉萨尔开始有
了联系。在德国人民同普鲁士专制政府的军队浴血奋战之时，
自称"社会革命者"的拉萨尔却没有参加。此时的他置一切于
不顾，一门心思地为哈茨费尔特伯爵夫人争取财产权而斗争，
还把这场斗争说成是为被压迫者争取权利的斗争，实际上这仅

---

① 《拉萨尔日记》，1901 年圣彼得堡俄文版，第 86 页。

② 《拉萨尔日记》，1918 年柏林—维麦尔多夫德文版，第 30 页。

③ 《拉萨尔致马克思恩格斯书信集》，1905 年圣彼得堡俄文版，第 244 页。

仅是一桩涉及贵族家庭内部纠纷的肮脏案件罢了。然而，马克思和他主编的《新莱茵报》却在此案上给了拉萨尔一定的支持。这是因为：在 1848 年下半年，封建反动派逐渐抬头，对封建贵族内部丑闻的任何揭露在客观上都会对革命产生积极的作用。从拉萨尔在首饰匣案件（哈茨费尔特伯爵夫人离婚案的牵连案件）中作了 6 个小时的辩护发言并获得无罪释放时，人民群众把拉萨尔当作英雄来欢迎就足以说明。在获得无罪释放后，拉萨尔这才参加了杜塞尔多夫市的革命活动，但这时革命的高潮已经退去。虽然迟到，但拉萨尔总算是参加了革命。很快，拉萨尔就成了杜塞尔多夫市民主革命运动的领导人之一，并同马克思领导的民主主义者莱茵区域委员会建立了联系。

1848 年 11 月，普鲁士政府发动了反革命政变。拉萨尔积极响应马克思的号召，根据马克思提出的"特别要在农村作宣传"的指示，于 11 月 21 日在杜塞尔多夫市郊区诺伊斯召开群众大会，向农民进行宣传，号召农民武装起来。然而不幸的是，隔天拉萨尔就以煽动公民武装反抗王室的罪名被捕。审讯长达 5 个月，拉萨尔在法庭上毫不屈服，表现出了一个革命者应有的气节。

马克思和恩格斯很重视拉萨尔案件，不仅支持群众团体营救拉萨尔的活动，而且还亲自同总检察官交涉。除此之外，从 1849 年 2 月到 5 月，马克思就拉萨尔案件在《新莱茵报》上先后发表了 5 篇社论，既揭露司法当局的非法行为和阴谋，又动员社会舆论声援拉萨尔。马克思指出："拉萨尔一案对我们说来之所以重要，不仅是因为这关系到我们的一位同胞、一位党的朋友的自由和权利。其所以重要，首先是因为这里涉及这样一个问题：陪审法庭处理政治犯罪的特权是否要同一切所谓三月成果遭到同样的命运"①。马克思为了替这位"党的朋友"辩护，做了他所能做的一切。可以说是相当仗义了！

二、小心被骗！他不是马克思的学生

1849 年 5 月，拉萨尔被判 6 个月徒刑。当他出狱时，德国革命已经失败，马克思等一大批革命者流亡海外。塞翁失马，焉知非福。拉萨尔因服刑而免遭流亡生活。在此后一段时间里，他和马克思保持通信，持续为马克思提供一些国内情况，马克思对此表示肯定："拉萨尔至今还是唯一敢于和伦敦通信的人"②。

但其实在这一阶段，拉萨尔和马克思思想上的差距就已经显现。恩格斯讲道："拉萨尔本人在我们面前总是自认为是马克思的学生"③，尤其是在 19 世纪 50 年代，他一再强调自己和马克思的观点是一致的。的确，从表面看马克思和拉萨尔是一个战壕的战友，而实际上二人在思想上已经背道而驰。譬如，马克思认为这场政变不过是一场"笑剧"，并对资产阶级的软弱性和妥协性进行了尖锐的批评，在《路易·波拿巴的雾月

① 《马克思恩格斯全集》第 6 卷，人民出版社 1961 年版，第 321 页。
② 《马克思恩格斯全集》第 49 卷，人民出版社 2016 年版，第 439 页。
③ 《马克思恩格斯选集》第 1 卷，人民出版社 2012 年版，第 383 页。

十八日》中写道："如果皇袍终于落在路易·波拿巴身上，那么拿破仑的铜像就将从旺多姆圆柱顶上倒塌下来"①；而拉萨尔却对波拿巴充满幻想，认为波拿巴能够利用国家的力量满足无产阶级的利益，推动社会主义的实现。

尽管如此，马克思仍对拉萨尔寄予厚望。他很珍视拉萨尔的才能，希望能够帮助拉萨尔成为一个无产阶级革命家。因此，马克思主张将拉萨尔吸收进共产主义者同盟，但是由于拉萨尔的"贵族做派"以及在革命中始终将个人利益居于工人利益之上的行为，遭到了科隆中央委员会的一致反对，马克思只好作罢并继续培养拉萨尔。可拉萨尔身上的毛病实在是太多了，不断有工人揭发他。面对揭发，马克思也并没有完全抛弃拉萨尔，而是选择一分为二地去看待他·一方面，马克思在给恩格斯的信中讲道"拉萨尔虽然'但是'很多，却是坚强而精力充沛"，"除克路斯以外，拉萨尔比他们所有的人都能干得多……他有他的怪癖，可是也有党性和抱负，而他在为公的借口下总是醉心于一些卑琐的杂念和私事，这是众所周知的"。②另一方面，马克思承认拉萨尔始终是一个需要提防的人，他总打算以党作幌子利用一切人以达到自己的私人目的，必须对他进行严密的监视。由于马克思爱惜人才，认为多一些政党的朋友总归是没有害处的，况且在一个充斥着白色恐怖的年代里，年轻有为的拉萨尔能一再向无产

---

① 《马克思恩格斯选集》第 1 卷，人民出版社 2012 年版，第 774 页。
② 《马克思恩格斯全集》第 49 卷，人民出版社 2016 年版，第 361、365—366 页。

阶级靠拢总归是很可贵的。因此，马克思对待拉萨尔一向既坚持原则，又留有余地。而实际上拉萨尔在背地里一再以老革命家的身份拉拢工人，经常借用马克思的名声"招摇撞骗"。自 1856 年因哈茨费尔特伯爵夫人离婚案胜诉而获得 30 万塔勒后，拉萨尔完全变了样：自以为是全天下的征服者，纵情享乐，疏远工人，尽显"暴发户"作态，经常利用政党去干些私人的肮脏勾当，为在柏林定居竟向反动政府求情示忠，再次表现了他为达目的不择手段、不讲原则的政客作风。

为了能继续冒用"革命政党"的名义，拉萨尔以"马克思的学生"的身份博取工人的信任，为了能够使自己在斗争中有一个强有力的后盾，他不惜任何代价地争取和马克思、恩格斯站在一起。因此，即使马克思对拉萨尔的诸多观点和行为做派颇有不满，但还是表示，只要巧妙地对付他，这个人是完全可以属于我们的，不过要"要一点外交手腕"。然而事与愿违，拉萨尔辜负了马克思的期望。

其实，在刚开始参加革命时，拉萨尔的唯心主义世界观就基本定型，已经难以接受马克思主义的世界观了。不过，由于他在实践中还是尽量向马克思和工人革命靠拢，其中的一些抽象的哲学观点、"学究式的智慧"也无碍于现实的阶级斗争，马克思此时还未能完全识破拉萨尔在政治上的机会主义，对其并无进行公开的批判。可是，在 19 世纪 50 年代末期，拉萨尔打赢了大官司又写出了几部反响较大的哲学著作就开始飘飘然了，以"时代的英雄""工人阶级的领袖"自居，拿着自己那一套英雄史观的东西就觉得自己的见解能够影响历史的发展，

拉萨尔：一个很不可靠的朋友 353

在一些重大政治、军事、外交问题上与马克思针锋相对。从1859 年至 1862 年，马克思就同拉萨尔开展了关于农民战争问题、意大利战争问题、福格特问题、反沙俄统一战线问题的 4 次论战。

1859 年，马克思写信谴责拉萨尔，指出他所宣扬的"绝不是我的观点，也不是在英国的我的党内朋友的观点。不过，我们可能在报刊上发表我们的观点"①。拉萨尔一边对马克思的批评置若罔闻，一边苦苦哀求马克思为了党的统一不要公开批判他，经过几次激烈的争论，马克思对拉萨尔的认识进一步加深，得出拉萨尔是"多么自相矛盾！多么卑鄙！""现在对拉萨尔先生我是已经看透了"。② 但出于公心，马克思还是站在革命事业的大局上不计恩怨，耐心对其进行开导。不过，很显然，这些都已于事无补。

三、与马克思分手，与俾斯麦携手

1862 年，拉萨尔从柏林前往伦敦看望马克思。为了迎接拉萨尔的到来，也是为了回报上一年拉萨尔对马克思一家的热情款待，尽管当时马克思因筹备《资本论》的写作，家庭困窘至极，燕妮还是把家里能够当掉的东西都送进了当铺，用换来

---

① 《马克思恩格斯全集》第 29 卷，人民出版社 1972 年版，第 590 页。
② 《马克思恩格斯全集》第 30 卷，人民出版社 1975 年版，第 34 页。

的钱招待拉萨尔。而拉萨尔却在马克思的家里大快朵颐，场面一度十分尴尬。

让马克思很恼火的是，拉萨尔在知道他现在的困难处境后，见面就向马克思表明他的股票亏了 5000 塔勒，"这个家伙宁愿把钱扔在污泥里，也不愿借给'朋友'——甚至保证还本付息也不行"①。更可恨的是，他"竟厚颜无耻地问我是否愿意把我的一个女儿给哈茨费尔特伯爵夫人当'女伴'，甚至是否拜托他请求格尔斯滕堡对我庇护照拂"②。这可把马克思气炸了，就算穷也不至于失去自己的骨气让女儿去做个侍女、自己低声下气去！同时，拉萨尔还认为马克思"现在'无事可做'，只不过搞些'理论工作'"③，拉萨尔的自视清高、夸夸其谈令马克思非常反感："现在深信他不仅是最伟大的学者，最深刻的思想家，最有天才的研究家等等，而且是唐璜和革命的红衣主教黎塞留。同时，用假装激动的声音不断地唠唠叨叨，装腔作势地做出各种动作来引人注意，讲起话来带着教训人的腔调！"④拉萨尔这个精明的资产阶级派的人物，借机放债，借给了马克思 75 英镑后，感觉到主人家的嫌恶，就灰溜溜地离开了。拉萨尔回去之后要求恩格斯出具借款担保并在借据到期前 8 天偿还借款。马克思带着戏谑的语气向拉萨尔回了一封信，向拉萨尔表示自己可不想和他再玩这种资产阶级的游戏了。

---

① 《马克思恩格斯全集》第 30 卷，人民出版社 1975 年版，第 259 页。
② 《马克思恩格斯全集》第 30 卷，人民出版社 1975 年版，第 259 页。
③ 《马克思恩格斯全集》第 30 卷，人民出版社 1975 年版，第 260 页。
④ 《马克思恩格斯全集》第 30 卷，人民出版社 1975 年版，第 260 页。

　　其实，拉萨尔的拜访是别有用心的。他想借用马克思的旗帜来宣扬自己的主张，在这次伦敦会面中拉萨尔谈了他准备在工人中间进行宣传鼓动的机会主义计划，例如通过普鲁士国家的帮助去建立合作社等。这种观点立刻遭到了马克思的当面批驳：马克思奉劝拉萨尔不要陷入对资产阶级的幻想当中去，讽刺拉萨尔不过是一个开明的波拿巴主义者，建议他再重新读一读《共产党宣言》。拉萨尔气坏了，大嚷大叫、暴跳如雷。除此之外，早在1861年，拉萨尔还企图拉拢马克思在柏林合办一份报纸，当马克思谈及恩格斯，拉萨尔表示"恩格斯也可以担任总编辑。不过你们两个人的表决权不能比我一个人的大"①。很显然，拉萨尔把自己当作一件奇货可居的商品在和马克思讨价还价：他既想利用马克思的威望来实现他夺取德国工人运动领导权的野心，又想牢牢把控报社的一票否决权。马克思识破了他的阴谋，认为："出版周报可能是最好的事，但是另一方面，我们却要冒很大的风险，因为我们这位朋友是轻率的，他一坐在那里当主编，就随时能够给我们大家招来麻烦！他自然会马上使报纸具有党的机关报的性质，而我们将不得不为他的一切蠢事承担责任，并且使我们在德国的地位在还来不及重新争得以前又遭到破坏！"②

　　伦敦会面后，马克思明确表示拒绝和拉萨尔搞政治合作，因为他们在政治上"除了某些非常遥远的终极目的以外，没有

① 《马克思恩格斯全集》第30卷，人民出版社1975年版，第163页。
② 《马克思恩格斯全集》第30卷，人民出版社1975年版，第156页。

任何共同之处"①。确认在马克思身上无机可乘、无法施展他的
伎俩之后，拉萨尔瞬间就从"马克思的学生"转变为"工人独
裁者"开始单干起来了。即使是马克思为以上的信件向拉尔萨
作了进一步的解释和反思后，表明"我们应不应该为这件事而
完全决裂呢？我认为我们友谊的基础牢固得足以经受住这样
的打击"，"总之，我希望……我们原来的关系不至于冷淡下
来"②，但拉萨尔再无回应。两人之间的友谊也就此完全走到了
尽头。

　　拉萨尔性格张扬、跋扈嚣张，他对权力、异性的迷恋有时
甚至达到了癫狂的程度，他的去世也充满了浪漫主义的骑士精
神色彩。1864 年，拉萨尔为争夺一个贵族的未婚妻，主动发
起决斗邀请，在决斗中他的下腹部被击中一枪。三天后，也就
是 8 月 31 日，这位自诩为唐璜的爱情斗士便不幸身亡了。有
点讽刺的是，拉萨尔过去坚决反对决斗，认为这是不理智和不
道德的。然而，为了在这场爱情的角逐中讨回自己的尊严，他
便轻而易举地失去了这份理智。

　　拉萨尔去世后，马克思和恩格斯都非常震惊，为失去了
这样一位"有才干"的人感到十分惋惜。恩格斯讲道："不论
拉萨尔在品性上、在著作上、在学术上究竟是个什么样的人，
但是他在政治上无疑是德国最重要的人物之一。对我们来说，
目前他是一个很不可靠的朋友，在将来是一个相当肯定的敌

————————

①　《马克思恩格斯全集》第 30 卷，人民出版社 1975 年版，第 272 页。
②　《马克思恩格斯全集》第 30 卷，人民出版社 1975 年版，第 633、634 页。

人……现在工厂主和进步党的狗东西们将会多么欢欣鼓舞，要知道，在德国国内，拉萨尔是他们唯一畏惧的人。"① 马克思在给恩格斯的回信中也写道："拉萨尔的不幸遭遇使我在这些日子里一直感到痛苦。他毕竟还是老一辈近卫军中的一个，并且是我们敌人的敌人……无论如何，使我感到痛心的是，近几年来我们的关系变暗淡了——当然，这是他的过错。另一方面，使我感到很欣慰的是，我没有受来自各个方面的挑拨的影响，在他的'得意年代'一次也没有反对过他。"② 以往，即使马克思反对拉萨尔的错误观点、看不惯他的言行举止，但一直把他当作朋友，只是将他的错误路线看作是个人作风及党的内部问题，甚至在拉萨尔与其断绝书信往来后也不曾进行拉踩。

然而，在拉萨尔去世约 5 个月后，李卜克内西将拉萨尔与俾斯麦订有正式协议的消息告诉了马克思，马克思才断定这是"拉萨尔策划的背叛"，"拉萨尔事实上背叛了党"，"拉萨尔同俾斯麦的关系比我们过去怀疑的还要密切得多"。③1928 年发现并公开了的拉萨尔和俾斯麦的通信证实了这些，这十余封信件表明：在拉萨尔与马克思正式决裂后的头一年，即 1863 年，他就与俾斯麦建立了联系。拉萨尔把工人视为一群粗鄙的群体，而他则是以救世主的姿态来拯救工人们的。拉萨尔与俾斯麦暗自勾结，毒害德国的工人运动。他还幻想通过支持俾斯麦

---

① 《马克思恩格斯全集》第 30 卷，人民出版社 1975 年版，第 419 页。
② 《马克思恩格斯全集》第 30 卷，人民出版社 1975 年版，第 422 页。
③ 《马克思恩格斯全集》第 31 卷，人民出版社 1972 年版，第 51、455、
   465 页。

的王朝统一战争来获得普选权，从而谋取更高的位置和权力。
具有讽刺意味的是，当俾斯麦发现拉萨尔只不过是一个政治上
的"穷光蛋"，便立刻将拉萨尔抛之脑后了。

回顾拉萨尔的一生，他玩弄各种阴谋诡计混进了工人阶级
的队伍中，一边为工人阶级摇旗呐喊，一边向普鲁士王朝匍匐
献媚。他在人格与思想上的矛盾性也造就了他矛盾的一生，使
他成为德国工人运动史上极具争议的人物。拉萨尔虽已离去，
但是他所鼓吹的那一套拉萨尔主义的思想仍然继续影响着德国
工人运动。马克思同拉萨尔和拉萨尔主义进行了近半个世纪的
斗争，这一斗争构成了马克思主义发展史中的一个重要阶段。
马克思在同拉萨尔主义斗争时，写下了科学社会主义的纲领性
文献《哥达纲领批判》，这部巨著"第一次明确而有力地表明
了马克思对拉萨尔开始从事鼓动工作以来所采取的方针的态
度"①，其中所展现的马克思的思想成为了今后各国共产党抵御
机会主义侵袭的"盾牌"，具有十分重要的价值。

拉萨尔将革命当作为自己弄权牟利的把戏，反观马克思作
为无产阶级革命导师，深知人类寻求解放的道路任重而道远。
他没有同拉萨尔般，一味追求个人享乐、被权力与物欲蒙蔽了
双眼，有一点学问就沾沾自喜，而是从始至终严守底线、绝不
动摇，潜心为人类做学问、为解放求道路。唯有静心，方能
致远。

---

① 《马克思恩格斯选集》第 3 卷，人民出版社 2012 年版，第 352 页。

巴枯宁：
从"点赞"到"拉黑"的论敌

有这么一个人，他亲切地奉蒲鲁东为"导师"，也曾自称是马克思的"学生"，而从他多年的实际活动来看，前者是肺腑之言，后者则实属欺骗。作为现代无政府主义的创始人，他把革命力量寄托于农民和流亡无产者，把革命方式理想化为自发的暴动，把革命目标诉诸直接宣布废除国家，以实现"绝对自由"。

马克思和他，曾于1844年、1848年、1864年三次会面。两人最初是因为共同的朋友卢格，产生了偶有的交集，但这时马克思并未对他有过多关注。第三次会面后，马克思主动为归来的他"点赞"。可随着时间的推移，马克思才发现，这个人根本不是他的同路人，他们之间的交往也逐渐转向直接的理论交锋。

这个人就是米哈伊尔·亚历山大罗维奇·巴枯宁。以他的名字命名的巴枯宁主义，是马克思和恩格斯在第一国际时期批判的主要错误思潮之一。而马克思主义在这场理论斗争中的胜利，是国际共产主义运动史上的光辉一页。

一、偶有交集，不太"感冒"

巴枯宁

1814 年 5 月 30 日，巴枯宁出生于俄国特维尔省的一个乡绅贵族家庭，是家里的长子。1829 年，巴枯宁顺利进入彼得堡炮兵学校。1833 年毕业时，他成功获得了炮兵掌旗官这个"准尉"头衔。在俄国，这一军职可是高级士官呢，在军队中也有很高的地位，是仅次于将军的存在。1835 年 3 月，巴枯宁同二姐瓦瓦娜和姐夫迪亚科夫一起前往莫斯科。这时的巴枯宁已年近 21 岁，他在这里结识了尼·斯坦凯维奇。斯坦凯维奇同巴枯宁一样，出生于贵族家庭，也是家中的长子。"他是俄国第一个引人注目的浪漫主义者，为俄国思想界打开了德国形而上学这个广阔而又丰富的领域。"① 此后很长一段时间，巴枯宁先是被他带入浪漫主义的潮流，后又同他一起扎进德国古典哲学研究的海洋。

---

① ［英］爱德华·哈利特·卡尔:《巴枯宁传》，宋献春、王兴斌、卢荣基译，中国人民大学出版社 1985 年版，第 21 页。

　　1840 年 7 月，巴枯宁来到柏林，他时常到柏林大学旁听黑格尔派代表人物维尔德的课程。1841 年秋，巴枯宁在卢格的影响下开始真正接触新黑格尔主义，之后的半年时间，他大量阅读黑格尔左派的小册子，这使得他 1842 年夏天在德累斯顿落脚时，已经是一个成熟的"青年黑格尔派"了。

　　同一时期，1836 年 10 月，马克思转入柏林大学学习。他经常出现在鲍威尔的哲学课上，也通过博士俱乐部同青年黑格尔派的人密切来往，逐步走上了哲学研究之路。与此同时，1841 年 9 月至 1842 年 10 月，恩格斯在柏林服兵役期间，也经常到柏林大学旁听谢林、马尔海内克、维尔德等人的课程，频繁接受着"青年黑格尔派"的思想熏陶。

　　1842 年 10 月，卢格创办的《德国年鉴》发表了巴枯宁《德国的反动》一文。巴枯宁用通俗的语言把黑格尔描写成革命的哲学家，使巴枯宁在全欧的进步人士中赢得了声望。然而，对于巴枯宁本人来说，这篇文章既是他研究黑格尔的巅峰，也是他同黑格尔哲学的诀别。因为这时的他，已经受罗·施泰因所写的《现代法国的社会主义和共产主义》一书影响滑向了空想社会主义和无政府主义。在他看来，书里谈到的圣西门、傅立叶、蒲鲁东等人的理论似乎很具体、很实际。

　　1843 年 1 月，巴枯宁和具有类似信仰的朋友奥·海尔维格来到苏黎世，他在这里接触到了威·魏特林的《和谐的自由与保证》。这本书带给巴枯宁的启发，包含了此后 20 多年他精心编织的无政府主义纲领的主要论点的萌芽。5 月，魏特林带着海尔维格的介绍信到苏黎世探访巴枯宁，这次会见再一次激发了巴枯宁对空想社会主义的热情，也促成了他本人从理论的哲学家向实践的革命家的转变。

1843 年 10 月，马克思应卢格之邀前往巴黎，共同开辟新的思想和舆论阵地。1844 年 2 月，《德法年鉴》第 1—2 期合刊（也是最后一期）出版，上面刊载了马克思的《论犹太人问题》和《〈黑格尔法哲学批判〉导言》，以及巴枯宁的一篇短文。25 日，在卢格的召集下，马克思、巴枯宁、波特金、路·勃朗等人出席了一次秘密会议，讨论民主宣传问题，马克思和巴枯宁生平第一次坐在了一起。此时的马克思已经完成了从唯心主义到唯物主义、从革命民主主义到共产主义的转变，而巴枯宁还盘旋在无政府主义的旋涡之中。1844 年下半年，马克思和巴枯宁都转而为《前进报》撰稿，在马克思的影响下，巴枯宁计划写一本论费尔巴哈哲学的书（没有完成），研究政治经济学（无所成就），并自称"真诚的共产主义者"（有点骗人）①。

这一时期，一个重要的人物——蒲鲁东对巴枯宁产生了极大的影响。前者对上帝、国家和私有财产的大胆抨击，促使"巴枯宁对权威本能的反抗转变成正式的无政府主义信条"②，以致多年之后巴枯宁仍然将蒲鲁东奉为"伟大的和真正的导师"。

1847 年 8 月，马克思在布鲁塞尔创立了布鲁塞尔德意志

---

① 〔英〕爱德华·哈利特·卡尔：《巴枯宁传》，宋献春、王兴斌、卢荣基译，中国人民大学出版社 1985 年版，第 132 页。

② 〔英〕爱德华·哈利特·卡尔：《巴枯宁传》，宋献春、王兴斌、卢荣基译，中国人民大学出版社 1985 年版，第 134 页。

工人教育协会并致力于实际的工人运动。9月，在布鲁塞尔举行的国际民主派宴会上，德意志工人教育协会决定建立布鲁塞尔民主协会，旨在增进无产阶级革命者同资产阶级、小资产阶级先进分子的联系，这是在工人阶级和小资产阶级民主主义者之间实行联盟的一次尝试。次年1月，马克思在起草《共产党宣言》之际，发表了《关于自由贸易问题的演说》。这次演说是在布鲁塞尔民主协会会议上发表的，巴枯宁也曾与会，现场听取了马克思的分享。但此时的巴枯宁一心只想闹革命，对马克思的活动兴味索然。于是，在得知巴黎爆发"二月革命"，推翻"七月王朝"，重新建立共和国的消息后，他立即动身前往了那里。

二、听闻归来，主动"点赞"

随着革命之势在西欧的扩散，巴黎渐渐失去革命中心地位，但巴枯宁本人的革命热情却迟迟未退，这推动他在1848年3月动身前往东欧。他首先抵达法兰克福，却发现这里由温和的自由派主导着形势，便继续寻找新的革命温床。当巴枯宁焦头烂额时，恰逢捷克的一个委员会发出5月底在布拉格召开斯拉夫人代表大会的通知，于是他匆匆赶往布拉格参会。

在1848年6月举行的斯拉夫人代表大会上，巴枯宁第一次亲身体验到民主主义和民族主义之间的根本分歧，但他却把调和这种矛盾的希望寄托于推翻沙皇统治的俄国革命，并且形成了一种新的认知——仇恨"德国的一切是优秀斯拉夫人的标志，同时也是使斯拉夫兄弟紧紧联在一起的胶合剂"①。巴枯宁在这里详尽地阐述了自己关于泛斯拉夫联盟的构思，主张依靠"种族和血统的神圣关系"把各斯拉夫民族联合在一起，宣扬各斯拉夫民族应当完全放弃自己的国家权力，同时宣称构成斯拉夫联盟的原则是"一切人平等，一切人自由和兄弟的爱"。

恩格斯对此谈道："把斯拉夫人的原有土地全部归还给斯拉夫人，把奥地利（蒂罗尔和伦巴第除外）变成一个斯拉夫帝国，这就是泛斯拉夫主义者的目的"，但"目前占有这些地区的德意志人和匈牙利人是不会同意这种行动的"。②巴枯宁的构思，不仅忽视了各斯拉夫民族最基本的语言差异，而且在斯拉夫民族内部存在压迫与被压迫的现实问题上，直接选择漠然对之。大会的最后一天，布拉格爆发了起义，巴枯宁被迫参与其中，但5天后以起义者无条件投降宣告结束。

法国、德国、捷克等国的革命形势让一向乐天派的巴枯宁深感失望。同年10月，他改去德累斯顿，于12月发表了《告斯拉夫人书》。他继续采取选择性"失明"和"失聪"的方式，对待斯拉夫人民迫切需要摆脱幻想的需求，在文中侈谈实现各民族的自由、平等和博爱。恩格斯后来揭露道，这些口号式的字眼固然让听者悦耳，可一旦将其放到历史和政治的重称上，将如同飘忽的空气一般，毫无分量，正义、人道、自由等可以

---

① ［英］爱德华·哈利特·卡尔：《巴枯宁传》，宋献春、王兴斌、卢荣基译，中国人民大学出版社1985年版，第163页。

② 《马克思恩格斯全集》第14卷，人民出版社2013年版，第321页。

一千次地提出这种或那种要求，但是，如果某种事情无法实现，那它实际上就不会发生，因此无论如何它只能是一种虚无缥缈的幻想。

1849年5月3日，德累斯顿起义爆发，巴枯宁参与并指挥了这场革命，然而好景不长，9日晚他便被逮捕。1850年1月，他被德国当局判处死刑，又于1851年5月被引渡给俄国。巴枯宁再次回到祖国，但等待着他的却是彼得堡（即圣彼得堡）的监狱。7月至8月，巴枯宁写了一封长达十万字的《忏悔书》呈交沙皇尼古拉一世，1857年2月，又写了一封《请求减刑书》呈送沙皇亚历山大二世。当月28日，巴枯宁被减刑，改判流放西伯利亚。流放期间，西伯利亚的总督是他的舅父，巴枯宁借机逃出西伯利亚，经过日本、美国，于1861年重返欧洲。

归来后的巴枯宁很快与旧友取得联系，并于1864年11月同马克思在佛罗伦萨会面。对于此次会见，马克思在致恩格斯的书信中谈道："我很喜欢他，而且比过去更喜欢"，"他是十六年来我所见到的少数几个没有退步、反而有所进步的人当中的一个"。① 但马克思的"点赞"并没有得到巴枯宁的正向回应，因为后者摇身一变，转头加入了同第一国际相对抗的和平和自由同盟。在和平和自由同盟1867年和1868年举行的两次代表大会上，巴枯宁不顾同盟本身的资产阶级性质，大肆宣扬无政府主义思想。水火不容的境遇下，巴枯宁不得不向同盟递交了退出声明。

------

① 《马克思恩格斯全集》第31卷，人民出版社1972年版，第17—18页。

三、破解阴谋，果断"拉黑"

1. 察觉问题，提高警惕

1868 年 9 月，巴枯宁退出和平和自由同盟，在日内瓦加入第一国际罗曼语区分部。10 月，他联合其追随者，在这里建立了国际性的无政府主义组织——国际兄弟同盟，并为这个组织拟定了章程和纲领，宣称革命从第一天起就应当根本、彻底地破坏国家和一切国家机构。马克思对此谈道：他的纲领是东一点西一点地草率拼凑起来的大杂烩，以废除继承权作为社会运动的起点，而以放弃政治运动作为主要信条。

但纲领只是一部分，巴枯宁真实的野心在于组织本身。正如马克思所指出："这个'同盟'的理论纲领只不过是一种无耻的把戏。问题的实质在于它的实际组织"[1]。在这份文件中，巴枯宁将国际兄弟同盟分为三级，即国际兄弟会、民族兄弟会和国际社会主义民主同盟。前两级是秘密的，后一级则是半秘密、半公开的。巴枯宁打算让国际社会主义民主同盟打入第一国际，在国际内部建立这个团体的秘密分支，从而夺取国际的领导权。

1868 年 12 月，他给马克思写了一封"颂扬信"，宣称"国际将是我的祖国"，"我是你的学生"，以期获取马克思的信任。然而，在他写这封信的同一天，马克思就在向国

---

[1] 《马克思恩格斯全集》第 16 卷，人民出版社 1964 年版，第 466 页。

际的所有组织发出的内部通告信中指出："既在国际工人协会之内，又在该协会之外进行活动的第二个国际性组织的存在，必将使协会陷于瓦解"，如此一来，国际"很快就会变成任何一个种族和民族的阴谋家手中的玩物"。① 鉴于此，总委员会在马克思的领导下一致通过决议拒绝接受同盟加入国际。1869 年 1 月，马克思继续在致恩格斯的书信中谈道："巴枯宁还陶醉于愉快的幻想中，以为我们将放心地让他自由行动。"②

国际总委员会关于拒绝接受同盟的决议，给了巴枯宁以沉重的打击，于是他玩弄反革命两面派手法，表面上同意总委员会的信件，宣布解散同盟，暗地里却仍旧保留同盟的组织，继续进行阴谋活动。1869 年 8 月，他在《平等报》上发表了《国际的政策》，在文中把国际的章程解释成非政治倾向的文件，把国际说成是一种进行"纯粹经济斗争"的组织，用无政府主义的"社会清算"和"放弃政治活动"的学说偷换国际阶级斗争的纲领。

这年夏天，巴枯宁还起草了一份名为《革命问答》的行动手册，在其中呼吁：革命者"只知道一门科学——破坏的科学"，"只应该有一个思想，一个目的——无情地破坏"，主张形成"摧毁一切的力量"以"消灭一切国家"③，充分反映了巴

---

① 《马克思恩格斯全集》第 16 卷，人民出版社 1964 年版，第 383 页。
② 《马克思恩格斯全集》第 32 卷，人民出版社 1974 年版，第 228 页。
③ 《马克思恩格斯全集》第 18 卷，人民出版社 1964 年版，第 472、473、476 页。

枯宁及其所代表的破产了的城乡小资产阶级的绝望情绪。关于这个小册子，马克思和恩格斯写道："这些想使一切都成为无定形状态以便在道德领域内也确立无政府状态的，破坏一切的无政府主义者，把资产阶级的不道德品行发展到了登峰造极的地步。"①

　　谁能想到，1864 年 11 月曾被马克思在书信中"点赞"的巴枯宁，其行为会发展到如此令人感慨的地步。如今，马克思已经意识到问题所在，对巴枯宁的态度逐渐转为了提防，同时注意批判巴枯宁主义者的错误论调，以保卫国际的纯洁性质。

2. 洞悉阴谋，巧妙应对

　　在巴枯宁的两面派手法下，国际社会主义民主同盟顺利混入国际工人协会。此时，恰逢国际即将在巴塞尔召开代表大会，巴枯宁便瞄准了这一机会。

　　国际将于 1869 年 9 月在巴塞尔举行代表大会的消息传来后，巴枯宁便不断给自己的党徒写信，要他们多多派人出席大会，甚至为此伪造了不少代表证。马克思对此谈道："为了保证自己在巴塞尔代表大会上取得多数，巴枯宁搞了真正的阴谋"②。会上，巴枯宁策划把继承权问题列入议程。受委托的埃卡留斯宣读了马克思起草的《总委员会关于继承权的报告》，

---

① 《马克思恩格斯全集》第 18 卷，人民出版社 1964 年版，第 472 页。
② 《马克思恩格斯全集》第 16 卷，人民出版社 1964 年版，第 468—469 页。

深刻揭露了巴枯宁"继承权的废除是解放劳动的一个必要条件"的谬论本质，指出：宣称废除继承权是社会革命的起点，在理论上是错误的，在实践上是反动的。

对于巴枯宁集团罪恶的分裂活动，马克思谴责道，巴枯宁在第一国际内部挑起了一场纷争，他"把自己当做一面旗帜，用宗派主义的毒药毒化我们的工人协会，并以密谋来遏制我们的行动"①。为了制造分裂，巴枯宁对马克思等人进行了谬妄无稽的人身攻击与无中生有的肆意污蔑，甚至狂呼道："我要叫他们完蛋"。所有这一切都雄辩地说明，巴枯宁已经公然站在了无产阶级队伍的对立面。

1870 年 9 月 2 日，法皇拿破仑三世率领法国军队在色当投降的消息传到里昂后，里昂革命群众于 9 月 4 日举行了起义。巴枯宁闻讯，急忙赶赴里昂。9 月 28 日起义者占领了市政厅。巴枯宁立即着手实现他多年来的无政府主义理想，放弃在市政厅周围设置警卫。结果，很快就被政府军队赶出市政厅，从而断送了群众起义。马克思和恩格斯指出："里昂事件表明，只用一纸废除国家的命令远远不足以实现这一切美妙的诺言"，"只用资产阶级国民自卫军的两个连，就足以粉碎这个美妙的幻想并且迫使巴枯宁收起他那创造奇迹的命令赶忙溜往日内瓦去了"。②

1871 年 3 月 18 日，巴黎的无产阶级和革命群众用暴力推

---

① 《马克思恩格斯选集》第 4 卷，人民出版社 2012 年版，第 492 页。
② 《马克思恩格斯全集》第 18 卷，人民出版社 1964 年版，第 383 页。

翻反动政府，创立了巴黎公社。这是人类历史上第一个无产
阶级政权，是无产阶级专政的第一次伟大尝试。马克思称它
是"把人类从阶级社会中永远解放出来的伟大的社会革命的曙
光"①。可是，当巴黎的无产者为捍卫无产阶级政权进行殊死斗
争的时候，一向标榜革命的巴枯宁却阻止他的信徒支持巴黎公
社。他在写给尼·奥格辽夫的书信中谈道，支持巴黎公社是
"代人受过"，是"犯罪的，愚蠢的"。巴枯宁对巴黎公社的态
度再次说明他是无产阶级革命的凶恶敌人。

 马克思
巴黎公社宣告成立啦

1871 年

---

① 《马克思恩格斯全集》第 18 卷，人民出版社 1964 年版，第 61 页。

面对昔日"颇有好感"的人走向了自己终生信仰的对立面，马克思首先是感到惋惜。在发现对方不但有意策划阴谋，而且行径愈渐恶劣的情况下，马克思立即敏锐地察觉到了问题的严重性，对巴枯宁的态度也逐渐从提防和批判转为了揭露与厌弃。

3.当头一棒，绝佳反击

巴黎公社运动失败，国际工人协会处境艰难，巴枯宁趁势加入了声讨国际的反动派大合唱。虽然形势严峻，但第一国际伦敦代表会议的召开给了巴枯宁以致命一击。

1871年5月，巴黎公社革命失败后，各国反动派掀起了一场反对国际的大合唱，疯狂地迫害国际会员，国际的处境十分困难。巴枯宁派利用这个时机向总委员会和马克思展开了猛烈进攻。他们同各国反动派里应外合，加紧分裂和破坏国际。1871年9月，第一国际召开伦敦代表会议，通过了关于工人阶级政治行动和建立独立的无产阶级政党、关于瑞士罗曼语区的分裂、关于公开宣布不承认涅恰也夫的言行等重要决议，坚决捍卫了国际的无产阶级革命原则，"彻底清除了巴枯宁想把关于绝对放弃政治的学说列入国际的纲领来在国际内部制造的混乱"，马克思和恩格斯指出："同盟正确地把这看做是宣战，并且立即展开了军事行动"。[1]

巴枯宁派对此愤怒万分，拼命攻击伦敦代表会议的决议，

---

[1] 《马克思恩格斯全集》第18卷，人民出版社1964年版，第395页。

极力否定伦敦代表会议的合法性。他们于 1871 年 11 月在桑维耳耶召开所谓的反权威主义代表大会，通过了给第一国际各联合会的桑维耳耶通告。这个通告指摘总委员会拥有"危险的权力"，并且"正在成为阴谋的策源地"，还"力求通过集中和专政来达到统一"。要求在国际内部实行无政府主义原则，企图从内部瓦解无产阶级的革命组织。这个通告发表后不久，恩格斯就写下《桑维耳耶代表大会和国际》，给了巴枯宁派的进攻以强劲的反击。恩格斯在文中明确指出："对于巴枯宁及其娄罗们来说，为工人阶级的解放而斗争仅仅是一种空洞的借口；他们实际上是别有用心的。"①

紧接着，巴枯宁在 1871 年底写下了《我和马克思的私人关系》这篇文章。他在文中混淆是非，颠倒黑白，对无产阶级的伟大领袖马克思极尽攻击与诬蔑。但常言道，君子坦荡荡，小人长戚戚。这些谩骂与诽谤，并没有如巴枯宁所期望的那样损害马克思的光辉形象，反而成了他在与马克思的斗争中失败的有力证明。

为了提醒国际会员警惕巴枯宁集团的阴谋，1872 年 3 月，马克思和恩格斯合作完成内部通告《所谓国际内部的分裂》，揭露了巴枯宁的分裂阴谋活动。同年夏天，鉴于巴枯宁的阴谋活动日益猖獗，马克思和恩格斯决定把内部通告公开发表。通告掷地有声，在巴枯宁集团中引起一片惊慌。巴枯宁本人看了通告则暴跳如雷，"因为他终于从自己洛迦诺的狐穴中被拖到

① 《马克思恩格斯全集》第 17 卷，人民出版社 1963 年版，第 518 页。

了光天化日之下，阴谋诡计再也无济于事了"①。

马克思
《所谓国际内部的分裂》扉页

1872 年

　　思想截然不同的马克思和巴枯宁，都为第一国际的舞台呈上了自己书写的剧本，但显然，马克思的方案被广大的无产阶级接受了。按理，输者黯然退场，扬长而去，但巴枯宁不满足于纯粹的渐行渐远，而是选择继续采取敌对之举。马克思对此毫不避讳，欣然应战，这份坚定来自他一心只为捍卫绝大多数人利益的根本立场，这份赤诚源于共产主义远大理想的强大支撑，立场与理想带给他的力量，推动他心中存丘壑，眉目化山河。

4. 赶走喽啰，保卫阵地

　　接踵而至的失败仍未打消巴枯宁主义者的野心，他们把视线转移到国际的下一次代表大会，妄图继续分裂、破坏国际。但在海牙代表大会上，马克思的革命路线取得了决定性胜利，

———————————

① 《马克思恩格斯全集》第 33 卷，人民出版社 1973 年版，第 498 页。

巴枯宁及其喽啰终于退出了国际的舞台。

1872年6月，巴枯宁前往苏黎世活动，不久之后成立了国际苏黎世斯拉夫支部，并为这个支部起草了一份纲领。在这个纲领中，巴枯宁继续鼓吹无政府主义，叫喊"要消灭一切国家"，消灭"个人继承的财产和以这种财产为基础的法律上的家庭"，把国际工人协会的使命歪曲为根据"自由、平等和博爱的原则建立的人类大家庭"。此外，巴枯宁还进行了一系列地下活动，他给意大利、西班牙、法国、瑞士等国的党徒和密友写了一系列秘密信件，这些信件证明马克思对巴枯宁的评价十分中肯："如果说他在理论上一窍不通，那么他在干阴谋勾当方面却是颇为能干的"①。

1872年9月，第一国际海牙代表大会召开。大会批准了伦敦代表会议关于工人阶级政治行动的决议，并决定把巴枯宁及其主要同谋者吉约姆开除出国际。海牙代表大会后，巴枯宁及其死党进行疯狂反扑，他们在圣伊米耶举行了所谓的反权威主义者代表大会，攻击海牙代表大会的一切决议，高呼"破坏一切政权是无产阶级的首要义务"，建立临时革命政权的做法"是又一个骗局，对无产阶级来说，这和现存的一切政府同样危险"。② 恩格斯在批判巴枯宁"放弃政治"的谬论时指出："向工人鼓吹放弃政治，就等于把他们推入资产阶级政治的怀抱。"③

---

① 《马克思恩格斯选集》第4卷，人民出版社2012年版，第497页。
② 中央编译局编：《巴枯宁言论》，生活·读书·新知三联书店1978年版，第295页。
③ 《马克思恩格斯选集》第3卷，人民出版社2012年版，第169页。

马克思也在《政治冷淡主义》中，批判巴枯宁反对工人阶级用自己的革命专政来代替资产阶级专政的观点，愤怒地指出，他宣扬这种谬论的目的是要捍卫资产阶级的自由。

海牙代表大会的决议，坚定地捍卫了马克思主义在第一国际的指导地位，对于之后在国际内部肃清巴枯宁主义这一分裂思潮具有重要意义。这也标志着1868年以来巴枯宁集团的阴谋，终于在国际内部告一段落。

5. 事后总结，肃清杂音

被开除出国际的巴枯宁很快推出新作，继续对马克思主义进行歪曲，鼓吹无政府主义。马克思很快就对此书作出摘要，在文中奏响了马克思主义之声，而这绕梁的余音，正穿越时空朝我们奔来。

1873年初，巴枯宁抛出《国家制度和无政府状态》一书，他在书中断言革命专政和国家政权实质上是由少数人管理多数人，因此是反动的，无产阶级专政是世界上最严厉、最难以忍受、最令人屈辱的治理，它尽管具有一切民主的形式，仍然是不折不扣的专政。而自由或无政府状态，是社会发展的最终目的，因为任何国家都是一种羁绊，"它一方面产生专制，另一方面产生奴役"①。只有通过全民暴动和工人群众自下而上的自由组织才能创造自由。还在书中把马克思主义的纲领歪曲为：

---

① ［俄］巴枯宁：《国家制度和无政府状态》，马骧聪等译，商务印书馆2017年版，第217—218页。

"通过仅仅国家这一手段使无产阶级获得（虚假的）解放"，并
且指出，按照无政府主义的观点，"无产阶级一旦掌握了国家，
就应当立即把他作为人民群众的永久的监狱加以摧毁"。①

　　马克思很快针对此书作出摘要，在批判巴枯宁无政府主义
反动观点的同时，深刻阐述了科学社会主义关于国家、无产阶
级专政和工农联盟等重要原理。马克思指出，在打碎资产阶级
国家机器后，无产阶级必须建立自己的统治，实行无产阶级专
政。这是因为：只要区别于无产阶级的其他阶级，尤其是资产
阶级仍然存在，只要无产阶级与他们的斗争还未终止，"无产
阶级就必须采用暴力措施，也就是政府的措施"；如果无产阶
级还作为一个阶级而存在，如果阶级和阶级斗争赖以存在的
经济基础还未被真正撼动和推翻，"就必须用暴力来消灭或改
造这种经济条件，并且必须用暴力来加速这一改造的过程"。②
现代无产阶级的历史使命，在于解放全人类，他们对"旧世界
的各个阶层实行的阶级统治只能持续到阶级存在的经济基础被
消灭的时候为止"，而随着阶级统治的消失，"目前政治意义上
的国家也就不存在了"。③

　　1873 年 4 月至 7 月，马克思、恩格斯和拉法格共同写作
《社会主义民主同盟和国际工人协会》，在批判巴枯宁无政府主
义思想的同时，总结了第一国际在理论上和组织上同巴枯宁及

---

① ［俄］巴枯宁：《国家制度和无政府状态》，马骧聪等译，商务印书馆
　　2017 年版，第 219—220 页。
② 《马克思恩格斯选集》第 3 卷，人民出版社 2012 年版，第 337 页。
③ 《马克思恩格斯选集》第 3 卷，人民出版社 2012 年版，第 342、340 页。

其阴谋组织社会主义民主同盟斗争的情况和经验。这篇著作如同镜子成像一般，映照出巴枯宁及其追随者的反革命面貌，终于使之感到名声扫地，再也不能在工人运动中进行任何实际活动。

总之，通过马克思与巴枯宁的交往历程，我们可以看到，在赏识一个人时，马克思会激动地与其分享，赞美之情溢于言表。但一旦发现对方在根本原则上出现偏差，走向了人民大众和共产主义的对立面，马克思也会毫不犹豫地拿起武器，坚定地捍卫人民群众的利益与无产阶级的远大理想。可见，马克思选择朋友的标准，在于志同道合，在于追求真理。这样的择友观，值得我们学习并借鉴。

卢格：终究不是同路人

阿尔诺德·卢格是马克思青年时期的朋友，马克思曾给过卢格比较高的评价，称他为"哲学和神学新闻的焦点人物"①，但随着两人合作的加深，他们在世界观、革命观上表现出了根本的不同。因此，相交不满 3 年，他们之间的友谊便结束了，而后两人迈向了不同的人生道路。

一、与"波美拉尼亚的思想家"相遇

卢格，波美拉尼亚人，1802 年生于吕根岛，德国政论家，青年黑格尔派分子，资产阶级激进民主主义者。1821—1824 年，卢格先后在哈雷大学、耶拿大学和海德堡大学学习哲学。卢格曾是大学生协会的老会员，虽然在黑暗年代里被当作"暴动者"而受到疯狂迫害，在科本尼克和科尔堡坐过 6 年半牢，但是卢格并没有对自己的命运悲观失望。在获得哈雷大学讲师职位之后，他娶了一位有钱的太太，过起了富裕的生活，这使他不顾一切地宣称普鲁士国家制度是自由公

---

① 《马克思恩格斯全集》第 47 卷，人民出版社 2004 年版，第 33 页。

正的。卢格从 1838 年起编辑出版青年黑格尔派的机关报《哈雷年鉴》，该杂志从黑格尔哲学和激进民主主义立场出发，讨论当时的社会政治问题，逐渐成为青年黑格尔派的宣传中心。由于不甘心向普鲁士的书报检查制度屈服，卢格于 1841 年移居德累斯顿并在那里以《德国年鉴》为新刊名继续出版自己的杂志，自此他对普鲁士国家的批判态度也开始变得越来越强烈。

此时马克思认为普鲁士国家是德国进步事业的主要敌人，因而向其发动政治上的猛攻，在这方面颇有经验的卢格出现在了马克思的面前。经科本介绍，马克思认识了卢格，卢格的榜样作用推动马克思逐步走上直接参加政治斗争的道路。1842 年 2 月 10 日，马克思将撰写的第一篇政论文章《评普鲁士最近的书报检查令》寄给《德国年鉴》主编卢格，由此开启了两人比较亲密的一段交往。

在随稿附上的一封信里，马克思谈道："如果书报检查机关不查禁我的评论文章"，就请卢格尽快刊登，并且表示"我的批判热情可以为您效劳……不言而喻，我力所能及的一切都将由《德国年鉴》支配"①。作为当时德国著名的学术日刊《德国年鉴》主编的卢格，每天因为要翻阅大量的投稿论文已显得十分疲惫，但当他看到马克思的文章时眼前一亮，公开作出了这样的评价："从来还没有人说出，甚至也不可能说出任何比这些文章更加深刻、更加论据充足的意见来……

① 《马克思恩格斯全集》第 47 卷，人民出版社 2004 年版，第 21、22 页。

卢格

我们真应该为这种完善、这种天才、这种善于把那些依然经常出现于我们议论中的混乱概念整理得清清楚楚的能力感到庆幸。"他说马克思把问题"提到了一种焕然一新和完全正确的基础上"①，"在谈到将来的出版自由的地方，这种基础至少根据他的原则才值得了解和作为依据"②。

虽然卢格比马克思大 16 岁，但他十分欣赏马克思的才华。2 月 25 日，他就给马克思回信告知由于《德国年鉴》受到最严格的审查，这篇文章不能发表了，他建议把这篇文章编入他主编的《德国现代哲学和政论界轶文集》。马克思十分赞成，希望能够把修订后的《论基督教的艺术》和他为《德国年鉴》写的另一篇文章《在内部的国家制度问题上对黑格尔自然法的批判》也收录其中。卢格欣然接受，但是，除了那篇评书报检查命令的文章外，他什么也没有收到。

---

① ［法］奥古斯特·科尔纽：《马克思恩格斯传》第 3 卷，管士滨译，生活·读书·新知三联书店 1980 年版，第 331—332 页。
② 《马列著作编译资料》第 2 辑，人民出版社 1979 年版，第 59 页。

卢格
载有马克思《评普鲁士最近的书报检查令》一文的
《德国现代哲学和政论界轶文集》扉页

　　马克思 3 月 20 日给卢格的信中说他想彻底改写《论基督教的艺术》，如果卢格愿意久等，他争取 4 月中旬完成这件工作。马克思在 4 月 27 日的信中说"文章还要延迟几天，但只是几天"①，到了 7 月 9 日马克思写道"如果不是所发生的一切能为我开脱，我也就不再为自己作任何辩解了。我认为给《轶文集》撰稿使我感到荣幸，这是不言而喻的，只是因为一些不愉快的身外琐事，才使我未能把文章寄出"②。从 4 月到 7 月，马克思与他母亲的矛盾进一步尖锐化，他母亲对他拒绝做"公务员"和教授很不满意，停了他的生活费，而且不准他接受他父亲的遗产，这让马克思陷入十分窘迫的困境，不得不推迟和燕妮的婚礼。马克思在给卢格的信中承诺，在给《轶文集》写的文章完稿之前什么也不做。

① 《马克思恩格斯全集》第 47 卷，人民出版社 2004 年版，第 28 页。
② 《马克思恩格斯全集》第 47 卷，人民出版社 2004 年版，第 30—31 页。

卢格在 10 月 21 日给马克思的信中说《轶文集》已经编好，他给马克思留了相应的篇幅，不过最后卢格没有等到马克思的这两篇文章，这主要缘于马克思思想的丰富和极强的自我批判精神。马克思一直在学习，对自己所写的东西一直用批判的眼光去审视，不满意就宁可不发表。

这对作为编辑的卢格来说确实非常考验耐心，不过卢格了解内情，他对马克思的这种自我批判和十分丰富的思想格外了解，因此他不会认为马克思拖稿是因为怠惰。

二、从共同进步到矛盾出现

1842 年，马克思主要的"战场"在《莱茵报》，卢格继续主编《德国年鉴》。马克思在《莱茵报》上有力地支持了卢格同鲍威尔兄弟的论战，无情地谴责那些自由人的轻佻行为。由于书报检查制度的存在，《莱茵报》和《德国年鉴》的出版工作都受到了较大的阻挠。马克思在 1843 年 1 月就接到了《莱茵报》要被查封的消息。马克思对这种桎梏的气氛感到厌倦，1 月 25 日他写信给卢格分析报纸被查封的原因，打算接下来和海尔维格合作，信中他请卢格提建议："在德国，我不可能再干什么事情。在这里，人们自己作贱自己。因此，如果您能就这个问题给我提出建议，谈谈您的看法，我将十分感激。"[①]

———————————

① 《马克思恩格斯全集》第 27 卷，人民出版社 1972 年版，第 440 页。

不过马克思和海尔维格的合作计划未能实现，卢格给了他别的建议，当时《德国年鉴》也被查封了，他邀请马克思一起使这个杂志在国外复刊。

3月13日，马克思欣然接受了卢格的建议，与他交流了合作的计划及看法。为了更好地团结法国和德国的革命者，马克思建议把《德国年鉴》的名字修改为《德法年鉴》。同年3月马克思退出《莱茵报》编辑部后，立即给卢格写信说："自由主义的华丽外衣掉下来了，可恶至极的专制制度已赤裸裸地呈现在全世界面前。"①

当时德国的现状给卢格很大的打击，他觉得德国没有出现任何革命运动的迹象，这个国家多年来一直被一种对专制主义奴颜婢膝的精神所笼罩。他写信给马克思表达他的心情和看法，"请您告诉我任何令人不快的话，我都准备接受。我们的民族没有前途了，我们的名声又有什么了不起？"②马克思觉得卢格太消极了，写信鼓励卢格说"您的来信是一支出色的哀曲，一首使人心碎的挽歌"③，并努力说服他，"请您向我伸出手来，让我们再从头做起。让死人去埋葬和痛哭自己的尸体吧。而最先朝气蓬勃地投入新生活的人，是令人羡慕的"④。

① 《马克思恩格斯全集》第47卷，人民出版社2004年版，第55页。
② [德]梅林：《德国社会民主党史》第1卷，青载繁译，生活·读书·新知三联书店1963年版，第162页。
③ 《马克思恩格斯全集》第47卷，人民出版社2004年版，第56页。
④ 《马克思恩格斯全集》第47卷，人民出版社2004年版，第56页。

同年5月，卢格亲自来到克罗茨纳赫同马克思具体商谈有关出版新刊物的事宜。他们定了一个"君子协定"：富有的卢格拿出6000塔勒作为出新刊物的股份基金，原"文学社"的发行人弗吕贝尔作为新刊物的负责人，马克思担任新刊物的副编辑，薪金约定为500塔勒，马克思眼前的生活有了保障，1843年6月19日他和燕妮终于结婚了。

对于新的事业，卢格认为：《德国年鉴》"已经消逝了，黑格尔哲学是属于过去的。我们将在巴黎创办一个刊物，并在其中充分自由地和开诚布公地讨论我们自己和整个德国的问题"①。多次交流后，两人对新事业充满了信心。卢格在1843年8月写道："新阿那卡雪斯和新哲学家说服了我……如果我们真想做点什么事情，我们就应当干一番新的事业。"②卢格回信说他完全赞同把新刊物定名为《德法年鉴》。但发行地点始终没有确定下来，卢格和弗吕贝尔决定前往布鲁塞尔、巴黎等地进行实地调查之后，另行商定。8月11日，卢格从巴黎给马克思写了一封信，报告了他们的调查情况，谈了他们一路的观感，认为布鲁塞尔虽然有很大的出版自由，在出版新杂志时无须缴纳保证金，但是它和巴黎比较起来，不能算是一个大城市，这里的人对于哲学问题和政治问题不大感兴趣。经过马克思和卢格商量，最后确定把名字定为《德法年鉴》，巴黎作为出版地点。

---

① ［德］梅林：《马克思传》，樊集译，生活·读书·新知三联书店1965年版，第80页。

② ［苏］尼·拉宾：《马克思的青年时代》，南京大学外文系俄罗斯语言文学教研室翻译组译，生活·读书·新知三联书店1982年版，第193页。

卢格
19 世纪 40 年代的巴黎

　　在确定一起合作后，两人多次写信交流。从马克思和卢格在筹备《德法年鉴》期间的通信来看，两人其实在制定《德法年鉴》的纲领问题上就出现了一些分歧，卢格认为，新杂志要"（1）讨论那些对未来社会产生积极或消极影响的政治制度、宗教制度和社会制度；（2）评论报刊杂志，注意它们的目的和倾向，它们对社会意识的影响；（3）批判地分析莱茵河两岸出版的书籍"①。卢格的新纲领和他在《德国年鉴》时的纲领并没有大的差别。而马克思觉得，新杂志一是要论述具有有益或危险的影响的人物和制度，当然是以大家关心的政治问题为中心；二是对报纸进行述评，这对　些报纸的奴颜婢膝和卑鄙下流将是一种鞭挞；三是评介旧制度下德国的书刊和其他出版物。②

---

① ［苏］尼·拉宾：《马克思的青年时代》，南京大学外文系俄罗斯语言文学教研室翻译组译，生活·读书·新知三联书店 1982 年版，第 195 页。

② 《马克思恩格斯全集》第 40 卷，人民出版社 1982 年版，第 370 页。

　　卢格先行前往巴黎租下了田虿路 23 号的两层楼和 22 号的
铺子，马克思到巴黎的时候，就临时住在这所房子。但要出版
一个刊物是不容易的，办杂志很重要的一点是邀请哪些人在上
面投稿。要吸引撰稿人，尤其吸引志同道合的撰稿人是困难
的。马克思于 1843 年 10 月 3 日致信费尔巴哈，希望他为创刊
号写一篇评论谢林的文章，马克思在信中指出："对谢林的抨
击就是间接地对我们全部政治的抨击，特别是对普鲁士政治的
抨击。谢林的哲学就是哲学掩盖下的普鲁士政治。因此，如果
您马上给创刊号写一篇评论谢林的文章，那就是对我们所创办
的事业，尤其是对真理，作出了一个很大的贡献。""如果您认
为方便的话，我满怀信心地盼望着您的文章。"①但费尔巴哈以
兄长去世、琐事缠身为由拒绝了马克思的邀请。

　　马克思、卢格和弗吕贝尔三人都非常积极地努力使德国人
参加，但都被自由派作家拒绝了；柏林的青年黑格尔派只有鲍
威尔答应撰稿（最后甚至连他什么都没有写）；费尔巴哈最初
向卢格表现支持他的新杂志，但后来马克思邀请时却拒绝为它
撰稿。最开始卢格列出的名单人员的水平是参差不齐的，最后
马克思争取到了一批著名的德国作家，如海涅、海尔维格、约
翰·雅科，还有赫斯、恩格斯、巴枯宁等，但没有一个法国作
家愿意在《德法年鉴》上发表文章。而且这些答应投稿的人观
点也是不尽相同的，有的人甚至不懂得黑格尔哲学，这也为杂
志的出版和档次的提升增加了一些困难。

------

① 《马克思恩格斯全集》第 47 卷，人民出版社 2004 年版，第 69 页。

　　在巴黎还发生了一件趣事，卢格对各种流行的空想社会主义观念总是情有独钟，他写信给马克思描绘了他以傅立叶思想为基础而设立的"空想共产主义村庄"的计划。他邀请马克思一家、海尔维格一家和毛勒一家加入他和他妻子的"公社生活的实验室"中：每个家庭都有独立的生活空间，但是共用厨房和餐厅，妇女轮流承担家务等等，海尔维格一听就拒绝了，最后这个实验不到两周就失败了。

马克思
田岂路38号，我1843年10月至1845年2月
在巴黎的住所

　　1843年10月底，马克思和燕妮终于到达巴黎与卢格会合了。到巴黎后，马克思充满热情地准备刊物的出版，他把新刊物的纲领归结为"对当代的斗争和愿望作出当代的自我阐明（批判的哲学）"①。不过这一

──────────

① 《马克思恩格斯全集》第47卷，人民出版社2004年版，第67页。

原则还是没有和卢格达成一致。卢格在杂志就要出版的前几周生病了，绝大部分关键性的编辑工作落到了马克思身上，卢格甚至没有能在上面发表自己的文章。

1844 年 2 月，在克服了刊印和稿源的种种困难后，《德法年鉴》终于出版了唯一的第 1—2 期合刊。其内容包括马克思给卢格的 3 封信；马克思的《论犹太人问题》《〈黑格尔法哲学批判〉导言》和恩格斯的《国民经济学批判大纲》《英国状况。评托马斯·卡莱尔的〈过去和现在〉》等。这些政治色彩鲜明的文章引起了法国、德国及其他国家进步人士的关注，也引起了德国反动报刊的诽谤和德国反动当局的迫害。杂志很快就被普鲁士政府下令查封，当局下发了对马克思、海涅、卢格的逮捕令。于是在马克思的一生中，他首次成为一个政治避难者。

马克思
在巴黎出版的《德法年鉴》第 1—2 期合刊

1844 年 2 月

外部的困难是杂志不能继续出版的客观原因，而内部的摩擦才是《德法年鉴》难以为继的关键。发行人弗吕贝尔觉得继续投资杂志会损失更多的钱财，他不愿再冒这种风险，最重要的是他不喜欢第一期中的革命调子。而两位编辑的分歧也日益扩大，首先是在编辑风格上的差异，卢格觉得马克思在编辑工作方面"过于拘泥小节"，他欣赏马克思的文章，但他不喜欢马克思过分华丽的辞藻和警句风格。而且第 1 期的《德法年鉴》给人的整体印象与卢格模糊的人道主义的前言迥异，这也让卢格有些不舒服。另一方面是财政问题，马克思对钱财问题是十分淡漠的，而卢格则斤斤计较：卢格提前付给了赫斯稿酬，而实际上赫斯后来没有写成文章，卢格立刻把钱要了回来——这使得拮据的赫斯很恼火（他还得知卢格刚通过在铁路股份上的投机买卖赚了一大笔钱）。并且卢格非常恬不知耻地只送给马克思几本《德法年鉴》当作稿酬。马克思劝卢格不要因初次失利就放下武器，不过卢格拒绝了，而且他揣测马克思是想"图谋他的钱袋"。

1844 年春天，马克思和卢格仍还是朋友。但马克思开始接受共产主义这一事实是卢格所不能容忍的。1844 年 5 月，卢格写信给费尔巴哈吐槽马克思，他说马克思读的书很多，"工作起来非常紧张，他有一种批判的才能，这种才能有时变成退化为骄傲自负的辩证法，但是他没有完成任何工作，干了一阵就突然放下，而且每次都重新投入无边无际的书海"[1]。马克思经常拖稿确实让卢格印象深刻。

根据卢格的回忆，两人在评价一个人物时存在的巨大分歧很可能是两人分裂的导火索，不过根本原因并不像卢格认为的

---

[1] ［德］梅林：《德国社会民主党史》第 1 卷，青载繁译，生活·读书·新知三联书店 1963 年版，第 215 页。

这样。卢格所认为的导火索是他评价海尔维格是个浪子，生活作风很差，但当时马克思觉得海尔维格是一个天才。然而马克思与海尔维格的友谊也仅维系了一段时间，马克思后来觉得当时卢格的责难还是有一定道理的。对于具体分裂的原因，卢格回忆说"我只对政治感兴趣，而他是一个共产主义者"，于是"他不再和我合作了"。① 革命观的不同是他们走向分别的核心原因。

三、最终"绝交"后的凄然陌路

1844 年 6 月，德国西里西亚纺织工人因不堪忍受极度贫困的生活而举行起义，他们捣毁工厂主的机器、厂房和住宅，销毁账目，明确提出消灭私有制的口号。然而，这次起义最终遭到普鲁士军队的武力镇压。对这个事件截然相反的评价是马克思和卢格"绝交"的关键。

1844 年 7 月 27 日，卢格在《前进报》上刊登了一篇《普鲁士国王和社会变革》，署名为"普鲁士人"。卢格曾在这个报纸上发表了好几篇文章，都用"普鲁士人"这个笔名发表，这让很多人怀疑这是马克思写的。马克思确实是普鲁士人，而卢格由于迁居到德累斯顿以后，便不再是普鲁士人了。他向法国

---

① ［英］戴维·麦克莱伦：《马克思传》第 4 版，王珍译，中国人民大学出版社 2016 年版，第 94 页。

官厅申明自己是萨克森人，并受到萨克森政府驻巴黎使馆的保护。我们不知道卢格为什么这样署名，但从他写给亲友的信中可以看出那时他恨透了马克思，把马克思称作"卑鄙的人""不要脸的犹太人"。卢格在文章中表达了这样的观点：西里西亚纺织工人的起义只是偶然事件，起义工人不了解贫困的根源，他们并不能成为反封建斗争的核心力量，相反，资产阶级才是反封建的核心。马克思非常反对卢格的立场，对此他很快在该报纸上发表了《评一个普鲁士人的〈普鲁士国王和社会改革〉》一文，批评卢格对无产阶级革命"在写作上的招摇撞骗"，两人公开分道扬镳。

但我们可以看到，即使是分道扬镳后，当1845年1月马克思接到警察局命令让他们离开时，他还专门写信告知卢格。不过卢格在写给其他人的信中这样评价他曾经的战友："这只是指同它的代表人物的直接交往而言，因为，要说他认为这个可怜的运动具有政治意义，那是不可想像的。工匠们，以及这里的少数几个被这个运动俘虏过去的人所能给德国造成的那种小小的伤害，是德国甚至无须医治就能经受得住的。"① 卢格对马克思转向共产主义充满了嘲讽和不理解，作为革命者的马克思和卢格永远地分手了。

从后来的历史看，我们能更加清楚卢格是个什么样的人。在1845年马克思和恩格斯准备出版《德意志意识形态》时遇

---

① ［德］梅林：《马克思传》，樊集译，生活·读书·新知三联书店1965年版，第102页。

到了很多困难，作为马克思曾经的朋友——卢格却逼迫曾经投资《德法年鉴》的出资人弗吕贝尔，让他的文艺书店出版社不要再出版马克思的任何著作。他在两年后向普鲁士大臣呈递了一份悔过书，并且在其中出卖了流亡巴黎的同志们，还把他在《前进报》上写的那些文章推到马克思身上。卢格为了继续留在巴黎，长期登门哀求和多次请愿，得到继续留下的许可，条件是今后的行为要"规规矩矩"。而马克思是不可能像卢格一样出卖自己的灵魂以求得苟活。

卢格始终不理解马克思为什么那么重视"少数几个工匠"。1848 年德国革命时，卢格是德国小资产阶级民主主义反对派的领导人之一，而马克思考虑的是全人类的解放，他要寻找真正的革命力量。两人"绝交"后卢格多次诋毁马克思及他的战友，比如 1851 年卢格在《不来梅每日纪事报》上诽谤马克思，最可笑的是卢格捏造马克思、恩格斯是为了免交每个月 9 便士的会费而退出"伦敦德意志共产主义工人教育协会"，这真是"尴尬人难免尴尬事"。1851 年 1 月 27 日，马克思和恩格斯专门发表《驳斥阿·卢格而发表的声明》，他们指出卢格捏造的谎言就像是卢格"用自己的粪便从伦敦给《不来梅每日纪事报》施肥"；他们把卢格的著作评价为"流泄一切污秽语言和德国民主的一切矛盾的阴沟"①。

1851 年 7 月，卢格成立了在他领导下的"鼓动联盟"，卢格的鼓动联盟和同年成立的以金克尔为首的"流亡者俱乐部"

---

① 《马克思恩格斯全集》第 10 卷，人民出版社 1998 年版，第 625 页。

在报刊上展开了激烈的斗争，马克思用"鼠蛙之战"来评价他们之间的斗争。1852 年，马克思和恩格斯一起在《共产主义者和卡尔·海因岑》《流亡中的大人物》中对卢格进行了彻底的批判，在马克思和恩格斯眼中，卢格是这样一个人：

> 第一个特点是：宣言狂。一当有人想出一个新的观点，而卢格看出了这个观点有一些前途的时候，他便发出宣言。因为从来没有人责备他应当对某一原始思想负责，所以这样的宣言总是便于他用多少有些夸张的方式把某种他认为是新的东西据为己有，同时在这个基础上尝试组织拥护他的政党、派别、"群体"，他在其中可以执行警官的职责。我们以后还会看到，卢格把这种制作宣言、公告和布告的工作做得简直完善得令人难以置信。他的第二个特点是与众不同的勤奋，阿尔诺德的这种勤奋是无与伦比的。因为他不爱多作研究，或者，如他所说的，"从一个图书馆抄到另一个图书馆"，所以他宁愿"从新鲜的生活中汲取"，即每天晚上将白天听到、读到和偶然了解到的一切想法、"奇闻"、新思想和其他消息严肃认真地记载下来。然后看需要再把这一切材料用之于他每天都像是对待他的其他肉体需要那样认真地加以对待的作业。①

卢格后来的人生令人唏嘘，曾经的他高呼革命，革命失败就从"左"转到"右"，1866 年卢格投入容克地主俾斯麦的怀

---

① 《马克思恩格斯全集》第 11 卷，人民出版社 1995 年版，第 326—327 页。

抱，为其辩护，成为"智犬"①。而马克思终其一生都在探索真理、为人类解放而奋斗。

马克思与卢格从曾经的相遇到合作，再到后来的分道扬镳，两人之间的友情仅仅维持了很短的时间，这说明理想追求不同的人是没有办法做长久朋友的。在以后历史的反光照射下，卢格和马克思之间的典型差别，即一个喜欢吵吵嚷嚷的市侩和一个革命的思想家之间的差别就不断显现出来。卢格不是一个真正的革命者，他是一个"大吵大嚷、强词夺理的庸俗人物"②，是为了钱可以愚弄自己的朋友，为了得到当局给的好处可以出卖自己人格的人。在革命观上，卢格坚持小资产阶级的革命观，反对共产主义，而马克思的一生都在追求真理，他拒斥"伪善、愚昧、赤裸裸的专横"，讨厌"曲意逢迎、委曲求全和忍气吞声"，这也决定了马克思与卢格不可能成为真正的、永远的朋友。

① 陶银骠、武斌主编：《中外哲学家辞典》，陕西人民出版社 1989 年版，第 92 页。
② [德] 梅林：《德国社会民主党史》第 1 卷，青载繁译，生活·读书·新知三联书店 1963 年版，第 93 页。

后　记

中国古人讲：欲察其人，先观其友。要了解马克思，除了认真阅读他的著作，我们还可以换一个角度，观察和判断与他密切交往的不同类型的人及他们的故事。《马克思的朋友圈》就是这样一本书。

该书由人民出版社辛广伟策划，崔继新、邓浩迪负责执行，中国社会科学院金融研究所党委书记龚云、马克思主义原理研究部副主任杨静主持编写工作并负责统稿，龚云撰写了前言。参加本书起草和修改工作的还有：中国社会科学院马克思主义研究院彭五堂、张建云、孙应帅、梁海峰、夏一璞、王晓红、刘道一、刘影、李彬，中国社会科学院大学马克思主义学院魏依庆、任振宇、胡倩熙、赵诗雨、陶威、何开心、王珺、王娜、朱朔辰、李昊远、齐子修、郑宜帆、赵子越、甘婷婷、余晓爽、龚昊。

本书在提纲拟定、撰写过程中，得到清华大学刘书林教授、北京大学丰子义教授、中国人民大学郝立新教授、中国人民大学张云飞教授、清华大学王传利教授、中国社会科学院余斌研究员、中国社会科学院张旭教授等的大力指导与帮助，他们不仅提出许多宝贵意见，还对书稿内容进行了认真审核把关。在此，谨向所有给予本书帮助、支持的单位和个人致以诚

挚的感谢！限于研究水平，书中定有不当之处，恳请广大读者
不吝指正。

                                                        杨静

                                                     2023 年 3 月

策划编辑：辛广伟
责任编辑：邓浩迪
封面设计：林芝玉
版式设计：石笑梦

图书在版编目（CIP）数据

马克思的朋友圈／龚云 主编；杨静 副主编 . — 北京：人民出版社，
　2023.5（2023.10 重印）
ISBN 978－7－01－025421－0

I. ①马… II. ①龚…②杨… III. ①马克思（Marx, Karl
　1818–1883）–生平事迹 IV. ① A712

中国国家版本馆 CIP 数据核字（2023）第 027184 号

马克思的朋友圈

MAKESI DE PENGYOUQUAN

龚 云　主编 杨 静　副主编

人民大版社 出版发行
（100706　北京市东城区隆福寺街 99 号）

北京华联印刷有限公司印刷　新华书店经销

2023 年 5 月第 1 版　2023 年 10 月北京第 2 次印刷
开本：880 毫米 ×1230 毫米 1/32　印张：12.875　插页：4
字数：255 千字

ISBN 978－7－01－025421－0　定价：59.00 元

邮购地址 100706　北京市东城区隆福寺街 99 号
人民东方图书销售中心　电话（010）65250042　65289539